Técnicas de lectura rápida

Técnicas de lectura rápida

Diana Darley Fink
John T. Tate, Jr.
Michael D. Rose

EDICIONES DEUSTO S·A·
Madrid/Barcelona/Bilbao

© Ediciones Deusto, S.A.
Barraincúa, 14. 48009 Bilbao

© Editorial Planeta Argentina, S.A.I.C.
Viamonte, 1451. Buenos Aires

© Difusión Editorial, S.A. de C.V.
Av. Insurgentes Sur # 1162. México D.F.

Técnicas de lectura rápida

ISBN: 84-234-0742-X
ISBN: 84-234-1012-9 (obra completa)
Depósito Legal: B. 9.962-1992
Impreso en España en 1992 - Printed in Spain

Imprime: Cayfosa, Santa Perpètua de Mogoda (Barcelona)

ÍNDICE

Eficiencia y efectividad. Algunas aptitudes necesarias para una buena lectura. Requisitos para mejorar las aptitudes de lectura. Tareas/cómo usar este libro. Cómo llevar un registro de sus progresos. Sugerencias para sacar provecho de este curso. Valoración de sus actuales aptitudes de lectura. Conclusión.

Mejore sus aptitudes de lectura para sacar el mayor provecho de su tiempo. Cinco pasos decisivos para mejorar la lectura. El proceso de lectura: ¿Cómo leemos? Hábitos. ¿Qué hacen los buenos lectores? Por qué lee usted lentamente y qué puede hacer al respecto.

Algunos métodos para incrementar la velocidad. Cómo prepararse para leer más deprisa. Preguntas y preocupaciones de los estudiantes. Haga prácticas con su nueva técnica. Comprensión contra velocidad. Lectura. Simulacros de lectura. Las recompensas de los simulacros de lectura. El movimiento en «S» de la mano. Práctica adecuada. Fortalecimiento. Curva de aprendizaje y mesetas. Cómo practicar sus nuevas técnicas. Conclusión.

Educación temprana en la lectura. No-ficción contra ficción. Divide y vencerás. Unifica y regirás. Prever y seleccionar contra el Método de la esponja. Determine su finalidad. Evaluación de finalidades. Beneficios de la determinación de una finalidad. Inspección. Beneficios de una buena inspección. Examen previo: la piedra angular de una mejor comprensión. Beneficios de hacer un examen previo. Cómo hacer un examen previo. Lectura de estudio. Releer/Remarcar. Presentación visual de la información (PVI). ¿Por qué una PVI? La lectura técnica en varios formatos. Conclusión.

PREFACIO

Leer lleva tiempo. El tiempo es un bien escaso que usted no puede permitirse el lujo de malgastar, en la misma medida que no puede permitirse administrar mal cualquier otra inversión. Para sacar el máximo partido de esta importante inversión en su desarrollo, usted debe leer de una manera eficiente. Éste es el motivo por el que las palabras «lectura rápida» pueden llevar, en cierta medida, a conclusiones erróneas, a no ser que combine los elementos de calidad y cantidad en su comprensión del concepto. Emplear su tiempo de la mejor manera posible no sólo significa leer rápidamente, sino también satisfacer sus necesidades de comprensión del material. Por tanto, si quiere obtener todos los beneficios posibles de su tiempo de lectura, debe aprender a *leer de manera más inteligente, y no sólo más rápida.*

Este libro le muestra cómo leer de manera más inteligente desde el primer capítulo, en el que usted valora en términos concretos su nivel actual de destreza. La mayoría de la gente tiene dudas imprecisas sobre su capacidad actual de lectura, pero nunca las ha definido en términos mensurables. En los capítulos que siguen descubrirá usted por qué lee despacio e identificará sus viejos e inefectivos hábitos, tras lo cual podrá sustituirlos por nuevos hábitos, bien definidos y efectivos. La primera mejora será en su velocidad, según que vaya comprobando que es posible leer y comprender más palabras por minuto. Descubrirá que su nueva habilidad no es magia, sino más bien una habilidad física que necesita método y práctica. Una vez asentados los fundamentos de la técnica de la velocidad, se produce la mejora de la comprensión de la técnica. Despues de combinar los componentes cuantitativos y cualitativos de la lectura inteligente, se desarrollan las técnicas de lectura de diversos tipos de información de tipo narrativo o técnico, porque el lector eficiente debe aplicar las técnicas adecuadas de velocidad y de comprensión a las exigencias de cada situación de lectura. Se exponen dos técnicas complementarias para aumentar y ensanchar el repertorio de lectura: concentración y mejora de la memoria. Finalmente, se enumeran métodos de mantenimiento de las técnicas, junto con ejercicios para reforzarlos hasta conseguir que se conviertan en componentes permanentes de sus hábitos.

La lectura efectiva es un vehículo para ampliar sus conocimientos y habilidades. La pauta en el mundo de hoy parece ser la escasez de personal dotado de aptitudes básicas, junto con unas mayores necesidades de lectura y menos tiempo disponible para satisfacerlas. En esta atmósfera, el lector eficiente puede verse promocionado con más facilidad. La irónica afirmación: «No tengo tiempo para asistir a un curso de lectura rápida, tengo muchas cosas que leer» es buen ejemplo de la trampa que esclaviza a mucha gente detrás de un montón en continuo crecimiento de «lecturas obligadas» que nunca se leen. Mediante una inversión atinada en sus técnicas para conseguir una lectura más rápida e inteligente, se unirá a muchas personas que han transformado en oportunidades los apuros que significaban sus absorbentes necesidades de lectura.

Capítulo 1

¿POR QUÉ DEBO LEER DEPRISA?

«No tengo tiempo para ir a un cursillo de lectura rápida, tengo demasiadas cosas que leer.»

¿Se enfrenta usted frecuentemente con montones de papeles, folletos e informes que debería leer cuanto antes, y sin embargo no tiene tiempo para hacerlo?

¿O ha necesitado leer un libro grande, imponente, y ha desesperado de hacerlo, porque sabe que nunca lo acabará? Incluso si se tomó el tiempo de leer cada palabra, algunas de ellas no tendrían nada que ver con el asunto que le ocupaba y, consecuentemente, fueron un derroche de su tiempo de trabajo. Así que deja que el montón de «lecturas obligadas» crezca y crezca —ya lo leerá cuando sea el momento adecuado. Sin embargo, el momento adecuado no llega nunca, así que al final usted tira el montón a la papelera, sin haberlo leído, y se siente culpable. El ciclo se repite, a lo largo de los años, el montón se agranda y se agranda, al tiempo que aumentan sus necesidades de lectura para mantenerse al corriente del constante flujo de información de su campo.

Los profesionales no pueden dar por sentado sin riesgo que las innovaciones en su profesión particular se han detenido. Los auténticos profesionales deben prestar atención constantemente a la nueva información que se desarrolla en su campo, lo que es una tarea agradable o desagradable, dependiendo de la capacidad del lector de adquirir nueva información.

¿Viene usted dedicando últimamente más tiempo a la lectura en su trabajo? ¿Se le amontona el material de lectura? ¿Lee usted de la misma manera todo lo que pasa por su mesa? ¿Es frecuente que tenga que llevarse lectura a casa?

Compruebe cuáles de los siguientes tipos de material lee en el trabajo:

_____ manuales de política empresarial e informes de actualización;

_____ publicaciones del gobierno estatal y autonómico;

_____ memorándums;

_____ textos promocionales;

_____ informes de progreso y de situación;

_____ informes de impacto ambiental;

_____ periódicos de opinión;

_____ propuestas.

Muchos profesionales tienen que asimilar cada día una cantidad constantemente creciente de información impresa. Parte de la información es superflua para el trabajo y como tal se la debe identificar y descartar. Otra parte de la información es esencial para las actividades comerciales o los procedimientos administrativos de cada día. Y aún nos queda otra parte de la información que versa sobre los últimos avances en un campo en particular. Tal información es de importancia decisiva y debe ser absorbida y empleada profesionalmente. Por lo tanto, las necesidades de la lectura profesional son bifrontes: 1) identificar la «basura» y descartarla inmediatamente, y 2) absorber rápidamente el material válido e importante, con una buena comprensión y retención.

Reflexione un instante sobre la cantidad de lectura técnica que hace cada día. ¿Cuántas horas se pasa usted leyendo material que *tiene que* leer, no que *quiere* leer?

_____ horas.

¿Qué porcentaje de material comprende usted?

_____ por ciento.

¿Qué altura alcanza su nivel de concentración?

_____ baja _____ media _____ alta.

Si cree que estas tres áreas le mantienen alejado para siempre de llegar al material que usted *quiere* leer, considere de otra manera el coste de leer demasiado despacio.

Más de la tercera parte del día típico del ejecutivo se emplea en leer y en aprender. Para una persona que gane 45.000 $ al año, 15.000 $ son el coste inicial de su tiempo de lectura/aprendizaje. Usted podrá aprender a leer 50 palabras más por minuto; eso son 3.000 palabras más por hora o 10 páginas más por hora. Cincuenta palabras por minuto es un incremento medio del 20 % aproximadamente. Duplicar su velocidad efectiva de lectura es incluso más realizable o razonable. Si los ejecutivos pudieran aprender a leer la misma cantidad de material en la mitad de tiempo, cada ejecutivo podría disfrutar de una hora y media más cada día para hacer otras cosas y la empresa se ahorraría 7.500 $. Tómese un momento para calcular el coste en dinero de su propio tiempo de lectura en el trabajo.

Normalmente el problema es que, si el profesional empleara el día entero en leer y absorber la información adecuada, no le quedaría tiempo para emplear esa información. Usted no puede asignar el tiempo adecuado a la tarea de leer y evaluar todo lo que pasa por su mesa. Por lo tanto, puede que se sienta abrumado por las palabras. También puede que sienta usted que las palabras le están manipulando. Las palabras en su trabajo, en la televisión, en los periódicos, todas tratan de manipularle de alguna manera. ¿No le gustaría, por una vez, tener el poder de manipular estas palabras en vez de que sean ellas las que le manipulen a usted?

Una de las razones de que las palabras puedan parecer tan agobiantes es porque usted lee demasiado lentamente. Al hacer esto, lo único que es aparente y obvio para usted son las palabras. Pero las palabras carecen de significado si no se ponen en relación unas con otras. Conforman bloques con los que se construyen las ideas relacionadas con su trabajo profesional. Si usted dispusiera de una herramienta con la que manejar todas esas palabras, con la que ponerlas a trabajar para usted, en vez de que parezca que ellas son su capataz, entonces sería usted quien podría manipular las palabras. De eso trata este libro: *capacitarle a usted, como profesional, para hacer un trabajo mejor.* Leer más deprisa significa que usted puede leer más y aprender más sobre su trabajo, mientras que a la vez tiene tiempo de hacer otras cosas que reclamen su atención.

Eficiencia y efectividad

El arte de leer entraña muchas aptitudes distintas y complejas. Cada una puede ser atendida individualmente, desarrollándola mediante la práctica. Pero hasta que se conjugan todas estas aptitudes, no hay lectura. Por lo tanto, es deseable una combinación de un ritmo eficiente de lectura y un nivel efectivo de comprensión para aquellos que quieren llegar a ser lectores expertos. A las personas que «leen» una novela en diez minutos, pero no pueden explicar ni siquiera brevemente la trama, no se les puede considerar buenos lectores, son inefectivos. Por otra parte, los que pueden explicarle cualquier cosa sobre la novela, pero necesitan dos meses para leerla, tampoco son buenos lectores, son ineficientes. Aprender y practicar un buen método de lectura rápida le permite combinar un ritmo más rápido con una buena comprensión.

Algunas aptitudes necesarias para una buena lectura

Califíquese de acuerdo con la soltura que tenga en el manejo de las siguientes aptitudes:

	Necesita mejorar	Bastante buena	Excelente
1. Capacidad para leer y comprender a altas velocidades.			
2. Capacidad para usar un ritmo variable en función de la finalidad y la dificultad.			
3. Capacidad para comprender las ideas principales o los pensamientos centrales del material de lectura.			
4. Capacidad para comprender y retener los detalles.			
5. Buena retención general.			
6. Capacidad para apreciar la organización del material.			
7. Capacidad para leer de manera crítica y valorativa.			

Alguna de las aptitudes precedentes van a ser analizadas directamente en este libro con exposición de las técnicas correspondientes; por ejemplo, instrucción y práctica en comprensión y flexibilidad en la velocidad. Otras aptitudes son beneficios indirectos de leer más rápidamente. Por ejemplo, la lectura valorativa requiere más entrenamiento y una exposición a grandes cantidades de material para poder establecer comparaciones. Usted podrá cubrir más material con su nueva capacidad para avanzar a lo largo de los textos más rápidamente y retener más.

El mismo énfasis se pone en mejorar la velocidad de lectura y en mejorar la comprensión. Aprenderá conceptos sobre una lectura más diestra, aprenderá técnicas para emplear estos conceptos, y después realizará ejercicios para asegurarse de que entiende y puede utilizar con facilidad las nuevas técnicas.

Está usted a punto de empezar un curso de estudio que le exigirá tiempo y energía. En cualquier caso, al final de este libro, *si* usted ha seguido las instrucciones y ha practicado durante las horas requeridas, leerá a un ritmo más vivo y con una mejor comprensión. Tendrá un método sistemático para absorber el material técnico rápida y eficientemente. También adquirirá usted mayor poder de concentración y memoria, y a la vez conseguirá una mayor información sobre el proceso de lectura. El material que se incluye en este libro no es de ficción, porque las técnicas presentadas están relacionadas con material que usted *debe* leer, y no con material que usted *quiere* leer.

Requisitos para mejorar las aptitudes de lectura

Recoger los beneficios de una lectura más rápida implica siete requisitos:

1. *Deseo de mejora.* Un deseo sincero es esencial para cualquier mejora.
2. *Creer que es posible mejorar.* Lo peor que puede pedir a cualquier instructor es: «Enséñeme lo imposible». Debe creer que es posible. Puede no saber cómo, pero debe creer que existe una manera. Puede que usted tenga amigos que hayan seguido un curso de lectura rápida o que son lectores rápidos por naturaleza. Si es así, usted ha tenido una experiencia de primera mano sobre las posibilidades de leer y comprender a unos ritmos mucho más elevados.
3. *Seguir todas las instrucciones* cuidadosamente. El método de enseñanza ha sido resumido a los elementos vitales de una buena lectura rápida. Cualquier desviación u omisión de las instrucciones o lecciones dañaría seriamente su capacidad para poner en práctica las técnicas descritas.
4. *Compita con usted mismo.* Trate de mejorar con cada ejercicio. Cada persona que lea este libro empezará a un nivel distinto. Por lo tanto, compita sólo con usted mismo. Haga de cada ejercicio otro escalón hacia una escritura mejorada.
5. *Adopte un enfoque sistemático* para la lectura. Al comenzar con cada capítulo de este libro, busque la organización del capítulo (el formato se explica más adelante) y asegúrese de que comprende lo que se le pide que aprenda y haga. Estudie y practique las técnicas de manera sistemática y coherente.
6. *Evite la tensión.* En los ejercicios de velocidad, hay personas que se ponen algo nerviosas. La tensión puede afectar negativamente a la comprensión. Obviamente, la comprensión disminuye si está nervioso mientras hace los ejercicios. Recuerde, se puede estar mentalmente atento a la vez que físicamente relajado.
7. *Práctica.* El énfasis sobre una práctica diligente aparece a lo largo de todo el libro porque la única manera de sustituir toda una vida de viejos hábitos de lectura es comprender y reforzar los nuevos hábitos. De otro modo, usted podría recaer con facilidad en su vieja manera de hacer las cosas, algo bastante comprensible, puesto que los viejos hábitos son confortables y familiares. La única manera de hacer que los nuevos hábitos sean confortables y familiares es reforzarlos mediante su puesta en práctica.

El único requisito previo que necesita para realizar este curso es tener la capacidad de lectura que corresponde, aproximadamente, al octavo curso, es decir, el nivel de la mayoría de los periódicos diarios. Si se encuentra con dificultades al pronunciar palabras normales, si no puede seguir la línea argumental de los artículos periodísticos, si el vocabulario de la mayoría de los artículos no le resulta comprensible, o si el español es un idioma nuevo para usted, puede que necesite pensar en acudir a las clases de lectura de la escuela para adultos más cercana, antes de comenzar con este libro.

Tareas/Cómo usar este libro

Antes de empezar a leer cada capítulo, tómese unos pocos minutos para echar una ojeada al capítulo completo. Fíjese en los subepígrafes, diagramas y preguntas. Esta visión general preliminar le permite comprender mejor la información del capítulo.

Cada capítulo es una lección. Los capítulos se deben estudiar por orden. Cada capítulo exige que usted practique los ejercicios de dicho capítulo durante una semana antes de pasar al capítulo siguiente. Este ritmo de progresión es especialmente importante en los capítulos 3, 4 y 6.

Vaya avanzando por el libro a su propio ritmo. Tómese todo el tiempo que necesite para comprender la parte de teoría de cada capítulo. Sin embargo, en la parte de aplicación práctica es necesario que esté usted al tanto de la velocidad que alcanza al leer. Tal vez aprecie que en algunos capítulos avanza más deprisa que en otros. Esto es normal. No se preocupe por llevar un ritmo irregular a través de los diferentes capítulos, porque algunos exigen más dedicación que otros.

Los capítulos exponen primero la teoría y después ejercicios para poner en práctica esa teoría. La teoría puede describir algún aspecto de la lectura o la razón fundamental que se encuentra detrás de una nueva técnica. Con cierta frecuencia, hay controles de progreso para asegurarse de que ha captado y retenido los puntos más importantes. El principal objetivo de la teoría es ayudarle a conseguir buenos resultados en los ejercicios prácticos. Los ejercicios prácticos que se encuentran al final de cada capítulo validan sus nuevas aptitudes, mediante una autoevaluación, y están concebidos para emplearlos a lo largo de ese programa de prácticas.

Los ejercicios de prácticas de una semana de duración requieren que usted emplee sus propios materiales de lectura, de modo que los ejercicios sean unas experiencias válidas para un gran universo de individuos. Usted puede tratar individualmente sus necesidades de una manera eficaz si realiza alguna de sus lecturas «obligadas» como ejercicio de mejora de sus aptitudes de lectura. Las selecciones de lecturas que se encuentran al final de los capítulos le ayudan a ver cómo desarrolla sus aptitudes y le permiten adquirir una útil información mientras practica.

Cómo llevar un registro de sus progresos

El registro de sus progresos en la tabla del final del libro (en la página 203) le ayuda en el desarollo de sus aptitudes. Los registros sirven de estímulo; ayudan a analizar el progreso señalando las áreas débiles, las áreas fuertes y las mesetas de aprendizaje. El test que realizará al final de este capítulo está destinado a ofrecerle un punto de referencia con respecto al cual pueda medir su mejora en la lectura. El test no pretende ser especialmente dificultoso, y no se debe interpretar más que como una indicación de su estado actual. Los tests que se encuentran al final de los capítulos están específicamente destinados a medir su aprovechamiento de las técnicas que se describen en particular dentro de dicho capítulo. Esos tests están también destinados a demostrar su aumento de eficacia en la lectura.

Este libro puede ser una ayuda en cualquier momento y lugar en los que encuentre el tiempo necesario para aprender. Su estructura proporciona períodos cortos de aprendizaje de la teoría, y subsiguientemente, la oportunidad de realizar prácticas dosificadas. Esta estructura le ofrece flexibilidad a la hora de diseñar un curso de estudio que se adapte a las exigencias de su tiempo libre.

Puede que encuentre en su empresa algunos colegas a quienes les gustaría realizar el curso con usted, hacer los tests y comparar sus progresos con los suyos. Asegúrese de que la atmósfera que se cree sea de apoyo, no de una excesiva competitividad.

Muchos artículos que recomiendan unas relaciones más efectivas entre patronos y empleados resaltan la necesidad de que todo el mundo emplee adecuadamente el tiempo de que dispone. Usted dispone sólo de sesenta minutos cada hora, y eso no lo cambia la altura que haya alcanzado en el escalafón de la organización. Un método frecuentemente recomendado en dichos artículos es mejorar las técnicas de lectura. La mejora puede empezar por la decisión de no leer en absoluto ningún material que no sea conveniente para sus necesidades. Puede que usted decida determinar la idea general del material únicamente o puede que decida prestar una atención especial a una parte seleccionada en concreto para una lectura y un estudio en profundidad. Cualquiera que sea el caso, para aprovechar al máximo su tiempo de trabajo/estudio, debe elegir el procedimiento adecuado para leer, y aplicarlo efectivamente a todo lo que pase por su mesa de trabajo.

Sugerencias para sacar provecho de este curso

1. Sea optimista, mantenga una actitud mental positiva. Busque el lado bueno de cualquier cosa que intente con este libro.

2. Mantenga una mentalidad abierta. Recuerde, usted no lee con suficiente rapidez en este momento, así que debe hacer algo de una manera distinta. Admita el hecho de que mucha gente lee más rápidamente que usted porque saben algo acerca de la lectura que usted no sabe todavía, aunque sean incapaces de explicar qué es. No prejuzgue nada hasta que lo haya experimentado con todo interés y equidad.

3. No se dedique a buscar tres pies al curso. La gente tiende a hacerlo con el material de lectura cuando tiene miedo de probar algo nuevo. Si se da cuenta de que está actuando así, lea de nuevo la sección del capítulo 2 que trata del cambio de hábitos, e intente relajarse y divertirse con el libro.

4. Póngalo a prueba. Repase continuamente lo que ya ha aprendido mediante la práctica. Haga que las nuevas técnicas adquieran su significado pleno mediante una aplicación consecuente y personal.

Valoración de sus actuales aptitudes de lectura

Poca gente sabe con alguna certeza lo bien o lo rápido que leen. La mayoría de los profesionales con los que nos encontramos expresan algo que va desde una difusa sensación de incomodidad a una franca desesperación a cuenta de sus aptitudes de lectura, basados únicamente en la altura de los montones que hay encima de sus mesas de trabajo y que parece que no disminuye nunca.

La siguiente selección le dará una medida de su nivel actual de velocidad de lectura y comprensión. No es la última palabra sobre su capacidad actual de lectura; eso es imposible a menos que pudiera pasar una batería de tests individualmente. Por el contrario, considere que esta actividad es el punto de partida desde el que empieza a adquirir nuevas y más efectivas aptitudes de lectura.

Lea la siguiente selección de la manera que lee habitualmente. Algunas de las personas caen en la tentación de inducirse a alcanzar mayores velocidades, pero lo consiguen a expensas de la comprensión. Otros sienten la tentación de memorizar todas las palabras porque saben que después de la lectura hay una prueba de comprensión. Intente hacer después de esta selección un fiel reflejo de lo rápido que lee y de su nivel de comprensión.

Cronométrese para que pueda calcular cuántas palabras lee por minuto. Utilice un reloj que marque minutos y segundos y apunte el minuto y los segundos en los que empieza a leer. Lea la selección y apunte el momento en que acaba. Responda a las preguntas sobre comprensión que siguen a la selección. Sea breve. Compruebe sus respuestas en la parte final del capítulo.

Selección de lectura

1. Lea el artículo

   a. Hora de comienzo: _____
   b. Hora de finalización: _____
   Número total de minutos para leer el artículo: _____
   (*b.* menos *a.* igual al número total de minutos).

2. Conteste a las preguntas y compruebe sus respuestas al final del capítulo. Dése un veinte por 100 por cada respuesta correcta.
3. Cuente las palabras por minuto. Divida el número total de palabras del artículo (2.602) por los minutos que necesitó para leerlo.
4. Registre la velocidad y la comprensión en la Tabla de Progresos del Curso que se encuentra en el Apéndice.

La capacidad de crear la destrucción de la viabilidad del idioma

Edwin Newman

Hubo una época en la que se conocía a Edwin Newman básicamente como presentador de los telediarios. En los últimos años, sin embargo, sus libros sobre el declive del inglés le han convertido en una de las más prominentes autoridades del país en lo relativo al uso y al abuso del idioma. El siguiente extracto está tomado de su primer gran éxito de ventas, el libro Strictly Speaking *(Estrictamente hablando).*

El instinto comercial es algo de lo que en modo alguno debemos burlarnos. Yo sólo he tenido una idea comercial en mi vida. Se me ocurrió de repente (aunque no como al señor Llorente, el encargado de una joyería de Los Ángeles, quien después de la segunda guerra mundial, tuvo «la inspiración» de emitir una cuña radiofónica que empezaba: «Éste es un repente del señor Llorente: si vas a probar fortuna en el amor, yo la probaré contigo como acreedor», queriendo decir que vendía a crédito anillos de pedida y alianzas). Se me ocurrió un buen día, de repente, cuando estaba pensando en el aumento de la población y en la influencia del automóvil en el estilo de vida norteamericano.

Empecé a preguntarme, de la misma manera que lo haría cualquier americano de carne y hueso, cómo podría sacarse algo de dinero de esa combinación de factores, y concebí la idea de que, como el pasear, entendido como un placer, se estaba convirtiendo en un arte perdido, podría obtenerse una gran cantidad de dinero creando un santuario para paseantes, un lugar donde la gente pudiera pasear. Vi con los ojos de mi mente el nombre de *Paseorama* o *Vueltódromo* o algo de este estilo, un lugar que exigiría poco en lo referente a desembolsos o mantenimiento: sólo algo de espacio, hierba, árboles y silencio. Obviamente, necesitaría un solar a modo de aparcamiento para que la gente pudiera ir a él en coche y aparcar sus automóviles antes de entrar al paseódromo para pasear, y yo me reservaría para mí la concesión del aparcamiento.

No salió nada en limpio de todo eso. Era el típico sueño descabellado de un periodista, como el pequeño semanario con el que volver al contacto con la gente sencilla, comunicar una sabiduría serena, y arruinarse, allá en Vermont.

Por lo tanto, yo no me burlo de los hombres y mujeres que se dedican a los negocios. Si ellos no compraran sus espacios publicitarios en la NBC, el mundo podría ser o no ser un lugar más pobre, pero indiscutiblemente yo sería un habitante más pobre de él.

En cualquier caso, las aportaciones de los hombres de negocios a la salud del idioma no han sido sorprendentes. La ortografía inglesa se ha visto asaltada de maneras increíbles que no voy a reproducir aquí, porque usted no tiene por qué saber inglés para entenderlas y, por lo que a su propio idioma se refiere, ¡qué voy a decirle yo! Bastante penitencia tiene con lo que lee en los periódicos y oye en la radio y la televisión.

En muchas de estas monstruosidades, las empresas implicadas saben lo que están haciendo. En otras, casi nunca lo saben, especialmente cuando es un asunto de gramática. Nueva York sigue siendo la capital de los negocios en Estados Unidos, y allí puede usted leer un día cualquiera, el periódico *New York Times,* o el parangón de la elegancia de la costa este, *New Yorker,* y ver cómo un famoso joyero de la Quinta Avenida dice al mundo que: «La cantidad de premios que ha ganado Gubelin es demasiado considerable para que haya sido producto de la casualidad». Resultó que yo sabía que Gubelin estaba tratando de derrotar a un enemigo inexistente, porque nadie le había dicho que fuera pura casualidad. Los círculos por los que me muevo opinaban unánimemente que los premios eran totalmente merecidos.

En el mismo anuncio Gubelin también nos ofrecía lo siguiente: «Sculpture II, un anillo de oro blanco de 18 kilates con 24 diamantes tallados en *baguettes* y 2 cuarzos ahumados, con talla de fantasía, es una obra de arte singular para llevar en el dedo y sin duda justamente entre las creaciones de Gubelin que han conquistado el Premio de Diamantes Internacional.»

Otro posible verbo es gubelinar. «He gubelinado», dijo, sacudiendo la cabeza, «... y nunca más justamentearé entre vosotros, ganadores todos del Premio de Diamantes Internacional». Tras esto, se volvió y caminó vacilante hacia la puerta.

«Durante un momento pareció que el sumo sacerdote, o Tiffany, estaba a punto de perdonarle, pero no iba a ser así. ''Vete'' dijo Tiffany, señalando las tinieblas exteriores, ''vete y no gubelines más''.» ...

La mayoría del lenguaje empresarial no es tan sugestivo. Sencillamente, es erróneo. Gulf Oil solía hablar de «una de las más únicas autopistas jamás construidas», lo que desde luego ayudó a Gulf a estar preparada para lo que tanto tiempo dijo que estaba preparada: «Para cualquiera que sea el trabajo que haya que hacer.» TWA lo tuvo mucho tiempo Amarillio, no Amarillo, Texas; B. Altman anunciaba en Nueva York camisetas que eran «sin discusión para jóvenes juveniles»; Bergdorf Goodman hacía saber que «una sorprendente selección de lujosas pieles está ahora a su disposición a unos precios enormemente pequeños»; Cartier cree que un bloque para notas, una bandeja para papeles y un cubilete para lapiceros forman un triunvirato; la Asociación del Visón de los Grandes Lagos escribió una carta a una tienda de Nueva York, La Mujer A Medida, incluyéndola entre su «*selezta* clientela» y La Mujer A Medida se honró en reproducirla en un anuncio, pese a lo cual, no me atrevo a decir que fuese ésta la causa de que La Mujer A Medida tuviera que cerrar; la cadena de tiendas para hombres Broadstreet's, aprovechando el creciente interés por la gastronomía, intentó vender algunos de sus productos difundiendo la especie de que: «El buen gusto empieza por tomar la sopa de crema senegalesa con una camisa de cuello vuelto postizo de Broadstreet's», pero el número de personas familiarizadas o interesadas con la cocina senegalesa debe ser pequeño, e incluso el posterior anuncio: «Encogemos los precios en nuestros estupendos calcetines elásticos de caballero», no evitó que Broadstreet's desapareciese de la escena neoyorkina. Hunting World, una tienda de Nueva York, vende a Mamá Monster «el honor y el orgullo de la familia Monster» y dice: «Sólo mide 27 *metros* y todos los pequeños que conozca la amarán y usted también lo hará». Eso dependerá del tipo de «pequeños que cada uno conozca». Todos los pequeños que algunos de nosotros conocemos, posiblemente estarían más interesados en el Sofá Oval Selig Imperial anunciado por la Selig Manufacturing Company, de Leominster, Massachussetts, que prometía «una orgía de 18 almohadones, de todas las formas y colores, que crea un ambiente autosuficiente». Una orgía crea también muchas más cosas.

El lenguaje de los negocios cobra muchas formas. Camaradería: «Nosotros, los fumadores de Tareyton, preferiríamos luchar a cambiar». Pomposidad: Cuando Morgan Guaranty Trust anunció que unos títulos negociables valorados en trece millones de dólares, se habían perdido en sus cámaras acorazadas, dijo: «Se ha realizado una minuciosa búsqueda preliminar de los títulos, y en este momento se están desarrollando investigaciones adicionales.» Todo lo que tenía que decir era: «Estamos buscándolos» —si realmente no podían esperar de sus distinguidos clientes que diesen por sentado que estaban buscándolos.

Pseudo ciencia: «Está usted a punto de probar la hoja de afeitar más avanzada tecnológicamente que se pueda comprar. Wilkinson Sword, que goza de fama internacionalmente reconocida por sus innovaciones, le ofrece otro avance en la tecnología de las hojas de afeitar, la primera hoja de acero inoxidable de la tercera generación. Primero, una delgadísima capa de cromo puro de grosor microscópico se aplica al filo base finamente vaciado y suavizado. En la etapa subsiguiente se aplica otra fina capa de un componente de cromo específicamente diseñado para este cometido. Esta especial película de componente de cromo añade cualidades adicionales de dureza, duración y resistencia a la corrosión. Finalmente se reviste el filo con una fina película de polímeros. Este revestimiento permite a la cuchilla deslizarse suave y confortablemente sobre su piel.» El afeitado parece un empleo inadecuado para un tan distinguido producto de la tecnología de las hojas de afeitar, pero incluso la tecnología no puede detener el ocaso, y las hojas de afeitar están siguiendo el mismo camino que la hoz y la desmotadora de algodón. Ahora se nos invita a utilizar el sistema de afeitado Trac-2 que aparentemente es a la hoja de afeitar lo que los sistemas armamentísticos al arco y a las flechas. Un poco más de esto podría hacer que usted quisiese emplear la primera tercera generación de hojas de afeitar de acero inoxidable, o incluso el Trac-2, para rebanarse el gaznate.

Puede que yo no sea de acero inoxidable, pero fui la primera tercera generación americana de mi familia, en cualquier tracto, que oyó referirse a los chalecos salvavidas que llevan los aviones como artículos que propiciaran la comodidad. Hace bastantes años viajaba en un vuelo de Londres a Nueva York, y la azafata comenzó su pequeña perorata diciendo: «Debido a nuestro interés por su comodidad, les explicaremos el funcionamiento de sus chalecos salvavidas». Fue una agradable noción el clasificar el artilugio que has de usar, después de que tu avión se haya zambullido en mitad del Atlántico Norte, como una parte de las «comodidades» del vuelo. El eufemístico lenguaje de los negocios no puede ir más allá. Sólo lo ha igualado, por lo que yo sé, el hecho de llamar a los coches usados «preposeídos»...

Cuando las empresas cambian el objeto de su atención de los clientes a los accionistas, el cambio de tono es drástico. A los clientes se les debe tentar y/o estimular; a los accionistas se les debe intimidar e impresionar, cosa que se consigue con la memoria anual de la empresa. Cada año se editan algo así como seis o siete mil de ellas, pero el lenguaje empleado es tan marcadamente uniforme que todas podrían estar escritas por un solo equipo, de la misma manera que las noveluchas pornográficas se escriben al por mayor en «factorías» de textos pornográficos. (He estado a punto de decir, «fábricas donde se explota al obrero», pero supongo que por razones que ya se han aclarado, las fábricas donde se explota al obrero, o bien ya no existen, o bien existen sólo donde todavía pervive la perversidad rayana en el antiamericanismo.)

En los relatos porno, lo que interesa es una detallada descripción de las proezas sexuales. En los informes de las empresas es el crecimiento, que como mínimo debe ser significativo y, con un poco de suerte, será sustancial. «Lo último» para el crecimiento es que sea dinámico. Que lo sea, o que haya crecimiento de algún tipo, depende en gran medida de las oportunidades de crecimiento; si éstas se dan a menudo, puede conseguirse una pauta de crecimiento consistente, tal vez ocasionada por un ímpetu ascendente que hace que las cosas se muevan no sólo de manera rápida, sino a un ritmo acelerado.

Por descontado, ninguna empresa puede crecer si no tiene potencial de crecimiento. Para materializar ese potencial, la empresa debe disponer de capacidades: capacidad general, capacidad de sistematización, capacidad de flexibilización, posiblemente capacidad de servicios nuclearios, capacidad de generación, capacidad de control del medio ambiente, capacidad de predicción. Si todas ellas son lo que deberían ser, y la vitalidad, viabilidad y fiabilidad crítica de la empresa son lo que deberían ser, se materializará el crecimiento potencial, y podrán producirse los beneficios.

Sin embargo, hay otros factores que deben engranarse. Las perspectivas de futuro, soluciones y sistemas deben ser sofisticados, o, si es posible, altamente sofisticados u óptimos. Los productos innovadores son un requisito; ellos son, a su vez, la consecuencia de un liderazgo renovador que mantiene fija la vista en las zonas objetivo, en inputs y outputs, en componentes, segmentos y configuraciones. El liderazgo innovador hace esto porque las capacidades están interrelacionadas de modo que las necesidades, inobservadas, pueden reproducirse. Por ejemplo, después de que una corporación haya identificado el objetivo de poner en fase de preservicio una nueva instalación, deberán cubrirse las necesidades de información sobre impacto ambiental para que dicha instalación pueda entrar en el ciclo de producción dentro de los límites temporales proyectados.

Incluso esto sólo desvela el esqueleto de la historia. Pueden penetrarse mercados múltiples y áreas de múltiples objetivos, pero no sin estudios de impacto, estrategias de mercado, economías de costes, desarrollo del producto y envasado del producto, y aceptación del consumidor. El envasado del producto suena bastante simple, pero puede exigir la capacidad de realización de cajas/ hora. La realización de cajas es en cambio un proceso; eso exige la capacidad de equipamiento de procesos; y *eso* exige el personal de desarrollo de procesos.

Si todo esto debe hacerse, los equipos de dirección deben ser prudentes y sensatos, y deben caracterizarse por su visión, iniciativa y flexibilidad. La memoria anual nos asegura que en un sorprendente número de empresas los equipos de dirección lo son y las tienen.

Las empresas ejercen una tremenda presión sobre el lenguaje, como muchos de nosotros sabemos. Bajo esta presión, cobran existencia frases enrevesadas que hacen dudas de las intenciones informativas (o intelectuales) de sus autores. Bajo esta presión, incluso, los adjetivos se convierten en adverbios; las preposiciones desaparecen; las palabras compuestas abundan.

En su memoria de hace años, American Building Company decía a sus accionistas que sus nuevos productos incluían «configuraciones mejoradas de grandes luces y paneles arquitectónicos que realzan la apariencia y mejoran la meteorologibilidad». A pesar de los dolores de parto ocultos tras estas sencillas palabras, el logro debió ser notable dentro del más avanzado sector de la industria de la construcción.

Por otra parte, una afirmación de Allegeny Power System ni siquiera merecía la pena hacerla: «En el último análisis el anterior, o proceso frontal, parece el más deseable, porque el proceso posterior, o final, es probable que cree sus propios problemas ambientales». Ésta es una vieja historia, porque el proceso frontal frecuentemente no sabe lo que está haciendo el proceso final.

En la memoria anual de hace quince años, Continental Hair Products remachó el clavo con dos «lecciones magistrales». Una era que: «La depreciación y amortización de los bienes raíces, instalaciones y maquinaria se han previsto según los métodos de amortización constante y de saldo decreciente a varios tipos calculados para extinguir los valores contables de los respectivos activos a lo largo de sus respectivas vidas útiles».

Entre los accionistas de Continental, uno sospecha que los sentimentalistas que todavía se oponen quijotescamente a la extinción de los valores contables se habrían abstenido de prorrumpir en gritos de júbilo. Pero no los otros, y éstos deben haberse visto transportados a cotas aún mayores de entusiasmo, por el arranque de éxtasis empresarial que representaba el segundo punto: «Continental ha ejercitado una postura dinámica estableciendo primero un programa profesional de mercadotecnia y utilizando después esa base para penetrar los multimercados.»

Yo, por lo que a mí respecta, mirando esta impresionante colección de horrores, me abstengo de aplaudir. Como mucha gente sabe, cuando Benjamin Franklin salía de la Convención Constitucional de 1787 se le preguntó qué tipo de gobierno iba a dar la Convención al país, a lo que replicó: «Una república, si son capaces de conservarla.» También se nos dio un idioma, y hay una enconada competición para echarlo por la borda. Las empresas participan activamente en esa competición, y lo están haciendo pero que muy bien.

Reproducido de *Strictly Speaking*, ©1974 Edwin H. Newman, con autorización de la editorial, The Babbs-Merrill Company, Inc.

Preguntas sobre la comprensión del texto de Newman

1. ¿Cuál fue la idea comercial del señor Newman?
2. Según Newman, las empresas están destrozando:

   _____ *a)* la competición;
   _____ *b)* la gramática;
   _____ *c)* la industria del afeitado;
   _____ *d)* a sí mismas.

3. El primer desarrollo de su razonamiento utiliza:

   _____ *a)* la experiencia personal;
   _____ *b)* un ejemplo;
   _____ *c)* la lógica;
   _____ *d)* una exposición.

4. ¿Qué cambio de actitud experimentan las empresas cuando pasan su atención de los clientes a los accionistas?
5. ¿Cuál es la opinión de Newman sobre el futuro de su idioma?

Conclusión

El próximo capítulo, capítulo 2, presenta la naturaleza general de los hábitos, el proceso necesario para cambiar los hábitos de lectura, y las diferentes alternativas existentes. Si usted debe cambiar algún aspecto de su comportamiento (en la lectura), deberá saber con exactitud qué hace en la actualidad (viejos hábitos) y qué opciones tiene para poder cambiar (nuevos hábitos de lectura).

El capítulo 3 se centra en cómo mejorar su velocidad, introduciendo la nueva habilidad física que se necesita para leer más eficientemente. Para mejorar la eficiencia en la lectura, primero debe usted aumentar su velocidad y después mejorar la calidad de su comprensión. La comprensión se trata exhaustivamente en los capítulos 4, 5 y 6.

Dado que el leer no es una colección de funciones aisladas, sino un proceso integrado, el capítulo 7 resume toda la información que hay en el libro. Cada aspecto de la mejora de la lectura se puede presentar y explicar por separado, pero después debe observarse y entenderse el proceso general. El capítulo 7 incluye también un test final a modo de indicador de su mejora con relación a su primer test.

Sus objetivos

Márquese algunos objetivos para este curso antes de seguir adelante. Estos objetivos podrán ser modificados según vaya avanzando por el libro. La mayoría de la gente no tiene ni la más remota idea de cuáles pueden ser sus objetivos de lectura. Aquello a lo que usted aspire influirá indiscutiblemente en sus resultados finales. Si piensa seguir todas las indicaciones, ir progresando en la lectura del material de una manera consciente y realizar bastantes prácticas, puede aspirar a leer de tres a cinco veces más deprisa, con la misma o mejor comprensión. Deténgase un momento y cumplimente sus objetivos para este curso:

Espero llegar a leer _____ palabras por minuto con la misma o mejor comprensión. Mis expectativas se cumplirán *si* sigo todas las indicaciones y practico el número de horas requerido. Me permitiré modificar este objetivo cuando lo estime conveniente durante el programa de instrucción, si lo juzgo necesario.

Ahora que ya tiene usted una idea de cómo está organizado este libro, que ha apreciado los factores que le ayudarán en su empeño por practicar una lectura más rápida y que conoce su nivel actual de lectura, está usted preparado para empezar. El aumento de la velocidad y la mejora de la comprensión que está a punto de aprender tendrán un efecto directo y estimulante en sus necesidades de lectura en el trabajo. Si usted pudiera incrementar su velocidad en cincuenta palabras por minuto a la vez que mantener alta la comprensión, eso totalizaría tres mil palabras más por hora. Tres mil palabras más por hora significan unas diez páginas de un texto medio, o tal vez diez folletos e informes más por hora. Comprométase consigo mismo a hacer realidad ese tipo de mejora en su vida laboral aprendiendo en el capítulo 2 lo que puede hacer para leer más rápidamente y más inteligentemente.

Respuestas: *artículo de Newman*

1. Un *paseorama,* un santuario para los caminantes.
2. *b).*
3. *b).*
4. Impresionar e intimidar.
5. Las empresas están destruyendo el idioma.

Capítulo 2

EL PROCESO DE LECTURA: BUENOS Y MALOS HÁBITOS

Dice el proverbio: «Los hábitos y el gozar son pocos al empezar, al cabo de poco tiempo ya son tres... o son un ciento».

Mejore sus aptitudes de lectura para sacar el mayor provecho de su tiempo

Debe ser usted el que tome la decisión de elegir el proceso adecuado, y después emplearlo en todo lo que lea en su trabajo, con la finalidad de ser más eficiente. Se relacionan a continuación cinco pasos que le serán de utilidad para mejorar su lectura.

Cinco pasos decisivos para mejorar su lectura

Para mejorar su manera de leer, usted debe dar cinco pasos:

1. Establecer la necesidad de leer más deprisa.
2. Comprender el proceso de lectura.
3. Comprender por qué lee despacio.
4. Adquirir nuevos hábitos de lectura más eficientes.
5. Practicar las nuevas técnicas.

En primer paso es establecer la necesidad de leer más deprisa. Si usted no tuviera esta necesidad, no estaría ahora leyendo este libro. Mucha gente nos ha dicho que se siente abrumada por las grandes cantidades de lectura que su profesión le exige diariamente y que le gustaría poder mantenerse al día con ellas.

Después de identificar la necesidad, el segundo paso es comprender el proceso de lectura, lo que es la finalidad de este capítulo. Asociada con la identificación del proceso de lectura está la comprensión de la naturaleza de los cambios que tendrá que hacer para desprenderse de los malos hábitos que disminuyen su velocidad cuando lee. Para cambiar estos hábitos tan arraigados durante tanto tiempo, debe usted comprender la naturaleza general de los hábitos, que se comentará detalladamente en este capítulo.

El tercer paso es identificar los problemas específicos asociados con el proceso de lectura, especialmente aquellos que le hacen leer despacio en la actualidad.

El cuarto paso es introducir los nuevos hábitos para reemplazar a los antiguos, que demostraron ser ineficientes.

El quinto y último paso para mejorar su eficiencia en la lectura es aplicar la información teórica que se presenta en este capítulo mediante la práctica y los ejercicios.

El proceso de lectura: ¿Cómo leemos?

Leer implica elementos tanto físicos como mentales. Como estos dos aspectos no son totalmente discretos, es difícil describir dónde concluye lo físico y dónde empieza lo mental.

Los factores más importantes a la hora de acelerar su ritmo de lectura tienen más que ver con la manera en que trabaja su mente que con la manera en que se mueven sus ojos sobre las líneas del texto. Sin embargo, usted puede ayudarse a ser más eficiente sabiendo algo acerca de cómo funcionan sus ojos cuando lee.

El primer aspecto físico de la lectura es el movimiento de los ojos. El movimiento consiste en tres actividades distintas: fijación, movimientos sacádicos y barrida de retorno. La *fijación* tiene lugar cuando sus ojos se detienen; es la única ocasión que tiene para leer. Los movimientos entre fijaciones son denominados *sacádicos*. Si usted ha observado alguna vez cómo leía alguna otra persona, es probable que haya apreciado los movimientos sacádicos. No son movimientos suaves, sino más bien espasmódicos y acaso erráticos. Cuando sus ojos alcanzan el final de la línea, llevan a cabo el tercer movimiento, la barrida de retorno. De manera progresiva, sus ojos desarrollan estas tres acciones cuando usted lee.

Los expertos en la lectura no están de acuerdo en qué pasa en el cerebro cuando usted lee. Existen teorías que discrepan en la manera en que se desarrolla la conexión entre el cerebro y el lenguaje; esto es, la manera en que el cerebro procesa la información y la manera en que esa información se relaciona subsiguientemente con el entendimiento. Una discusión a

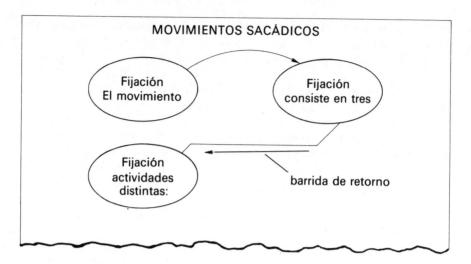

fondo de la función del cerebro escapa de los temas que nos interesan en este momento. Limítese a recordar que la lectura tiene lugar en el cerebro, con la ayuda de los ojos.

Los ojos son una extensión del cerebro, y funcionan como receptores sensoriales o conductores del ambiente externo a su cerebro. Su cerebro emplea estos receptores sensoriales para recoger información, escrita o de otro tipo.

Es útil tener alguna noción de cómo funciona el cerebro a la hora de leer para poder comprender la naturaleza de la lectura. Primero, la lectura tiene que ser un proceso activo, no una acumulación pasiva de información. Segundo, el cerebro es capaz de un tremendo nivel de actividad; pero cuando usted lee de la manera en que lo hace en la actualidad, rara vez exige a su cerebro todo lo que puede dar de sí. Los métodos y las técnicas empleadas en estas lecciones le enseñarán a enfocar de una manera activa la lectura y a emplear una mayor parte de su capacidad mental.

El leer es una actividad análoga a la función de un ordenador puesto que el texto que se ve en la página es introducido dentro del «ordenador» (el cerebro) y después decodificado. A pesar de que los expertos no han llegado a comprender totalmente este proceso de decodificación, hay un consenso general sobre un aspecto esencial de la decodificación, que es el siguiente: el lector debe relacionar la información que acaba de percibir con información que tuviera previamente almacenada. Cuando se asocia la nueva información con la información que estaba previamente almacenada, se produce la «comprensión».

El término *lectura* es sinónimo de comprensión en este libro. Cuando se le indica que lea un ejercicio, o cuando se emplea la palabra «comprensión» usted debe tratar de comprender el material empleando lo mejor de sus capacidades. Usted es el único juez que de verdad puede juzgar la suficiencia de su comprensión. Ésta es la razón por la que el término comprensión se escapa de una definición precisa. Cuando se le pide que lea para entender, hágalo de acuerdo con su capacidad de lectura actual.

A pesar de que algunas partes de este libro están relacionadas con las aptitudes y las técnicas de la lectura rápida, la lectura rápida debe incluir una comprensión exacta. Carece de sentido hablar de que alguien tiene una «velocidad de lectura de x palabras por minuto», porque la velocidad no puede funcionar aisladamente. Usted lee para entender. Consecuentemente, las «velocidades de lectura» sólo tienen significado si considera su nivel de comprensión, la naturaleza y complejidad del material y sus necesidades e intenciones.

Hábitos

Muchos de sus hábitos de lectura los ha adquirido usted sin que nadie se los enseñara. También sería exacto afirmar que, de hecho, nadie se sentó a su lado y le enseñó cómo leer un libro, y mucho menos, cómo hacerlo rápidamente. Esto es así, en principio, porque no hay mucha gente que sepa cómo leer un libro de la manera adecuada, y mucho menos cómo hacerlo rápidamente. Sus hábitos de lectura fueron adquiridos a base de tanteos, por aprendizaje empírico y por casualidad. Fueron necesarios muchos años para que esos hábitos se incorporaran a su sistema de aprendizaje, y usted se aferra a ellos tenazmente. Su sistema habitual de lectura se ha convertido en una batería de hábitos que usted practica inconscientemente en la actualidad.

El diccionario Webster define un hábito de la siguiente manera: «Un modo adquirido de comportamiento que casi se ha convertido en algo totalmente involuntario.» Un hábito puede definirse también como una pauta de actividad repetitiva que presta estabilidad a un mundo inestable. Algunos hábitos son positivos, otros son potencialmente negativos. Otros, sencillamente, hacen que no seamos todo lo eficientes que podemos; por ejemplo, la mecanógrafa que mira las teclas. Los hábitos ineficientes deben ser sustituidos.

El sistema más eficaz de decartar los hábitos ineficientes es sustituirlos por otros nuevos, que sean eficientes. Debe ponerse el énfasis en sustituir, mejor que en descartar. Cuando usted descarta un hábito, algún comportamiento nuevo toma su lugar, de manera inevitable. Usted ha de asegurarse de que el comportamiento sustituidor sea beneficioso para usted en lugar de dejar al azar la determinación de este comportamiento sustituidor.

Según vaya avanzando por el libro, irá reemplazando viejos hábitos por otros nuevos más eficientes. El capítulo 3 empezará a amenazar a los viejos hábitos de lectura con nuevas técnicas. Recuerde que los viejos hábitos han formado parte de su comportamiento de lectura durante mucho tiempo, por lo que deberá hacer un diligente y concienzudo esfuerzo para reemplazarlos. El eminente estudioso del comportamiento social, Max Weber, describe este proceso de reemplazo como «congelar, descongelar y volver a congelar». Esto es, usted estaba congelado en sus viejos hábitos. Este libro le ayudará a deshacerse de ellos enseñándole a aplicar nuevas técnicas de lectura. Finalmente, usted se volverá a congelar dentro de unos nuevos hábitos de lectura más eficientes y efectivos.

La inquietud es una respuesta muy típica a la descongelación de los viejos hábitos. En algún punto del proceso de instrucción es posible que experimente alguna dificultad al leer, tanto de la vieja manera como de la nueva. Cuando se encuentre a mitad de camino recuerde que está usted descartando viejos hábitos y adquiriendo otros nuevos. ¡No pierda la esperanza! La inquietud no debe ser motivo de desánimo. Si está usted siguiendo las instrucciones, está usted en el buen camino hacia una congelación más segura y confortable en unos hábitos de lectura nuevos, más rápidos y más eficaces. A pesar de que puede ser un período desagradable, si es usted sincero respecto a su voluntad de cambiar parte de su vida que no le está dando bastantes satisfacciones o tiempo para hacer otras cosas, debe estar preparado para invertir algo de tiempo y algún esfuerzo. La cosa *merecerá* la pena.

¿Qué hacen los buenos lectores?

A lo largo de los años, los observadores han descubierto que los lectores eficientes han cultivado determinados hábitos que les han permitido leer más rápidamente. Estas técnicas, o bien les fueron enseñadas, o bien fueron adquiridas mediante un estudio autodidacta; en algunos casos fueron adquiridas de manera accidental. En cualquier caso, estos buenos hábitos han sido observados y analizados.

Los lectores eficientes leen el material aproximadamente de 3 a 5 veces más deprisa que el lector medio. Los lectores eficientes tienen un movimiento de los ojos suave y rítmico mientras van avanzando a lo largo del material, con pocas *regresiones* —o relecturas del material—. Sus ojos siempre están en el lugar previsto, en vez de ir vagando por la página. También tienen una amplia zona de enfoque sobre las palabras. Han reducido su nivel de *subvocalización* —decirse a ellos mismos la palabra— a un mínimo. Los buenos lectores también tienen un enfoque flexible, sistemático y «ad hoc» para muchos tipos diferentes de material, así como buena concentración y memoria. Si usted reconoce en sus propias experiencias de lectura la ausencia de alguno de los hábitos precedentes, ¡enhorabuena! Acaba de dar un gran paso hacia la identificación de los motivos que le hacen leer despacio.

Por qué lee usted lentamente y qué puede hacer al respecto

Leer todo a la misma velocidad

Un hábito ineficiente de lectura es leer todo a aproximadamente la misma velocidad. Si lee usted un artículo periodístico, un manual técnico o cualquier cosa de una dificultad moderada, normalmente lo hace sin grandes fluctuaciones en la velocidad. Esto no es beneficioso porque algunos materiales son más difíciles de comprender. Usted debe adaptar su velocidad al nivel de dificultad. Las exigencias también son mayores si el vocabulario es nuevo o si usted tiene unos conocimientos previos de la materia bastante limitados. Además, el material puede estar deficientemente estructurado o deficientemente escrito. Cualquiera de estos problemas puede motivar un cambio en su velocidad de lectura. De todas formas, usted no disponía hasta ahora de un método sistemático que le permitiese cambiar su velocidad de lectura sin sacrificar la comprensión, o sin malgastar el tiempo por ir avanzando demasiado lentamente.

Una de las primeras diferencias que notará, según vaya haciéndose un lector más eficiente, es que en vez de leer a una velocidad, usted irá cambiando tanto la velocidad como la técnica, de acuerdo con la dificultad del material al que se enfrente, y de la finalidad que persiga con su lectura. Conforme vaya ampliando su repertorio de velocidad y de técnica, tendrá usted muchas más posibilidades de enfocar de distintas maneras el material que lea. Una aplicación sistemática de las técnicas le ahorrará una gran cantidad de tiempo y esfuerzo, que ahora malgasta cuando lee.

¿Lee usted todo a aproximadamente la misma velocidad?

_____ sí _____ no _____ no estoy seguro.

Junto con la técnica ineficiente de leer todo a la misma velocidad, los lectores lentos presentan también algunas, o todas, de las siguientes características.

Movimientos ineficientes de los ojos

Algunos movimientos que hacen sus ojos al leer tienden a aminorar su velocidad. Las tres actividades ineficaces más importantes son las regresiones innecesarias, los movimientos arrítmicos de los ojos y las barridas de retorno defectuosas.

Regresiones innecesarias. Una regresión es una vuelta atrás para releer material que ya había sido leído. Si actúa usted como el lector medio, hará regresiones con el diez por ciento de las palabras que lee. Gran parte de las regresiones son habituales, innecesarias e inconscientes. Las regresiones conscientes, hechas de manera intencionada no son motivo de preocupación porque a veces son esenciales para la comprensión. Sin embargo, la mayoría de nuestras regresiones no las hacemos a propósito y para lo único que sirven es para aminorar la velocidad.

¿Nota usted que sus ojos hacen regresiones cuando lee?

_____ sí _____ no _____ no estoy seguro.

Movimientos arrítmicos. Los movimientos arrítmicos son aquellos que interrumpen la fluida progresión de fijaciones — movimientos sacádicos — barridas de retorno. Las actividades arrítmicas perturban el flujo de información hacia su cerebro y disminuyen su nivel de concentración. Por ejemplo, si intenta usted leer cuando está cansado, sus ojos tenderán a ir dando saltos alrededor de la página. Incluso cuando está bien descansado, los ojos que carecen de apoyo tienden a vagar a la más ligera provocación. Sus ojos necesitan de un apoyo para eliminar las actividades ineficientes.

¿Saltan sus ojos alrededor de la página, especialmente cuando está usted cansado?

_____ sí _____ no _____ no estoy seguro.

Barridas de retorno defectuosas. Mientras sus ojos realizan la barrida de retorno de una línea a otra, puede que se le presente la tentación de vagar en vez de volver rápidamente a la primera palabra de la siguiente línea. Esto hace que se malgaste tiempo y esfuerzo. De hecho, una parte considerable (cerca del veinte por ciento) del tiempo que se malgasta durante la lectura es achacable a las barridas de retorno defectuosas. Sus ojos necesitan ayuda para eliminar estas actividades ineficientes.

¿Hace usted barridas de retorno defectuosas?

_____ sí _____ no _____ no estoy seguro.

Poca superficie de fijación

Sus ojos perciben unas cuatro palabras cada vez que se fijan. El pequeño número de palabras que ve es consecuencia de la manera en que le enseñaron a leer: palabras por palabra. Es una manera razonable de aprender a leer pero, en la actualidad, está usted empleando esencialmente las mismas técnicas que cuando aprendió a leer por primera vez. Leyendo de esta manera no fija un número de palabras suficiente para ampliar su velocidad de manera significativa. Usted debe aprender a ver más palabras con cada fijación.

Considere la gran cantidad de información que captan sus ojos cuando no está leyendo. Por ejemplo, si usted mira cualquier objeto del tamaño de un libro que esté a una distancia similar a la longitud de un brazo, verá el objeto completamente y una gran cantidad de lo que lo esté rodeando. Usted puede transferir de su vida diaria al proceso de lectura su capacidad para abarcar un mayor campo de visión. El número de palabras que usted ve en cada fijación, el campo de enfoque, puede y debe ser ampliado antes de que usted pueda ser un lector más eficiente.

Un rápido ejercicio puede demostrarle qué amplitud de enfoque tiene usted adquirida en la lectura. Localice una palabra en el medio de la página y mírela *fijamente*. Sin mover sus ojos de esa palabra, aprecie el área que rodea a su «palabra». Usted apreciará el área que la rodea, de forma que verá las palabras que están a la derecha e izquierda, encima y debajo de su palabra. ¿Cuántas palabras puede ver claramente en cualquier dirección? ¿Cuántas palabras puede distinguir como tales antes de que se conviertan en dibujos borrosos en la página? Normalmente, el campo de enfoque medio lo conforman cuatro o seis palabras.

Ahora dé la vuelta al libro, de forma que vea la página impresa al revés; localice entonces otra «palabra» y repita el ejercicio. Se dará cuenta de que sus ojos tienen un área mucho mayor, incluso aunque usted no pueda leer la palabra. Se distinguen en la página muchos más trazos negros. Esto ocurre porque sus ojos no pueden reconocer como palabras los trazos que ven en el segundo ejercicio; de modo que relajan su campo de enfoque y le permiten ver la impresión como lo haría con cualquier otro objeto que entrase en su campo visual. Este ejercicio demuestra que el número de palabras que puede ver en cada fijación es un hábito adquirido. Puede sustituir este hábito ineficiente por el más eficiente de incrementar la amplitud de enfoque para incluir más palabras.

Después de realizado el ejercicio, ¿tiene usted la sensación de tener un área de fijación limitada?

_____ sí _____ no _____ no estoy seguro.

Subvocalización

La subvocalización consiste en decirse las palabras según uno las va leyendo. Esto se denomina en algunas ocasiones reafirmación auditiva.

Todo el mundo subvocaliza cuando lee, algunos en mayor medida que otros. Si usted no está seguro de si subvocaliza o de en qué consiste subvocalizar, vuelva al párrafo que trata de la zona reducida de fijación y comience a leerlo en alto. En cualquier momento cuando llegue a la mitad del párrafo deje de decir las palabras en alto y lea para usted mismo. Notará una «voz» en su cabeza que pronuncia en voz baja las palabras mientras las lee. Esa «voz» es la subvocalización.

Al igual que alguno de sus otros hábitos de lectura, usted adquirió éste hace mucho tiempo, cuando le enseñaron a leer. Usted y su profesor necesitaban asegurarse de que usted estaba aprendiendo la relación entre las letras y los sonidos que aquéllas representaban. En primer lugar, veía la palabra, la decía en voz alta, se oía a sí mismo diciéndola y después se presumía que usted la había entendido. Sin embargo, los problemas surgen cuando intenta aplicar los métodos y hábitos de lectura de la escuela elemental a las exigencias de la lectura de su vida profesional. En 1966, Hardyck, Petrinovich y Ellsworth en su artículo de *Psycholinguistics and Reading* de Frank Smith, realizaron un estudio en profundidad sobre la subvocalización, y llegaron a la siguiente conclusión:

> «Hay un defecto de lógica en los razonamientos basados en la proposición de que todo lo que hacemos habitualmente o en momentos de estrés debe ser, por ese motivo, necesario y eficaz. Los razonamientos de ese estilo son, desde luego, una mera descripción de superstición. El hecho de que tendemos a subvocalizar sólo cuando reducimos el ritmo de lectura... no indica nada más que una regresión a un comportamiento inducido en nuestros tiempos de clase. Con harta frecuencia, la subvocalización se considera un impedimento a la lectura eficiente, y puede ser suprimida sin que ello suponga el más mínimo problema para la comprensión.»

Como indicaban estos tres investigadores de la lectura, el lector eficiente no necesita la subvocalización. En primer lugar, los lectores eficientes no necesitan repetirse todas las palabras para entender su significado porque la subvocalización no es un elemento imprescindible para la comprensión. Para que su cerebro permita a su aparato de vocalización «decir» una palabra, usted debe haberla percibido correctamente con anterioridad. En segundo lugar, la subvocalización es ineficiente; rebaja su ritmo de lectura ya que usted sólo puede subvocalizar un número limitado de palabras por minuto. La mayoría de la gente lee alrededor de las doscientas cincuenta palabras por minuto y habla a un ritmo mucho más lento. Si puede aprender a hablar más rápido, por ejemplo a unas 600 ó 900 palabras por minuto, en ese caso no necesita usted cambiar su viejo hábito de subvocalización. (John Kennedy, cronometrado a la velocidad de 327 palabras por minuto, está considerado como el orador público más rápido, según el *Libro Guinness de los Récords*.)

Si usted lee a una velocidad superior a las 250 palabras por minuto medidas según el test del capítulo 1, ya ha empezado a eliminar parte de la subvocalización. De hecho, un lector maduro (entendiéndose como tal, para este caso, una persona que haya superado el octavo curso en lo que a habilidad de lectura se refiere) no repite todas las palabras de la página. Un lector maduro ha dejado de «repetir» los «un» y los «el», por ejemplo. También es probable que haya llegado a la conclusión, al menos inconscientemente, de que no tenía que repetir todas las palabras para entenderlas.

¿Es usted consciente de que subvocaliza?

_____ sí _____ no _____ no estoy seguro.

Para *reducir* sus hábitos de subvocalización (incluso los lectores eficientes nunca eliminan del todo la subvocalización) primero debe comprender que la subvocalización no es necesaria para comprender. Después, oblíguese a leer más deprisa de lo que le sea posible subvocalizar. Recuerde, mientras usted reduce la subvocalización está perdiendo intencionadamente la seguridad que ofrece el decirse a sí mismo las palabras. Encuentre otras formas de asegurarse y recuerde la naturaleza general de los hábitos de lectura necesarios para llegar a adquirir la suficiente confianza para sobreponerse a este problema. Los siguientes capítulos le ofrecerán diferentes métodos para conseguir asegurarse de que, de verdad, usted registra todas las palabras. Los ejercicios están destinados a hacerle leer más rápidamente de lo que podría hacerlo si estuviera subvocalizando todas las palabras. Usted sólo tiene que poner el esfuerzo y la confianza en que puede hacerlo.

Concentración

¿Se ha concentrado alguna vez mirando fijamente la parte de abajo de una página a la vez que se preguntaba: «¿Cómo he llegado aquí?» Si lo ha hecho, usted entiende lo que es tener un bajo nivel de concentración. La concentración es la capacidad de mantener su atención orientada hacia cualquier cosa que quiera. Las distracciones externas o internas que conducen a una pobre concentración pueden ser sutiles asesinas de la comprensión y la motivación. Las distracciones externas se analizan en el capítulo 5, que está dedicado específicamente a la mejora de la concentración. Una de las distracciones internas más importantes, el leer demasiado despacio, se trata con mucho más detalle en el capítulo 4.

Considere la capacidad potencial de su cerebro. Es capaz de procesar miles de *bits* de información por minuto. Considere sus viejos hábitos de lectura de, tal vez, 250 palabras por minuto. Una de las razones por las que su mente se dedicaba a divagar mientras usted leía (con el resultado de conseguir una pobre concentración) es que su cerebro estaba «aburrido». Su cerebro busca otro trabajo que hacer cuando usted no le suministra el suficiente. Se dedica a pensar en la declaración fiscal de la semana pasada, en la reunión de personal de la semana que viene, en lo que piensa hacer este fin de semana..., en cualquier cosa menos en el material impreso que tiene delante. Cuando usted aprenda a leer más deprisa, tendrá desde ese momento una mejor concentración.

¿Tiene usted una baja concentración cuando lee? ¿Piensa en otras cosas cuando lee?

_____ sí _____ no _____ no estoy seguro.

Memoria

Después de completar el proceso de lectura, usted necesita recordar el material; éste es un proceso diferente y separado de la comprensión. Es posible tener una excelente comprensión del material (recuerde, comprensión significa entender el material del texto *mientras* se está leyendo) y una deficiente recordación del material al poco tiempo de haberlo leído.

Una de las razones por la que casi todo el mundo tiene problemas en recordar lo que ha leído es que leen demasiado despacio. El leer despacio fragmenta el material. Como usted lee tan despacio, no consigue una adecuada perspectiva del material. Lo que los lectores lentos recuerdan después de leer es una variedad de hechos y detalles cuya interrelación no está claramente visible. Como esos datos y detalles normalmente no tienen ninguna relación evidente unos con otros, se olvidan a menos que se emplee una gran candidad de tiempo y esfuerzo tratando de memorizarlos y reconstruirlos para un uso posterior. No tiene por qué ser tan difícil.

¿Tiene problemas para recordar lo que ha leído?

_____ sí _____ no _____ no estoy seguro

_____ he olvidado la pregunta.

Leer más deprisa con un método sistemático y una finalidad bien definida le permiten leer para captar conceptos e ideas. La mayoría de nosotros podemos recordar un número finito de asuntos con alguna probabilidad de éxito, normalmente alrededor de siete cada vez. Sin embargo, el número de ideas o conceptos que podemos recordar no tiene límites. Esto no quiere decir que usted no tendrá en cuenta los hechos, detalles y datos de apoyo. Lo que significa es que pronto podrá evitar la tediosa tarea de memorización de esos detalles a base de repetirlos. En vez de eso, usted hará que las ideas y los conceptos trabajen para usted, para ayudarle a recordar los datos de apoyo con muchísima más facilidad, exactitud y durante un período más prolongado. Usted empezará a trabajar en la mejora de la memoria en el siguiente capítulo y en el capítulo 6, que está exclusivamente dedicado a la mejora de la memoria.

Enumere por orden de importancia, los hábitos que le están haciendo ir despacio cuando lee.

Resumen

La manera de leer más deprisa es adquirir un nuevo conjunto de aptitudes y hábitos. Algunos lectores eficientes las han adquirido por tanteos a lo largo de los años y, si se les pregunta cómo leen, es muy probable que tuviesen dificultades para explicar exactamente cuál es la técnica que usan.

El método de tanteos no es una base muy sensata para refinar una habilidad de importancia tan vital como es la lectura. ¿Cómo puede mejorar sus hábitos de lectura? Para parafrasear los cinco pasos que se mencionaban en el principio de este capítulo, el factor más importante es la motivación. Cuanto más fuerte sea la motivación, más rápidamente se aprenderán las técnicas. El segundo factor más importante es el conocimiento de un método sistemático de empleo de las nuevas técnicas. El conocimiento es esencial, porque la motivación, sin conocimiento y sin guía, conduce a la frustración. Dado que usted ha elegido este libro, ya tiene cierto nivel de motivación. Ahora que ya ha leído este capítulo, tiene usted un conocimiento general de las técnicas necesarias para una lectura eficaz. Pero este conocimiento no le será de gran ayuda a no ser que lo incorpore a sus exigencias cotidianas de lectura, mediante una aplicación diligente y paciente. La práctica, por lo tanto, es el tercer factor importante y necesario para que usted llegue con éxito a ser un lector rápido.

En algunas ocasiones, durante su progreso a través de las lecciones, necesitará volver a este capítulo y releer algunas secciones. Los asuntos y problemas presentados en este capítulo son predicciones. A veces necesita tener la certeza de que progresa satisfactoriamente, o el conocimiento de que los problemas que encuentra son típicos del progreso de los demás a lo largo del curso. Siéntase en completa libertad de volver y releer el material relativo al cambio de viejos hábitos. Estos comentarios pueden cobrar más significado según vaya usted empezando a fortalecer realmente sus aptitudes mediante el empleo de las técnicas oportunas.

Revise rápidamente el capítulo para advertir los términos que se presentan y después hágase usted mismo un examen sobre sus definiciones.

Para llegar a dominar cualquier área de información, debe dominar el vocabulario que sea propio de ella. Para conseguir un conocimiento activo de la información, usted debe conocer los términos empleados en este capítulo. Es probable que algunos ya le fueran familiares, pero asegúrese de que sus definiciones y las nuestras coincidan. Escriba una breve definición de cada término. Compare sus respuestas con aquellas que se ofrecen al final del capítulo.

Vocabulario del examen de lectura

1. Fijación.
2. Comprensión.
3. Rememoración.
4. Leer.
5. Subvocalización.
6. Regresión.
7. Barrida de retorno.

8. Hábito.
9. Concentración.
10. Reafirmación auditiva.
11. Campo de enfoque.
12. Descongelación.

Comprobación de progresos 1

1. Liste tres formas en las que se diferencia un lector eficiente de un lector ineficiente.
2. Escriba brevemente las ideas principales del capítulo.
3. Liste los cinco pasos que ha de dar para mejorar su lectura y que fueron mencionados al principio del capítulo.

Respuestas: Vocabulario del examen de lectura

1. Detención de sus ojos para leer.
2. Comprensión mientras usted mira las palabras.
3. Recuerdo: la rememoración es lo más difícil.
4. Comprender.
5. Reafirmación auditiva: decirse a sí mismo las palabras mientras lee.
6. Releer el material: las regresiones inconscientes son un derroche de tiempo, las regresiones conscientes son necesarias algunas veces para comprender.
7. Movimientos de los ojos, del final de una línea al inicio de la siguiente.
8. Una pauta de comportamiento casi inconsciente y que ha sido adquirida.
9. La orientación de su atención.
10. Lo mismo que la subvocalización: ver respuesta 5.
11. El área que pueden ver sus ojos cuando están fijados en algo.
12. Parte del proceso de reemplazar viejos hábitos por otros hábitos nuevos.

Respuestas: Comprobación de progresos 1

Características de un lector eficiente:

1. Mayor velocidad de lectura, de 3 a 5 veces más rápida.
2. Movimientos de los ojos suaves y rítmicos.

3. Pocas regresiones.
4. Ojos siempre en el lugar adecuado.
5. Amplio campo de enfoque.
6. Subvocalizaciones reducidas.
7. Tratamientos flexibles y adecuados a cada tipo de material.
8. Buena concentración.
9. Buena retención.

Algunas de las ideas principales del capítulo son:

1. ¿Cómo lee usted?
2. Hábitos.
3. ¿Qué hacen los buenos lectores?

Pasos hacia una mejor lectura:

1. Establecer una necesidad.
2. Comprender el proceso.
3. Comprender por qué lee despacio.
4. Aprender nuevos hábitos eficientes.
5. Practicar.

Capítulo 3

CÓMO ADQUIRIR MAYOR VELOCIDAD

Este capítulo le proporciona las herramientas adecuadas para incrementar su velocidad de lectura. Antes de que usted empiece con las lecciones, lea los subepígrafes de todo el capítulo y tenga en cuenta las ilustraciones para enterarse de lo que se espera de usted.

En el capítulo 2 se daba una definición de lo que se entiende por lector rápido, y se decía que era un sujeto capaz de leer de tres a cinco veces más rápido que el lector medio. Los movimientos suaves y eficaces de los ojos contribuyen a mejorar la capacidad de leer deprisa, así como a reducir la subvocalización y las regresiones. Cualquiera que sea la manera en que los buenos lectores adquirieron sus aptitudes, ya fuera por tanteos, casualidad o leyendo este libro, ellos están haciendo algo de una manera diferente a como lo hace usted cuando lee. Para cambiar sus viejos hábitos de lectura, usted necesita introducir en su método de lectura alguna cosa nueva que anime a los buenos hábitos de los lectores eficientes a sustituir sus viejos e ineficientes hábitos.

Algunos métodos para incrementar la velocidad

Puede que esté usted familiarizado con métodos alternativos de aumentar la velocidad y la comprensión, como pueden ser el pensar en cómo leer más deprisa, y/o utilizar máquinas de lectura.

Pensar en cómo leer más deprisa

Este método brinda sólo unos resultados limitados. Si ha intentado usted obligarse a leer más deprisa de esta manera, se habrá colocado en el doble aprieto de tratar de estar pensando en el proceso de lectura a la vez que está leyendo. Es algo similar a tratar de mantenerse en pie sobre una pelota mientras un elefante hace equilibrios sobre su cabeza. Antes o después una actividad tiene que dejar paso a la otra. Normalmente, usted acaba pronunciando las palabras cuando piensa en la lectura mientras intenta leer.

Cuando usted intenta mover sus ojos más deprisa, sin contar con el apoyo de algún tipo de aparato para marcar el ritmo, se encuentra ante un obstáculo casi insuperable de índole física. Son muchos los pequeños músculos que trabajan en cada ojo mientras usted lee. Hay un par de músculos superpuestos a cada lado de su cráneo. El control necesario para mover cada uno de esos músculos en armonía, por no decir nada de hacerlo más deprisa, es algo que entra y sale en y del campo de la actividad subconsciente. Los intentos conscientes de manipular estos músculos por el simple procedimiento de mover sus ojos más deprisa, normalmente dan como resultado un considerable dolor de cabeza junto con una mínima mejora de la velocidad y la comprensión.

Máquinas de lectura

Las máquinas de lectura han sido un interesante añadido a los laboratorios de lectura de las escuelas y a algunos cursos de lectura rápida. Una de las razones por la que han alcanzado alguna popularidad es que son divertidas. Sin embargo, las máquinas de lectura tienen un empleo limitado en la enseñanza de la lectura rápida, y son muy caras. Teniendo en cuenta su limitado efecto en las velocidades de lectura y su elevado precio, no tienen generalmente una buena relación utilización-precio. Además, no son prácticas porque no puede llevarlas a cualquier sitio en el que usted vaya a leer. Incluso en el caso de que usted dedicase los fondos necesarios a adquirir una, suelen ser incómodas y exigen bastante tiempo para ajustarlas al empezar y para desconectarlas al acabar. Si es necesario cambiar las velocidades en la máquina de lectura, deberá usted ajustar algún tipo de dial. Cuando deja de prestar atención al texto que se encuentra en la página para hacer este ajuste, rompe usted su concentración.

El razonamiento más importante en contra de las máquinas de lectura es que a pesar de todas sus luces parpadeantes y todos los adminículos codificados con vivos colores, no son sino primitivas muletas para la lectura; no enseñan una técnica. Antes, al contrario, su funcionamiento es una técnica separada del proceso de lectura rápida. Por tanto, elimine la máquina y habrá eliminado cualquier aptitud que hubiera adquirido. Esto es, los progresos en velocidad que haya hecho con una máquina de lectura, se perderán rápidamente cuando usted abandone la máquina.

Su mano

La solución para leer más deprisa es sencilla: emplee su mano para acostumbrarse a leer más deprisa. La mejor herramienta para poner en práctica las técnicas de un lector eficiente es *su mano, empleada a modo de puntero que marque el ritmo sobre la página.* Su mano, deslizándose sobre la página, guiará sus ojos por las líneas impresas, ajustará su velocidad en consonancia con el tipo y la dificultad del material, y de esta manera, eliminará o reducirá sus hábitos ineficientes de lectura. Recuerde que el deseo de leer es esencial, pero el sólo deseo no le hará leer más deprisa. Si fuese así, usted estaría capacitado para leer tan rápido como fuese necesario en este mismo momento. Usted puede inducirse a leer más deprisa empleando su propia mano como puntero porque ella tiene todos los elementos de una herramienta eficaz de lectura rápida. Es sencilla, siempre la lleva consigo y puede convertirse, con la práctica, en una herramienta extremadamente eficaz para elevar su velocidad de lectura.

Para emplear su mano a modo de indicador del ritmo, subraye con el dedo cada línea de la página, de margen a margen. Este modo de marcar el ritmo da a sus ojos un punto de enfoque definido sobre la página. Sus ojos se ven compelidos a seguir a su dedo y a no divagar por la página. Desde el momento en que sus ojos se ven compelidos a seguir al dedo, las regresiones innecesarias quedan prácticamente eliminadas. La eliminación de las relecturas inconscientes del material que ya se había comprendido es un cambio inmediato y gratificante en su velocidad de lectura.

Y lo que es más, al tiempo que sus ojos avanzan más deprisa a lo largo de las líneas impresas, empezarán a captar más palabras. El practicar le permitirá ver más palabras por fijación, porque se exige que sus ojos sigan a su dedo a una velocidad más elevada que la que empleaban habitualmente. Esta práctica amplía y ensancha su campo útil de enfoque.

Cuando emplee su mano para marcar el ritmo, se pueden hacer los cambios de velocidad de una manera uniforme y automática, con una pequeña o incluso nula ruptura de la concentración. Debido a que sus ojos están siguiendo un movimiento de la mano uniforme y rítmico, tienden a igualar sus pautas de fijación y movimientos sacádicos. A la vez, usted tendrá un mayor control sobre el ritmo de los movimientos de sus ojos. Sus barridas de retorno mejorarán porque sus ojos siguen a su indicador hasta el punto adecuado al principio de una nueva línea, en vez de divagar alrededor de la página.

A título de ejemplo: Haga que un amigo se ponga de pie delante de usted y pídale que siga con sus ojos un círculo imaginario de unos dos metros de diámetro.

El recorrido que realmente seguirán los ojos será algo parecido a esto:

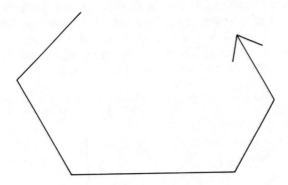

Pida al mismo amigo que siga con la vista la mano de usted mientras ésta hace un círculo de aproximadamente dos metros de diámetro. El recorrido de los ojos de su amigo será parecido a éste:

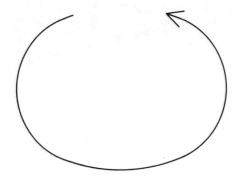

Cómo prepararse para leer más deprisa

Antes de aprender a mover la mano para leer más deprisa, debe usted aprender dos maniobras preparatorias.

Cómo domar un libro

Domar el libro es la primera cosa que hay que hacer al prepararse para leer más deprisa. La mayoría de las ediciones en rústica o los libros nuevos de tapas duras tienen las hojas rígicas y apelmazadas. Usted no necesita pelearse con las hojas mientras está tratando de aprender nuevas técnicas de lectura rápida. Por lo tanto, coloque el libro con el lomo apoyado en la mesa, tal y como se muestra en la ilustración. Empezando, aproximadamente, por las veinte primeras y las veinte últimas, «aplaste» las hojas del libro contra las tapas, hasta que lo haya hecho con todas las hojas del libro. Este paso evitará un temprano deterioro de sus libros porque flexiona el lomo de manera uniforme y así no se desprenden las hojas. Domar un libro adecuadamente elimina además la adherencia original de las hojas, de manera que facilita la realización del siguiente paso.

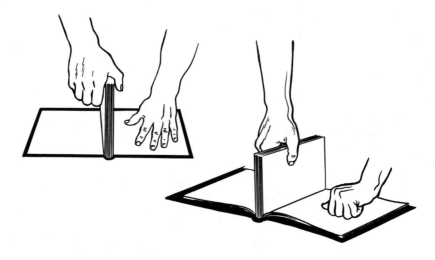

Cómo pasar las hojas

Pasar las hojas de la manera adecuada tiene mucho que ver con un movimiento uniforme y rítmico de la mano que, como resultado, produce unos movimientos más uniformes de los ojos. La mayoría de los estudiantes se muestran sorprendidos cuando se les dice que no saben pasar las hojas de la manera adecuada. Pero *hay* una manera adecuada de pasar las hojas. Además, el hecho de pasar las hojas es un excelente ejercicio de calentamiento antes de practicar los ejercicios. Algunos aspectos de los ejercicios siguientes son meramente físicos, y, como cualquier ejercicio físico, es mejor emplear un poco de tiempo en entrar en calor física y mentalmente antes de intentar el ejercicio principal.

Personas zurdas

Si es usted zurdo, empleará la mano izquierda para marcarse el ritmo, así que usted pasará las hojas con la mano derecha. Está preparado para pasar la hoja rápida y suavemente cuando su mano izquierda acabe la línea de abajo de la página de la parte derecha. Después, su mano izquierda puede seguir, uniforme y rápidamente, marcando el ritmo a sus ojos en la página siguiente. Si emplea la mano izquierda para marcarse el ritmo y para pasar las hojas, romperá el ritmo del movimiento de la mano e incitará a que haya una ruptura en su concentración.

Personas diestras

Si es usted diestro, pasar las hojas es un poco más complicado. Coloque su mano izquierda en la parte de arriba de la página izquierda con el índice y el dedo pulgar extendidos sobre la parte alta de la página derecha. (Vea la ilustración). Emplee su mano derecha para marcarse el ritmo mientras lee. Deslice su dedo índice izquierdo por debajo de la página derecha de forma que cuando llegue al final de la página derecha, pueda rápida y suavemente pasar la hoja con su índice izquierdo. Entonces sus ojos podrán pasar rápidamente a la primera línea de la nueva página. Practique estas actividades durante unos cuantos minutos hasta que las haga correctamente. Parecerán extrañas al principio, pero con la práctica llegarán a convertirse en algo completamente natural. Tenga en cuenta que tendrá una importancia creciente el hecho de que usted vuelva correctamente las hojas mientras va progresando hacia mayores velocidades. Practique esta nueva técnica y apréndala bien desde el principio. Ahora practique el volver hojas durante un minuto, haciéndolo lo mejor que pueda y después pruebe con el siguiente ejercicio de volver hojas.

Ejercicio de volver hojas

Este ejercicio le permite sentirse cómodo pasando las hojas de esta nueva manera y es también un buen ejercicio de calentamiento para el comienzo de cada sesión de prácticas.

1. Siéntese frente a una mesa o pupitre con su libro abierto sobre el tablero.

2. Marque sesenta hojas (entre dos clips) en un libro de su elección. Los libros grandes y de pastas duras son los más sencillos para comenzar, ya que no se mueven sobre la mesa mientras realiza este ejercicio).

3. Su objetivo es pasar las sesenta hojas en un minuto, una hoja por segundo. La mayoría de los estudiantes nos miran como si les hubiésemos dicho que comiesen porquería la primera vez que les hablamos de este objetivo. Esto es normal. Nuestra respuesta a su expresión de desconcierto es que durante el curso, nos van a mostrar muchas veces este tipo de expresión, pero después de todo, se darán cuenta de que pueden hacer realmente los ejercicios.

4. Después de que haya pasado sesenta páginas, aumente su objetivo a setenta.

Comprobación de progresos 1

1. Cuando usted utiliza su mano como puntero, proporciona a sus ojos todas las siguientes cosas, *excepto* una; ¿cuál?

   a)   un punto de enfoque definido;
   b)   regresiones reducidas;
   c)   un menor campo de enfoque;
   d)   un movimiento de ojos más uniforme;
   e)   barridas de retorno más eficientes.

2. ¿Por qué necesita volver las páginas de la manera que se describió en este capítulo?

3. ¿Por qué necesita un calentamiento previo a la práctica?

4. ¿Qué actividad sirve para hacer un buen calentamiento?

Movimiento básico de la mano

El movimiento de la mano que sirve para marcar el ritmo, exige que, lo primero, se siente derecho ante la mesa o pupitre, con los pies apoyados en el suelo. Al principio necesita sentarse así para simplificar el aprendizaje de esta técnica. Después podrá usar este movimiento de la mano donde quiera.

Emplee el dedo índice de la mano con la que escriba. (Esta distinción se hace porque hay algunas personas que son ambidestras). Subraye cada línea impresa, de margen a margen, con su dedo índice. (Vea la ilustración). Sus ojos deberán seguir a su dedo a lo largo de las líneas impresas. Mueva su dedo a lo largo de las líneas impresas. Mueva su dedo a lo largo de la línea lo suficientemente despacio para entender, pero no deje que su dedo se pare. Aplique una ligera presión. No necesita mantener el dedo en el aire mientras marca el ritmo con él, pero no presione demasiado fuertemente, o podría acabar con la punta llena de tinta.

Cuando su dedo llegue al final de la línea, practique una barrida de retorno con su dedo y sus ojos. Recuerde, una barrida de retorno es simplemente el movimiento que le hace volver sus ojos hasta la primera palabra de la siguiente línea, listos para leer.

Con la barrida de retorno se desarrolla una interesante etapa. Mientras sus ojos practican la barrida de retorno, teóricamente están entre dos líneas de letra impresa, y se mueven hacia atrás. Dado que no hay información entre las líneas, el movimiento hacia atrás supone frecuentemente una tentación para que sus ojos divaguen por la página. Algunos expertos en lectura consideran que cerca del veinte por ciento de su tiempo de lectura se desperdicia llevando a cabo la barrida de retorno. La gente se queda consternada cuando se enteran de que si leyeron cinco horas la semana pasada, emplearon una hora entre las líneas, moviendo los ojos hacia atrás. Para contrarrestar esta tendencia a perder el tiempo en las barridas de retorno, haga lo siguiente: tómese todo el tiempo que necesite para leer, subrayando las líneas de izquierda a derecha, pero cuando llegue al final de la línea, levante ligeramente el dedo y muévalo hacia atrás rápidamente hasta la primera palabra de la siguiente línea, preparando para empezar; esto reducirá en gran medida la tendencia a divagar de sus ojos.

Ejercicios para el movimiento básico de la mano

Tenga siempre presente que este movimiento de la mano no es cosa de magia. No hay ningún oscuro secreto en la manera de leer más deprisa. Es sencillamente la mejora de una habilidad física que puede adquirirse mediante la instrucción y la práctica, de la misma manera que puede mejorarse cualquier otra habilidad física, desde montar en bicicleta hasta esquiar. Para aprender a hacerlo, usted debe practicar correcta y continuadamente.

Mantenga el movimiento de su mano pivotando desde el codo mejor que desde la muñeca. (Vea la figura superior). Dése cuenta de que la muñeca no está doblada. Debe hacer el movimiento desde el codo en vez de desde la muñeca, por dos motivos. En primer lugar, su muñeca se cansa mucho antes que su codo, como podrán confirmarle todos los que jueguen al tenis. En segundo lugar, si pivota desde la muñeca, tiende a hacer con su dedo un movimiento en forma de arco que no conduce a que usted subraye la línea recta de la página. La mayoría de la gente que pivota desde la muñeca lo hace porque están apoyando sus antebrazos en la mesa. La mejor manera de evitar esto es acercar más el libro (que está abierto sobre la mesa) a su cuerpo. Esto alejará sus antebrazos de la mesa. Es probable que descubra que cuanto más cerca de su cuerpo ponga el libro, más querrá inclinar el libro, llevando la parte izquierda hacia abajo. (Inclinación opuesta si se trata de personas zurdas). Aprecie otra vez la inclinación en la ilustración. Esto está bien, y de hecho, es beneficioso para sus ojos, porque les ofrece una oportunidad para cambiar un poco el enfoque según van moviéndose a lo largo de las líneas impresas.

La mejor manera de habituarse a este movimiento de la mano es poner el siguiente artículo cabeza abajo, de manera que esté usted mirando la impresión del revés y su mente pueda fijarse únicamente en los movimientos de la mano.

Ahora, en la siguiente sección, pruebe el nuevo movimiento de la mano con su libro del revés durante uno o dos minutos. Acuérdese de tener la mano que vaya a pasar de hoja preparada para pasar a la siguiente hoja tan rápida y suavemente como pueda cuando llegue usted a la parte de abajo de la página. Después de haber practicado durante unos minutos con la impresión cabeza abajo, póngala cabeza arriba y lea la sección empleando su nuevo movimiento de mano.

Selección de lectura

Hay un total de 2.142 palabras en este artículo. Lea el artículo por completo con las maniobras básicas y cronométrese para ver cuanto tiempo le lleva. Hacia la mitad del artículo, deje de leer y compruebe si está haciendo correctamente el movimiento de la mano:

	Sí	No
Su otra mano está preparada para pasar la hoja:		
Está moviendo de margen a margen su dedo índice:		
No detiene su dedo, pero lo mueve suficientemente despacio para comprender:		
Está empleando una ligera presión:		
Pivota desde su codo, que no desde su muñeca:		
Levanta levemente su dedo en la barrida de retorno:		

Después de haber acabado el artículo, calcule su velocidad en palabras por minuto (el número total de palabras [2.142] dividido por el tiempo total que necesitó para leerlo); y compruebe su nivel de comprensión contestando las preguntas que siguen al artículo.

Vaqueros en la sala de juntas

El aspecto colegial caracteriza a las empresas de nuevo estilo

Por James Flanigan
Escritor de la redacción del Times

No hay comedor de ejecutivos en las oficinas generales en Dallas de Texas Instruments, la empresa fabricante de semiconductores más grande del mundo, con unas ventas anuales de tres mil doscientos millones de dólares. Desde el presidente Mark Shepherd Jr. hacia abajo, todo el personal come en la misma cafetería enorme, de libre acceso, en la que el té helado es la bebida más fuerte, a la vez que la más popular.

En la empresa Hewlett-Packard, con sede en Palo Alto, líder mundial en instrumentos electrónicos, con unas ventas anuales de dos mil trescientos millones de dólares, la oficina del director general John A. Young es una zona de 3 por 3,5 metros con el suelo recubierto de linóleo y separada de otras oficinas por dos mamparas de cristal.

En Intel Corp., de Santa Clara, con ventas de seiscientos sesenta millones de dólares, pionera desde hace doce años en el campo de la informática, el director general lleva la camisa con el cuello desabrochado dejando ver una gruesa cadena de oro. Muchos de los empleados van vestidos de una manera menos formal: en vaqueros.

Éstos son una pequeña parte de los signos distintivos de la nueva ola americana de ejecutivos. Superficiales y nada reprimidos en lo que se refiere a sus gustos, la informalidad y el igualitarismo son las señales indicativas de un compromiso más profundo entre los progresistas del mundo empresarial, empeñados en la búsqueda de un nuevo estilo de dirección. La atención prestada al individuo es parte de la reacción contra lo que muchos perciben, con razón o sin ella, como los inconvenientes de las mayores y aparentemente más prósperas empresas estadounidenses. Hace sólo veinte años, dichas empresas —General Motors, U.S. Steel, Exxon y otras de su estilo— se consideraba que eran inteligentes y poderosas. Ahora, a muchas de ellas se las mira como burocracias cansadas, con menos capacidad de respuesta ante los cambios y

ante el público, menos competitivas en el mundo, y dirigidas por ejecutivos que evitan los riesgos, en vez de asumirlos con decisión. Así las cosas, se las ve como lugares poco atractivos para que los jóvenes más prometedores vayan a ellos a trabajar.

Lo irónico es que esas empresas fueron pequeñas una vez. Deben su éxito a que se movieron deprisa hacia nuevos mercados, a que encontraron maneras de motivar a sus empleados, a que reaccionaron con rapidez a los retos de competitividad a lo largo de los años. Pero, según dicen los críticos, mientras el ritmo de los mercados internacionales se ha acelerado, la rígida jerarquización ejecutiva de las empresas gigantes —vicepresidentes adjuntos, vicepresidentes generales, vicepresidentes ejecutivos— han ralentizado su tiempo de reacción. «Cuesta catorce meses hacer que General Electric adopte una decisión», dice un contratista que suminista a esta gran empresa.

Para combatir esa inercia, e incluso para permitir a las pequeñas empresas alcanzar el tamaño suficiente para captar más capital y poder competir en los mercados mundiales, el sector empresarial está probando nuevos métodos de gestión. Y algunos analistas ven el esfuerzo como una significativa promesa de resurgimiento de las ventajas competitivas de la industria americana.

La mayoría de estos nuevos estilos de gestión giran en torno al intento de conceder una mayor responsabilidad a los directores y a los profesionales en toda la organización, al intento de conseguir una colegialidad, en oposición a una estructura de jefes y empleados. La idea de repartir la responsabilidad y de reconocer los méritos de los individuos, responde a la realidad de la América moderna, con su variada y altamente formada masa laboral.

Al mismo tiempo, como reflejo del cambio en los niveles ejecutivos y profesionales, se han realizado experimentos entre los obreros de la industria en las líneas de montaje. El programa de calidad de la vida laboral de General Motors, por ejemplo, está elaborado en torno a la idea de dar a los trabajadores de fábrica algo más de poder de dicisión sobre la forma de organizar su trabajo y en qué condiciones se desarrolla.

Según estos enfoques, en una fábrica de automóviles o en un laboratorio de electrónica, el trabajador, de cualquier categoría y posición, fija los objetivos laborales en combinación con la dirección, y por tanto, es responsable de alcanzarlos. «Justificas tu existencia», es la manera de explicarlo de un hombre que conoce el ambiente que se respira en la Texas Instruments.

Éste es todo un cambio respecto a las actitudes que se mantenían hace veinte años. Entonces, la imagen del ejecutivo americano era la del «Señor Organización», sin rostro y sin alma, sobre el que William H. Whyte tanto escribió. El señor organización era su sirviente de la institución; el señor organización tomaba su identidad de la empresa, la cual regulaba hasta los aspectos de su vida privada.

Hoy en día, todo eso está cambiando. El nuevo ideal es una calle de dos sentidos, donde la empresa trata de facilitar la creatividad del individuo mientras éste contribuye con esa creatividad al futuro de la empresa. El objetivo es mantener el espíritu de la pequeña empresa, su talante emprendedor —agresiva, deseosa de asumir riesgos, preparada para aprovechar las oportunidades que brinda el cambio— dentro de una gran organización. La decoración enjuta, funcional —en contraste con los edificios monumentales, las gruesas alfombra y el mobiliario elegante de las más tradicionales empresas gigantes— permite que el individuo destaque, sin quedar oscurecido por la parafernalia de la institución.

Los seminarios sobre pequeñas empresas y negocios de alto riesgo están muy concurridos en las más importantes facultades de empresariales. En un momento en que un coro de sabiduría tradicional critica el declinar de la ética del trabajo americano, cientos de americanos están fundando sus propias empresas, insatisfechos con el ritmo y la estratificación de las grandes empresas.

«Si tengo una idea, no quiero que ningún vicepresidente me pida un informe sobre ella para dentro de dos semanas. Quiero actuar inmediatamente», dice el emprendedor de treinta y cinco años, Philip Drayer. (Drayer acaba de empezar con su propia firma de servicios electrónicos en Dallas y está trabajando siete días a la semana para hacerla salir adelante.)

«La creatividad viene de la cima; la burocracia destruye la creatividad», dice James Treybig, que fundó Tandem Computers Inc. en Cupertino, California, en 1974. Todas las tardes de los viernes se celebra una especie de fiesta de la cerveza para que clientes, proveedores y empleados se reúnan en las oficians generales de Tandem. Originalidad, sí; burocracia, no.

El vicepresidente ejecutivo de Hewlett-Packard, Dean Morton, comprende lo que Treybig intenta hacer: mantener la corriente de comunicación. «Es difícil trasladarse de un ambiente en el que todo el mundo le conoce a uno, a otro en el que no se es más que otro de los cincuenta y cinco mil empleados», dice Morton. «Es difícil mantener eternamente los valores». Una de las estrategias con que H-P está tratando de mantener el espíritu de las empresas pequeñas es asignando a algunos ejecutivos la responsabilidad individual de segmentos de su mercado, que varían entre cuarenta y doscientos cincuenta millones de dólares de ventas anuales.

«El mundo no está lleno sólo de emprendedores», dice Grove, de Intel. «En el mundo también hay personas que se sienten atraídas por las organizaciones, y que les gusta dirigir mayores conjuntos de personas. Nosotros necesitamos los dos tipos de personas, y, por tanto, tenemos salida profesional para especialistas de la organización y otra para las personas a quienes les gusta dirigir un negocio pequeño. Usted me dice el tipo de persona que es, y nosotros le encontraremos el trabajo que más le convenga».

En Texas Intruments, la dirección llegó a la conclusión de que era una locura promocionar a puestos de vicepresidentes administrativos a científicos que se encuentren a pleno rendimiento, haciendo que dirijan a otros científicos, pero sin que vuelvan a realizar el trabajo de laboratorio con el que disfrutaban. Pero el cargo de vicepresidente, u otro superior, parecía que era la única forma de conferir categoría y de reconocer los trabajos bien hechos. La solución de TI fue crear una carrera alternativa de *investigador* e *investigador jefe,* personas comprometidas permanentemente con el trabajo científico con el que disfrutan y por el que reciben el mismo sueldo y posición jerárquica que sus colegas de las secciones financieras, comerciales y administrativas.

Pero si la antigua manera de dirigir pecaba de un excesivo autoritarismo jerárquico, ¿conducirá la nueva manera a que se cometan excesos? Di-

fícilmente. La típica reunión en Texas Instruments todavía supone que, para defender una idea o el grado de desarrollo que ha alcanzado un programa, un joven ingeniero ha de proyectar gráficas y esquemas sobre tres pantallas gigantes, en una habitación obscurecida ante una rígida y escéptica dirección que debe asignarle unos recursos limitados.

No hay informes, sólo contacto inmediato y personal. Si tiene éxito, el ingeniero consigue un gesto afirmativo y una mayor responsabilidad en el siguiente programa; si no tiene éxito, una rápida y contundente interrupción seguida de unos consejos y de la invitación a volver a informar dentro de una semana. Primero se amonesta, después se redime. El propósito, dice un alto ejecutivo de la TI, «es motivar, no castigar».

En Intel, dice Robert Noyce, uno de sus fundadores, hay «un clima de confianza, no de dejadez».

Éste es exactamente el tipo de enfoque que pedía hace una década Peter F. Drucker, reconocido por muchos como la autoridad suprema del país en temas de gestión. «Lo que necesitan las empresas mercantiles es un principio de gestión que ofrezca un campo total de acción a la energía y responsabilidad individuales, así como una orientación común a la visión y el esfuerzo empresariales», escribió en su obra maestra, *Dirección.*

En su último libro, *Cómo dirigir en tiempos turbulentos,* retoma su crítica. «El empleado, en la mayoría de las empresas, y en mayor medida en las instituciones de la Administración, se encuentra fundamentalmente infraempleado», escribió Drucker. «Su responsabilidad no coincide con su capacidad. Le dan dinero en vez de la categoría que sólo la auténtica responsabilidad puede conferir».

Pero con más responsabilidad, ¿conseguiremos que sean los empleados los que dirijan la empresa? Drucker dice que no. «No se trata de democracia, sino de ciudadanía.»

Éstas son palabras duras para lo que tradicionalmente se venía entendiendo por un empleo, y para las empresas, cuyo cometido se entendía que no era otro que la obtención de beneficios. Pero la apreciación de lo que un puesto de trabajo le da derecho a hacer a uno, y de cómo se consiguen los beneficios, está cambiando —al menos en algunas empresas.

Hewlett-Packard, por ejemplo, no tiene deudas a largo plazo. ¿Es esto simplemente una preferencia financiera? No, dice Morton, es parte de una estrategia que garantiza a los que trabajan en H-P la continuidad del empleo. Morton explica que una temprana decisión de la dirección de que la empresa no contrataría ni despediría empleados periódicamente «nos condujo a evitar los contratos con la Administración a causa de las oscilaciones de ese mercado y nos llevó también a tener como base de nuestra empresa cinco mil productos distintos, de forma que no dependiésemos de ninguno». En otras palabras, dice que en esta empresa de gran éxito la fuerza motriz de su estrategia empresarial está centrada en sus empleados, no en sus accionistas o en el mercado.

Dichos métodos de gestión no son válidos para las pequeñas y medianas empresas. Parece que funcionan en las grandes empresas americanas de mucho éxito —puede que en la de más éxito de después de la guerra: Internacional Bussines Machines Corporation. Tampoco se dan despidos en masa en IBM.

Arjay Miller, el decano recientemente jubilado de la Facultad de Empresariales de Stanford y antiguo presidente de Ford Motor Company, decía que IBM era la empresa mejor dirigida del país. «No se han cargado a nadie desde 1935, excepto en casos plenamente justificados», dice Miller. «Sin embargo, tienen una gran tensión creativa. Fomentan la competencia entre sus empleados. Patos salvajes, como solía llamarles el viejo Tom Watson...»

«Gansos salvajes» es lo que de hecho les llamó Thomas Watson Sr., que fue el que fundó IBM, pero lo que quiso decir es claro: IBM dirige con mano dura a sus empleados pero también les concede discrecionalidad para llevar a cabo sus ideas. Además, les da la seguridad de saber que no irán a la calle si la idea no funciona o si la economía da un vuelco.

Puede que sea un accidente histórico o geográfico, pero en ningún sitio existe una construcción llamada Edificio IBM. Como en TI, H-P e Intel, las oficinas generales de IBM en Armonk, Nueva York, son un conjunto de edificios bajos y sin pretensiones. Para algunos analistas éste es un signo de que IBM, con sus veintitrés mil millones de dólares de ventas al año, aún sabe pensar con humildad.

Preguntas de comprensión

Escriba V o F en la línea que se le da según sea verdadero o falso lo que se afirma en las siguientes frases:

_____ 1. La apariencia informal externa refleja un compromiso interno con un nuevo estilo de gestión.

_____ 2. El punto de vista de las empresas, según el autor, se ha desplazado del individuo al gran conglomerado.

_____ 3. Uno de los esfuerzos más importantes de la nueva gestión es dotar a los directores y a los profesionales de mayor responsabilidad.

_____ 4. Según el autor, la evolución de la importancia del individuo en las grandes empresas es en gran medida una vía de dirección única.

_____ 5. El autor mantiene que el énfasis en el individuo conducirá probablemente a una era de excesiva permisividad en las empresas.

Preguntas y preocupaciones de los estudiantes

Diseminadas a lo largo de este capítulo se encuentran las típicas preguntas y preocupaciones que dan la impresión de aparecer en todas las clases. Son válidas e indican que el estudiante se toma en serio la cuestión de aprender una nueva técnica. En ningún caso están incluidas todas las preguntas que se plantean, pero sí que representa la mayoría de las preocupaciones de los estudiantes cuando se les presenta la nueva técnica.

Pregunta/Preocupación: ¿El apuntar con el dedo no es un hábito de lectura del que se supone debería haberme librado en la escuela básica? El primer paso para conseguir una lectura más rápida es colocar su mano sobre la página. Sin embargo, esto no puede ser todo, porque algunos lectores malos de verdad emplean sus manos para leer. En realidad, algunos de nuestros mejores alumnos plantean objeciones porque tienen desagradables recuerdos de cuando sus profesores de la escuela básica les prohibían utilizar la mano para leer. En el caso de un lector inmaduro, los profesores de enseñanza básica tienen un buen razonamiento: para ellos, la prueba de que el lector estaba madurando, en el primer y segundo ciclo, era que no sintiera la necesidad de señalar con el dedo y de decir todas las palabras. La situación es completamente diferente en nuestro caso, pero la vieja rúbrica todavía perdura. No se preocupe, su profesor del segundo ciclo no va a echarle la bronca por poner su dedo en la página.

Pregunta/Preocupación: ¿A dónde tengo que mirar? Mire a las palabras situadas inmediatamente encima de su dedo según éste se vaya moviendo a lo largo de las líneas de texto.

La mayoría de las personas que empiezan a emplear esta técnica tienden a mirarse el dedo. En realidad, sus ojos pueden actuar como si su dedo fuese la cosa más fascinante que nunca hubiesen visto. Esto es normal, y dejará de pasar en cuanto se aburra de su dedo y decida mirar a las palabras. Algunas personas se dan cuenta de que sus ojos corren por delante de su dedo o que su dedo va por delante de sus ojos. Esto también es normal y sencillamente necesita práctica para desarrollar la nueva coordinación ojo-mano necesaria para esta técnica.

Haga prácticas con su nueva técnica

La siguiente cosa que tiene que hacer es emplear un método sistemático para leer. No es suficiente limitarse a mover su mano a lo largo de las líneas de texto porque sus viejos hábitos están demasiado profundamente arraigados en su comportamiento para cambiarlos tan fácilmente a la hora de leer. Usted debe practicar ahora a velocidades que superen en mucho su capacidad de comprensión actual, haciendo lo que llamaremos simulacros de lectura. Una cuestión clave que debe recordar es que hacer simulacros de lectura *no* es lo mismo que leer. Usted necesita practicar ahora a grandes velocidades para desarrollar la coordinación ojo-mano y para romper las viejas e ineficientes pautas de comportamiento de sus ojos. Si usted pudiera hacer un gráfico que estableciera las relaciones entre su velocidad de lectura y su velocidad de simulacros y la manera en que afectan a su comprensión, resultaría algo parecido al siguiente gráfico:

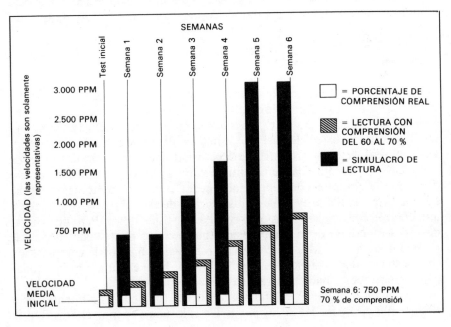

Las velocidades del gráfico son aproximadas, pero el modelo de la función velocidad/comprensión es el mismo para cualquiera que desee leer más deprisa. El primer punto que exige atención es la velocidad y, con este afán inicial por conseguir velocidad, la comprensión decae sustancialmente. Después de practicar a altas velocidades, el readaptarse a una velocidad cómoda, ésta es normalmente mayor que la velocidad original, y la comprensión, consecuentemente, aumenta.

El cambio de velocidades y comprensión relativa es la misma experiencia que podría usted tener en una autopista. En principio, cuando usted entra, las cosas en la autopista parecen bastante más rápidas, y algunas personas sienten que pierden un poco el control y que no pueden apreciar todo lo que pasa a lo largo de la autopista. Después de un poco de tiempo, sin embargo, usted se acostumbra a la velocidad, y entonces puede tener la impresión de que va más despacio de lo que en realidad va. Cuando usted abandona la autopista, a veces tendrá la difusa sensación de que las cosas pasan a cámara lenta, sensación que se debe a la manera en que su cerebro se adapta al flujo de información que recibe. Estas apreciables sensaciones de aceleración y ralentización son pequeños retrasos que sufre su cerebro antes de ajustarse a los cambios de velocidad de la información. Lo sorprendente es que su cerebro lo hace con una gran facilidad.

Usted puede tomar esta misma adaptabilidad y aplicarla a la lectura rápida utilizando su mano como marcador del ritmo. *Aumentando constantemente el límite de la velocidad de los simulacros, usted eleva el nivel de velocidad al cual puede leer con buena comprensión.* Los ejercicios de este libro están destinados a aumentar sus velocidades de avance y de lectura.

Comprensión contra velocidad

La velocidad *debe* ser la primera cosa en la que se centre el desarrollo de la aptitud. La comprensión sufrirá al principio, y eso es lo que cabe esperar. De hecho, si se siente *demasiado* cómodo con su comprensión, será señal de que va usted demasiado despacio. Para sacar a sus ojos de las viejas pautas de comportamiento, debe usted hacer que sus ojos avancen a velocidades que impidan una comprensión satisfactoria. Esto no quiere decir que la comprensión tenga que quedar completamente desatendida. La mayor parte del programa de instrucción de este libro está destinada a aumentar la comprensión hasta los niveles que usted desea. Pero por ahora, debe desentenderse de la comprensión (hasta cierto punto) para dedicarse a sus nuevas habilidades físicas. Usted *conseguirá* una buena comprensión con posterioridad si sigue estudiando el libro, hace el debido caso a todas las instrucciones y hace las prácticas diligentemente.

Lea «Cómo practicar sus nuevas técnicas» (página 72) e intente hacer el siguiente ejercicio. Haga los pasos 1-8 sólo una vez, por ahora. Repita el ejercicio todas las veces que sea necesario hasta completar una hora diaria de prácticas después de que haya terminado por completo este capítulo.

Ejercicio de simulacro de lectura

Necesitará usted un libro, clips, un cronómetro, un lápiz y un papel.

1. Elija para este primer ejercicio un libro de pastas duras que ya haya leído o que sea relativamente sencillo. Los libros de tapas duras simplifican la tarea de pasar las hojas y el tamaño de los tipos es mejor. Separe con un par de clips sesenta hojas en cualquier lugar del libro. Empleando la técnica correcta de pasar las hojas, pase todas las sesenta hojas en un minuto.

2. Localice un buen lugar en el libro para empezar su práctica. Señale su punto de partida con un clip y lea durante un minuto a su Paso Básico, para una buena comprensión. Recuerde pasar las hojas de una manera adecuada. Cuando pase un minuto, subraye la última línea que haya leído. Calcule sus palabras por minuto. (Busque en el Apéndice A las instrucciones sobre la manera de calcular las palabras por minuto). Registre las palabras por minuto en la parte de arriba de su papel y rodéelas con un círculo.

3. A partir del lugar en el que detuvo su lectura, cuente el doble ($\times 2$) de páginas de nuevo material de las que leyó la primera vez y ponga un clip en la última página de la selección. Tiene usted en este momento una sección en la que realizar prácticas. Su meta es avanzar hasta el final de la sección, empleando el Paso Básico, en un minuto. Su primer objetivo es llegar hasta el clip; su segundo objetivo es ver todo lo que pueda. Después de que haya pasado el minuto y usted haya llegado a su marca, escriba cualquier cosa que recuerde haber visto: palabras aisladas, números, etc.

4. Añada dos páginas más a la sección que acaba de hacer. Lea con su Paso Básico, intentando comprender todo lo que pueda, durante un minuto. Usted estará mirando parte de la anterior sección (intente ver algo nuevo) y dos páginas más. Aumente su lista después de haber leído.

5. Avance sus clips dos páginas más y elimine la primera página de la sección. Avance por la sección con su Paso Básico durante un minuto. Aumente su lista.

6. Añada dos páginas nuevas a la sección y elimine la que ahora sería la primera; lea durante un minuto; escriba.

7. Añada tres páginas nuevas y elimine la que hubiera sido la primera. Lea durante un minuto; escriba.

8. Señale con un clip el punto de la sección en el que perdió por completo la comprensión, y lea intentando comprender todo lo que pueda durante tres minutos. Calcule sus palabras por minuto y

compárelas con las palabras por minuto que rodeó con un círculo al comenzar. Puede que quiera registrar estas velocidades en la parte final del libro.

9. Repita los pasos 2-7 con nuevo material hasta que haya practicado cincuenta minutos.

Lectura

Leer significa comprender, como se aclaró al principio de las lecciones, pero como es un concepto de gran importancia, vamos a definirlo de nuevo. Comprender las palabras impresas significa más que limitarse a pronunciarlas mientras va moviendo sus ojos a lo largo de las líneas. Leer significa comprender las cosas, conceptos e ideas simbolizados en la página por las palabras impresas en ella.

Simulacros de lectura

Los simulacros de lectura están pensados para que usted vaya tan rápido como pueda, consiguiendo todo lo que pueda. En primer lugar, dése cuenta de que la palabra activa en la definición de simulacros de lectura es «vaya» no lea. Esta distinción es de la máxima importancia, porque si usted mueve físicamente los ojos a través de las líneas tan rápido como pueda, no leerá porque no entenderá usted nada en absoluto. Ahí es donde entra en acción la segunda frase: «consiguiendo todo lo que pueda». En ocasiones «conseguir todo lo que pueda» podrá significar que usted reconozca el texto como idioma castellano, pero poco más. Si sigue usted las instrucciones de los simulacros de lectura, conseguir todo lo que pueda significará que le resultarán familiares una o dos palabras de la página. Usted empezó a hacer simulacros de lectura con el primer ejercicio descrito en la página 55. Ésta es la manera en que tienen que ser las cosas al principio.

Una vez más, dése cuenta de que la primera y más importante pieza de la definición de los simulacros de lectura es el «vaya». «Consiga» ocupa un segundo lugar, y está subordinado al «vaya». Si llega a sentirse totalmente cómodo en los simulacros de lectura, es que está yendo demasiado despacio. Es esencial aprender a mirar a una velocidad de 500 palabras por minuto antes de que usted pueda empezar a considerar la posibilidad de leer a 500 palabras por minuto.

Las recompensas de los simulacros de lectura

El interesante suceso que ocurre cuando usted hace los simulacros de lectura de manera adecuada y mantiene la velocidad indicada (demasiado deprisa para entender completamente lo que hay en la página), es que usted empieza a ver más y más palabras. Después de sucesivas sesiones de simulacros de lectura, usted podrá ver diez palabras por página, después quince y después se reunirán muchas palabras en frases cortas y comprensibles. La progresión que la mayoría experimenta, en lo que se refiere a lo que ven cuando realizan simulacros de lectura, es la siguiente:

1. contornos borrosos,
2. palabras aisladas,
3. frases cortas,
4. ideas generales,
5. toda la comprensión que necesitan.

Comprobación de progresos 2

1. ¿Cuáles de los siguientes puntos conducen a un buen movimiento básico de la mano?

   _____ a) sentarse ante una mesa, con el libro extendido sobre ella;
   _____ b) un chicle;
   _____ c) usar el dedo índice de la mano con la que escribe;
   _____ d) emplear una ligera presión;
   _____ e) no tocar la página;
   _____ f) levantar levemente su dedo durante la barrida de retorno y volverlo a poner rápidamente en la primera palabra de la línea siguiente;
   _____ g) pivotar el movimiento desde el codo mejor que desde la muñeca;
   _____ h) mantener sus ojos mirando al dedo.

2. ¿Por qué debe hacerse el primer esfuerzo en el desarrollo de la habilidad de leer dentro del campo de la velocidad?
3. Defina lo que es leer.
4. Defina lo que es el simulacro de lectura.

Selección de lectura

1. Emplee el siguiente artículo para este ejercicio.
2. Lea intentanto conseguir una buena comprensión con su Paso Básico desde el principio del artículo durante tres minutos. Calcule sus palabras por minuto.
3. Multiplique sus palabras por minuto por siete. Separe ese número de palabras desde el principio del artículo. (Considere la parte que ya ha leído como salida lanzada).

4. Su objetivo es hacer un simulacro de lectura de esta sección en un minuto. El simulacro de lectura implica ir tan rápido como pueda, consiguiendo todo lo que pueda, y en ningún sitio se le pondrá esto de manifiesto con más claridad que en esta sección. Su dedo se convertirá en una forma difusa y usted podrá saltarse accidentalmente una o dos líneas, o podrá repetir algunas líneas si está haciendo correctamente el ejercicio. Eso es lo previsible. Su primer objetivo es llegar a su marca. Si no lo consigue, programe de nuevo su cronómetro e inténtelo otra vez hasta que consiga llegar a su marca.

Arranque tardío

GM: Un gigante que se despierta a un mundo más amplio

Por James Flanigan
Periodista de la redacción del Times

DETROIT.—Las palabras de Alex C. Mair, cabeza del equipo técnico de General Motors Corporation y por tanto, un ejecutivo de muy alto nivel, atraen momentáneamente la atención. Pero su significado se convierte rápida y tristemente en algo manido.

«Puedo decirles que, hace veinte años, si ustedes preguntaban a alguien cuál era la empresa líder del sector automovilístico mundial, todo el mundo habría dicho que Chevrolet, y era cierto. La gente de las empresas automovilísticas extranjeras venían a ver nuestras factorías y nuestra ingeniería.»

«Sin embargo, recientemente hemos ido a ver cómo lo hacían los demás. Hemos ido a Japón...»

¿Qué ha cambiado? Mair no tiene una respuesta satisfactoria. Pero intenta echar la culpa a un amorfo declinar del espíritu nacional. «Es una cuestión nacional», dice él. «Nos hicimos lo suficientemente ricos para tomar la decisión de no ser los mejores».

El pesimismo de Mair es excesivo. Desafortunadamente, Detroit, al verse acorralado, es como un hombre deprimido: no puedo creer que haya nadie feliz en el mundo. Pero del mismo modo que la moda actual de lamentarse por las enfermedades terminales de la industria americana es prematura, así las opiniones de Detroit sobre el espíritu nacional son más una coartada que una realidad.

Lo que puede ser cierto respecto a GM y la industria automovilística, no lo es para IBM y el sector de la informática, Boeing y la aeronáutica, o Dow y los productos químicos, o Carterpillar Tractor, o General Electric, o Procter and Glamble. No es cierto referido a Intel y el sector estadounidense de la electrónica, Citicorp y la banca internacional, Fluor Corp. y la ingeniería en todo el mundo, o, para este caso, para Levi Strauss y el negocio universal de los vaqueros.

Las empresas americanas siguen siendo punta de lanza en la tecnología farmacéutica, las ciencias biológicas, las telecomunicaciones y prácticamente todo lo relacionado con el petróleo y el gas natural. Desde la ciencia medioambiental hasta el conocimiento agrícola, EE.UU. lidera al mundo.

A pesar de todo, hay problemas en la industria del automóvil. Chrysler necesitó ayuda oficial para salir de sus apuros, Ford ha estado perdiendo montones de dinero en Estados Unidos e incluso General Motors está en números rojos a estas alturas del año. Es comprensible que la nación esté preocupada. Está muy bien decir, como hacen los expertos, que en veinte años la electrónica será la mayor industria del país. El negocio de los coches, que de una u otra manera da trabajo a una de cada seis personas de la población activa, es la mayor industria hoy en día.

Cuando se deja de cumplir lo prometido, la típica reacción americana es preguntar: «¿De quién es la culpa?». Y cuando los ejecutivos de Detroit responden que la culpa es de los clientes, del gobierno o de distintos extranjeros, de todo el mundo menos de ellos, sólo consiguen aumentar el nerviosismo del público.

La verdad es que tanto los críticos como los fabricantes de coches están atrapados en el proceso evolutivo americano, que una vez más está despertando a un mundo más amplio. El extraño e incómodo hecho de comprender que la economía americana está encadenada a la del resto del mundo, se nos está metiendo en la cabeza todos los días con el aumento de los precios del petróleo o con la bajada del valor de dólar. Era sólo ayer cuando la reacción habitual de los americanos a la moneda extranjera era preguntar: «¿Cuánto es eso, *en dinero de verdad?*»

La alarma actual está provocada por la competitividad industrial. El lamento actual es: «¿Cómo han llegado los japoneses a dar la impresión de que hacen mejor las cosas?» Se han perdido todas las perspectivas y la nación se ha vuelto hipocondríaca. Ya hemos visto esto antes. Hace treinta años los hombres serios preguntaban: «¿Quién perdió China?», como si el país más poblado del mundo se hubiera deslizado del guante de un jugador de béisbol. Hace una década la inquisición preguntó quién nos había metido en Vietnam, y por qué. La realidad, normalmente, se toma su tiempo hasta salir a la superficie.

Y la realidad de General Motors, para mí, es la de un gigante que despierta. En los últimos años, GM ha estado haciendo bien las cosas.

Puede que no admita públicamente que ha cometido errores, pero internamente ha estado diciendo con sus acciones que las políticas anteriores no estuvieron a la altura debida y que habrían de intentarse otras nuevas. Durante nueve años ha estado reformando en silencio su política de personal, trabajando especialmente en la calidad de la vida laboral en sus líneas de montaje en las que el absentismo laboral ascendía al doce por ciento del personal un día cualquiera y al treinta por ciento los lunes.

Durante siete años ha venido reduciendo el tamaño de sus coches, auténticos devoradores de carburante, sacando al mercado coches como el Chevrolet Chevette y el Citation —los coches más vendidos de Estados Unidos en éste y en precedentes años— y el Cadillac Seville que compite codo a codo en ventas con todos los modelos del invasor de lujo, el legendario Mercedes.

Durante los dos últimos años, ha estado haciendo un denodado esfuerzo para ser, definitivamente, un auténtico competidor en el único mercado que realmente existe hoy en día: el mercado mundial. GM está evolucionando de su condición de marca dominante en Estados Unidos, mediante esfuerzos que acertadamente han sido descritos como ocurrencias tardías, a la de suministrador de automóviles a nivel mundial.

GM ha llegado innegablemente tarde a la realización de estos cambios y tuvo que ser compelida por el gobierno a la materialización de algunos. Ha adquirido una mentalidad internacional en los dos últimos años, mientras que las empresas multinacionales han venido desarrollando esta estrategia durante más de 20 años. No deja de ser extraño que fabrique el coche pequeño más vendido y carezca de capacidad para fabricar todos los que demanda el mercado.

El cambio es duro, especialmente para una empresa como GM, porque hay que reconocer los fallos en un sistema de gestión que se solía tener por modélico. Para comprender lo que sucedió debemos echar la vista atrás y caer en la cuenta de lo que es General Motors y lo que significa en la historia industrial del mundo.

Antes de nada, es grande; la mayor empresa manufacturera del mundo. Los 66.300 millones de dólares, de su cifra de ventas durante el último año, la hicieron superior a la de las ventas combinadas de los cuatro principales fabricantes extranjeros de automóviles: Fiat, Volkswagen, Renault y Toyota. El beneficio neto de GM, cifrado en 2.900 millones de dólares fue casi el triple de los beneficios combinados de Volkswagen, Toyota y Nissan (fabricantes del Datsun). (Fiat y Renault perdieron dinero). Los 853.000 empleados de GM igualan a las plantillas combinadas de VW, Renault, Toyota y Nissan (a pesar de que el número de empleados de la empresa japonesa es absurdamente bajo, debido a los diferentes métodos de contabilización). GM, hasta este año, había venido produciendo más coches que toda la industria automovilística japonesa. La empresa está decidida a recobrar esa distinción.

Tiene el capital suficiente para una batalla épica. GM pagó a sus accionistas el pasado año mil quinientos millones de dólares en dividendos, y además generó cuatro mil seiscientos millones para reinversiones en la empresa. Piensa gastar cuarenta mil millones de dólares durante los próximos cinco años para dejar clara su supremacía en la industria automovilística mundial.

Los números parecen terroríficos, pero no todo el mundo se aterra por los números. Se dice que Hideo Sigiura, vicepresidente ejecutivo de Honda Motor Co., dijo recientemente: «La cantidad de dinero que están gastando no me preocupa. En cualquier país la calidad de los productos y la productividad de los trabajadores depende de la dirección. Cuando Detroit cambie su sistema de gestión, tendremos competidores americanos más poderosos».

Son duras palabras, y atacan algo de lo que GM se siente especialmente orgullosa: su sistema de dirección. GM, antes de convertirse en el fabricante líder de la industria automovilística, tuvo que convertirse en un triunfo de la ciencia de la gestión —la moderna disciplina que Peter F. Drucker llama la contribución más significante de este siglo a la historia del mundo, y que Alfred D. Chandler Jr., historiador de la Harvard Business School, llama la única contribución americana al mundo.

Los métodos con que los directores profesionales organizan y dirigen los enormes y dilatados imperios económicos de nuestros días se han desarrollado únicamente en el último siglo. Sin embargo, actualmente, son algo que se da por supuesto. La dirección de las empresas tenía mucho más de «hágalo como pueda» cuando la moderna GM se formó en 1920.

En aquel momento, GM eran cinco sociedades emprendedoras, cada una de las cuales invertía a su estilo y tomaba el rumbo que mejor le parecía. La falta de organización casi hizo quebrar el conjunto después de la depresión de la post-guerra, en 1920. Miembros de la familia DuPont, de Delaware y químicos, y un ingeniero de cuarenta y cinco años llamado Alfred P. Sloan Jr. organizaron la moderna GM a partir de aquel caos.

Sloan, que murió en 1966, decía en su libro *My Years With General Motors* cómo encontró el equilibrio diseñando una oficina central que controlase a las cinco divisiones semiautónomas. De ese modo la empresa se beneficiaba de la manera independiente de pensar y del conocimiento del mercado de los directores de cada división, pero se conservaba la unidad de la entidad porque una dirección central repartía el capital y marcaba la política a largo plazo. Un experto contable, llamado Donaldson Brown, que llegó a General Motors procedente de DuPont, desarrolló un intrincado sistema de controles financieros, asignando a cada división una rentabilidad estimada sobre la inversión, atendiendo a las circunstancias particulares de cada una.

El sistema de expectativas diferenciadas se adoptó perfectamente a la grandiosa estrategia que Sloan perfeccionó a finales de la década de 1920, aquélla de las cinco marcas diferentes de automóviles, que se vendían en cinco escalas distintas de precio, para adaptarse a lo que él percibía como un mercado nacional segmentado por los ingresos y por los gustos. Desde luego, nosotros conocemos las cinco marcas, llamadas Chevrolet, Pontiac, Oldsmobile, Buick y Cadillac. La empresa ganaba más dinero con cada Cadillac, pero vendía pocos, menos dinero con cada Chevrolet, pero los vendía a gran escala.

Sloan entendió correctamente el mercado. Para 1926, General Motors había superado en ventas a Ford, y a partir de entonces nunca ha dejado de ser la empresa americana número uno del sector automovilístico. Henry Ford había suministrado el modelo T, un vehículo de bajo coste. Ford había ideado su estrategia para hacer que el modelo T fuese más barato y más sencillo según la demanda fuese aumentando de volumen. Pero el mercado se pasó a General Motors, que tenía un precio superior y que ofrecía estilo y color. Fue una lección que el mundo del automóvil nunca ha olvidado.

Desde luego, General Motors ha cimentado su dominio en algo más que el simple diseño. Durante la década de 1930, todas las grandes innovaciones técnicas provinieron de General Motors: el motor de alta compresión, la transmisión automática (extensamente introducida después de la II Guerra Mundial), la suspensión delantera independiente, que hizo posible la comodidad de viaje que se convirtió en sinónimo de los coches americanos. GM desarrolló la gasolina antidetonante y los acabados duraderos de la pintura, y adaptó el motor diesel al uso automovilístico.

¿Queda alguna duda acerca de si fue General Motors la organización modelo sobre la que Drucker escribió en su libro iniciador de las técnicas de gestión *Concept of a Corporation*? La superior organización de General Motors y su capacidad de producción ayudó a ganar la guerra; fue el máximo exponente del triunfo americano.

Pero a finales de la década de 1950, Drucker ya no llamaba a General Motors el modelo, porque no cambió de la misma manera que estaba cambiando el mundo. En nuestros días, este experto en dirección, de origen austríaco, se muestra intolerante con la mayoría de las críticas que se hacen a GM, porque las encuentra superficiales. Pero él sí que identifica dos errores básicos. Uno es que la empresa «ha estado muerta del cuello para arriba en lo que a relaciones públicas se refiere», desde los movimientos obreros de las sentadas de 1937, cuando la United Auto Workers ocupó una planta de General Motors hasta que la empresa accedió a negociar el reconocimiento del sindicato.

Las relaciones públicas pueden dar la impresión de ser una cosa sin importancia, pero la tremenda opacidad de GM para hablar de sí misma la ha herido de varias maneras sutiles —la más notable en su reacción ante el auge del movimiento de los consumidores en la década de 1960. Hoy en día la empresa está haciendo grandes esfuerzos para atraer a los más prometedores licenciados jóvenes y convencerles de que trabajen para ella. Según dice Alex Mair, debe demostrarles que GM tiene un trabajo estimulante para ellos. Los años de una pobre imagen pública hacen esta tarea difícil.

Pero el otro error citado por Drucker es mucho más trascendental y serio. Según él, no es nada menos que «un lamentable y total malentendido de la economía mundial». Después de la guerra y tras un debate en el que se llegó a dudar de la conveniencia de que la empresa se tomase siquiera la molestia de hacerlo, GM resucitó la Adam Opel AG, la empresa alemana de automóviles que había adquirido en 1927. Pero desde aquel momento hasta 1978 dejó que Opel se comportase como una empresa alemana de coches, con supervisores enviados desde Detroit. GM no integró sus empresas internacionales y domésticas. Como decía Drucker, el ejecutivo que era enviado a la Opel no tomaba esto como una promoción, ya que significaba que se perdía los trabajos interesantes. Éstos se quedaban en Detroit.

En contraste con Ford, GM no introdujo europeos en su estructura de dirección. GM interpretó el papel de la «Fortaleza Americana» en el momento en que otras empresas con más amplitud de miras, como IBM, estaban desarrollando talentos de cualquier nacionalidad para trabajar en el mercado mundial. La empresa automovilística de mayor éxito fuera del mercado de Estados Unidos es Ford, no General Motors. Es Ford porque durante la década de 1960, Arjay Miller, a la sazón presidente de Ford, integró las operaciones domésticas e internacionales de la empresa —exactamente el movimiento que GM realizó en 1978. Miller, recientemente jubilado de su cargo de decano de la Stanford University's Business School, recuerda aquel tiempo:

«Cuando llegué a presidente, existía la Ford de Alemania y la Ford de Inglaterra. Pero yo establecí la Ford de Europa. Fue una jugada puesta en tela de juicio por GM y por el sector, pero fue una buena idea. Conseguimos un cuerpo común y nos evitó un montón de gastos el tener un coche común para Ford en Europa.»

Miller fue más ellá de eso. Eliminó la división internacional de Ford que era el cubículo donde se trataban todos los asuntos «extranjeros». «Vi con claridad que los problemas más complicados estaban en la sección internacional, pero estaban trabajando con los reservas», dice. «El jefe del departamento financiero de Estados Unidos era mejor que el de internacional; el jefe de márketing de Estados Unidos, mejor que el de internacional, y así. Nosotros eliminamos esa separación».

Fue una maniobra de buena gestión. El resultado hoy en día es que las actividades internacionales de Ford están consiguiendo los beneficios que van salvando a la empresa, que está perdiendo dinero en el mercado interno.

Pero debido a la falta de una maniobra similar de gestión —«con toda franqueza, no hemos sido tan buenos en el mercado internacional como nuestros competidores», dice el actual presidente de GM, Thomas A. Murphy— la perspectiva de GM estaba de tal manera desviada que no pudo adaptarse a las distintas condiciones del mercado original, el estadounidense. En pocas palabras, un fallo condujo al otro.

En las décadas de 1950 y 1960 los mercados de gran crecimiento para la industria automovilística estaban en Europa y Japón. Las restricciones mantuvieron a GM y a otros fabricantes estadounidenses fuera del mercado japonés, pero la propia inactividad de GM le impidió aprovechar al máximo las ventajas del otro. Se perdió la ocasión de aprovechar los mercados en crecimiento.

Analice estos número: desde 1946, el año después de que terminase la II Guerra Mundial, hasta 1955, las ventas de coches y camiones de la GM fabricados en EE.UU. y Canadá crecieron una media del veinte por ciento anual. Pero desde 1956 hasta 1979, sus ventas en unidades en el mercado interno crecieron como media el cuatro por ciento anual. Mientras tanto, las ventas en el extranjero —principalmente en Inglaterra, Alemania y Australia— crecieron un dieciocho por ciento anual desde 1956 hasta 1970. Pero GM no desarrolló su capacidad en el extranjero de la misma manera que lo hizo Ford o, por citar otro ejemplo, Volkswagen, que domina Brasil y México.

Por lo tanto, GM se quedó con el mercado norteamericano, que para 1960, con un coche en la carretera por cada tres habitantes estaba peligrosamente cerca de la saturación. Esto significa que las ventas de coches eran prácticamente ventas de sustitución en su mayor parte. En un mercado de sustitución, las ventas y las ganancias de una empresa pueden crecer parejas con el crecimiento de la población —por debajo del dos por ciento anual— o hasta el punto en que pueda quitar ventas a sus rivales, o hasta el punto en que pueda conseguir un mayor precio por unidad de los clientes.

El último enfoque, una adaptación del sistema original de márketing de Sloan resultó ser la estrategia de la industria automovilística americana durante la década de 1960. Se llamaba «más coche por coche». Un antiguo algo ejecutivo del sector automovilístico lo resume expresivamente: «Añades un reloj que cuesta diez dólares y cobras treinta por él».

El supervisor de la estrategia de GM en los últimos años de la década de 1950 era todavía el propio Sloan. Se mantuvo, como presidente honorífico, hasta su muerte, a los noventa y un años, en 1966. Y su influencia, dicen aquellos que conocen el asunto, hizo desistir a GM de emprender cambios fundamentales hasta fechas recientes. La estrategia original de Sloan interpretó adecuadamente el mercado americano —puede que todos los mercados. Pero no la trasladó a los mercados extranjeros, ni previó los cambios básicos en el mercado americano. «Sloan tenía razón», dice Peter Drucker, «pero se quedó anticuado, como cualquier otra cosa».

Teniendo en cuenta los cambios del mercado durante la década de 1960 —el aumento de las exigencias de calidad del consumidor, el descenso de la fama de Detroit en lo referente a calidad, la llegada en tromba de los japoneses durante los primeros años de la década de 1970— ha sido un misterio por qué el sistema de gestión ideado por Sloan no ha podido reaccionar más rápidamente. Después de todo, con directores de división en sintonía con los mercados actuales, y un plantel central planificando el largo plazo, uno hubiese pensado que el sistema de GM estaba preparado perfectamente para el cambio. El que haya respondido lentamente demuestra que los sistemas dirigen las empresas sólo hasta cierto punto; los seres humanos son la auténtica dirección.

Lo que parece que ha pasado es que tanto los directores de división como el plantel central fijaron su atención sólo en el muy corto plazo. Cuando se critica a los directores de GM por no haber sabido reaccionar adecuadamente a los cambios que se produjeron en el mercado durante este período, la respuesta que tienen preparada es que ellos se limitaron a servir lo que el público quería. Pero su referencia es a un año escaso o dos —nadie tenía ni idea del largo plazo.

¿Por qué pasó esto?

Bueno, una razón, aunque no explique todas las maniobras de GM, podría ser que los directivos de GM reciben cuantiosos incentivos basados en los beneficios obtenidos en el año en curso. Esos incentivos a veces igualan al salario de un año. Ésta es una política básica.

En la actualidad, ningún ejecutivo de GM admitiría haber pensado a corto plazo sólo a causa del dinero. Pero es de naturaleza humana haberlo hecho, y ahí está el caso de que «más coche por coche» es innegablemente una buena estrategia para ganar dinero, pero a corto plazo.

Los coches potentes «con nervio» se vendían bien en la década de 1960. Detroit (GM con el Chevrolet Corvair) sacó su primer coche «pequeño» en 1960 para controlar el avance del Volkswagen escarabajo —pero pronto los hicieron crecer en tamaño, peso y opciones caras.

Arjay Miller explica en lo que se refiere a Ford Motors, empresa que dirigió, por qué los fabricantes de coches de Detroit parecieron aborrecer durante tanto tiempo los coches pequeños: «El término que se emplea es canibalismo», dice Miller. «Alguien entra a comprar un Ford y compra un Pinto, con lo que no sólo ganas menos dinero en el coche que vendes, sino que tienes que pensar en el beneficio que pierdes con el Sierra que no vendes. Hay un efecto de sustitución. Ford y GM tenían que reconocer el beneficio perdido en los coches mayores que no venderían si sacaban un coche más pequeño y que dejase menos beneficios. Se perdían dos bocados de la manzana.»

Desde luego, hasta un niño vería que si se tiene un mercado en expansión se puede esperar vender tanto coches grandes como pequeños. Pero los fabricantes de coches estadounidenses, GM en particular, no tenían un mercado en crecimiento. Y eso hizo que la invasión japonesa fuese realmente amenazadora.

Porque a pesar de que Toyota, Datsun y más tarde Honda empezaron vendiendo coches realmente pequeños, en la década de 1970 resultó que su estrategia era la de vender a los clientes una variedad de modelos y de escalas de precios. Los japoneses, empleando la estrategia original de Sloan, estaban en disposición de desplazar a la empresa que Sloan había cimentado. Cada comprador «primerizo» de Toyota entraba en la familia de coches Toyota igual que el comprador de Chevrolet había estado entrando tradicionalmente en la familia de los GM, avanzando gradualmente a lo largo de su vida y de su capacidad económica hasta llegar al Cadillac. (Toyota también tiene su «Cadillac», llamado Crown, que se comercializa actualmente en Europa y que empezará a llegar pronto a Estados Unidos. La diferencia en la familia de coches Toyota es que a lo largo de toda la gama son más pequeños que los coches americanos. Y eso se adapta al gusto americano, a consecuencia del énfasis en el ahorro de energía que trajo consigo la década de 1970).

Los fabricantes de coches americanos tienen que responder, tanto para superar la amenaza japonesa como para superar las exigencias sobre consumos de Estados Unidos. Y hay que apuntar a favor de GM que fue la empresa que mejor respondió de verdad, empezando con una decisión adoptada en 1974 para reducir el tamaño de todos sus coches. Thomas Murphy, que entró en la GM en 1938, directamente desde las clases de la Universidad de Illinois, relata aquel momento con emoción:

«Allá por 1974 la gente pensaba que la industria del automóvil ya no levantaría cabeza. Un montón de gente del sector decía que la edad de oro había pasado. Pero, Dios le bendiga, mi predecesor (Richard Gerstemberg, presidente de 1972 a 1974) tomó una gran decisión.»

Murphy se detiene, toca la montura de acero de sus gafas y prosigue: «Tomamos la decisión en aquel momento de introducir dos vehículos en nuestra gama de productos: el Chevette, más pequeño que cualquier cosa que hubiésemos hecho hasta aquel momento, y el Seville, diseñado para competir con Mercedes y otros coches de lujo importados.

También elaboramos un programa para rehacer todos los demás vehículos que fabricábamos, empezando por arriba y rebajando el tamaño de todos».

El Chevette y el Seville salieron al mercado en sólo dieciocho meses porque emplearon diseños que ya existían en Europa. De esta manera, esos coches se convirtieron en el inicio del empeño, nunca más abandonado, de GM por construir un coche mundial —un estilo de automóviles único para todos los mercados del mundo. Los coches «J» de GM, como son denominados en la actualidad, harán su aparición la primavera próxima en Estados Unidos, en Europa y en Japón, donde Isuzu —que es propiedad en un 35 % de GM— llevará la guerra con los japoneses a su propio territorio.

Desde esa salida en parado de 1974, GM ha llegado lejos y rápido. En 1975, un año deficiente para los negocios en general, Murphy, que había llegado a ser presidente, mantuvo el programa de gastos para el coche X de GM: la designación que el público conoce ahora como Chevrolet Citation, Pontiac Phoenix, Olds Omega y Buick Skylark.

La verdad es que eso de GM dormida al volante es historia pasada. La versión actual de GM es todo lo contrario. Los años de falta de innovación comparativamente hablando se han acabado. Todos los coches de gasolina de GM en su versión 1981 llevan un microprocesador (microordenador) en el motor, para controlar el consumo de gasolina y la emisión de gases. Para que los coches japoneses adopten estas novedades todavía faltan uno o dos años.

Estos días Alex Mair lleva a algunos estudiantes al amplio centro de investigación de GM y después les envía a que cuenten a sus compañeros de estudios las formidables investigaciones de ingeniería que se están llevando a cabo allí.

GM está gastando tres mil millones de dólares en construir o reformar seis plantas de montaje en Estados Unidos y dos mil millones en construir nuevas instalaciones de fabricación de coches y motores en España y Austria. Una de las razones de que esté perdiendo dinero este año es el nivel de gastos que está llevando a cabo para asegurarse su supremacía en el futuro.

Éste es también el año de la jubilación de Murphy. Su sucesor ya ha sido anunciado: Roger B. Smith. GM probablemente contabilizará pérdidas durante todo el año. ¿Preocupa esto a Murphy? «Nosotros no estamos en el negocio para hoy, o sólo para mañana. Estamos en el negocio para siempre».

El punto de vista de la dirección se centra, de nuevo, en el largo plazo.

Luego, ¿qué pasa con la afirmación de Sugiura, vicepresidente ejecutivo de Honda, de que a menos que Detroit cambie su sistema de gestión él no tiene nada que temer de los productos americanos? Se está refiriendo a la ampliamente difundida alta productividad de los trabajadores japoneses en comparación con los trabajadores americanos (el absentismo laboral cuesta mil millones de dólares anuales a GM, según dice su departamento de personal).

Una vez más, la sorprendente verdad es que GM ha estado cambiando sus practicas de dirección de fábricas. Es un proceso lento, admite Stephen Fuller, vicepresidente para el desarrollo y administración de personal. «En General Motors estamos intentando dar a la gente una nueva dimensión de la responsabilidad, de manera que se vuelvan más responsables», dice. Lo que quiere decir, lisa y llanamente, es que GM está tratando de mejorar el autorrespeto de sus empleados mostrándoles que la dirección les respeta.

Así de francamente lo reconoce Fuller, que entró a trabajar en GM en 1971, desde Harvard, para ayudar a poner en marcha el programa de mejora de trabajo de la empresa. Básicamente el programa reconoce que las políticas autoritarias que dirigían a sus padres o abuelos, inmigrantes o labradores, no funcionarían con los actuales obreros, educados en institutos. GM, que da trabajo a cientos de miles, se enfrenta, a otro nivel, con el mismo problema al que Hewlett-Packard e IBM se enfrentan con sus «trabajadores capacitados»: la motivación.

La empresa está resolviendo el problema, según Fuller explica, partiendo las unidades de trabajo en equipos de doce personas, más o menos, y concediendo mayor responsabilidad a los individuos. Ha conseguido que las cifras del absentismo laboral se reduzcan del 12 % al 1 %, el ratio de artículos inutilizados se ha reducido y la productividad ha aumentado espectacularmente en las factorías donde se ha puesto en marcha el programa de mejora de la calidad de la vida laboral. «La gente realmente responde al buen liderazgo —dice—, a pesar de que la mejora de la calidad de la vida laboral no tiene nada nuevo en sí misma. Lo que es nuevo es el reconocimiento de que dado el cambio en la naturaleza de la masa laboral, debían aplicarse nuevos enfoques, y de que el viejo estilo de dirección ha dejado de ser aceptable y es totalmente ineficaz».

Actualmente, está tratando de convencer a GM de que los despidos masivos durante los períodos de recesión resultan más costosos que mantener en plantilla a la gente. Teniendo en cuenta las prestaciones suplementarias por desempleo aportadas por la empresa, el coste de mantener a la gente en activo sería algo así como un 5 % del salario. El coste de los despidos masivos, dice Fuller, es incalculable, porque tal vez los buenos trabajadores no vuelvan jamás.

El mensaje es, claramente, que GM está cambiando. Y de la misma manera que a Estados Unidos le cuesta tiempo cambiar para adaptarse a un mundo en constante evolución, a una de sus instituciones simbólicas también le cuesta hacerlo. El funeral de la vitalidad industrial americana, anunciada a los cuatro vientos, tendrá que ser postpuesto.

El movimiento en «S» de la mano

El otro movimiento de la mano que empleará es el denominado movimiento en «S». Este movimiento de la mano se emplea principalmente para los simulacros de lectura y para la fase de análisis previo en el procedimiento de estudio que se perfila en el capítulo 4. *No* se pretende que sea un movimiento de la mano para la lectura, a pesar de que acaso compruebe usted que, después de algo de práctica, puede emplearlo para leer columnas periodísticas y artículos de revistas sencillos.

El camino seguido por su dedo índice deberá ser parecido al que se muestra en la página siguiente.

Empiece siempre el movimiento en «S» en la parte superior derecha de la página y muévase de margen a margen. El recorrido en «S» puede ser un movimiento manual muy rápido en los simulacros de lectura, o puede usted ralentizarlo para utilizarlo en el análisis previo, variando la amplitud del recorrido. La primera ilustración muestra un movimiento en «S» rápido que puede usted emplear para los simulacros de lectura, mientras que la segunda ilustración muestra un posible movimiento en «S» para ser empleado en el análisis previo. El ajuste de la velocidad se consigue cambiando el número de «cortes» o veces que su dedo se mueve a través de las líneas de texto. El recorrido «S» es ideal para modificar su velocidad porque es muy sencillo de ajustar.

Además, *a diferencia de lo que sucede con el Paso Básico* en el que las palabras por minuto están directamente relacionadas con la velocidad de su dedo, el recorrido en «S» le permite cubrir relativamente más palabras por minuto con un movimiento menor de la mano porque usted emplea menos tiempo por página. Por lo tanto, la mayoría de las personas encuentran más cómodo el movimiento en «S» que el Paso Básico para realizar sus simulacros de lectura.

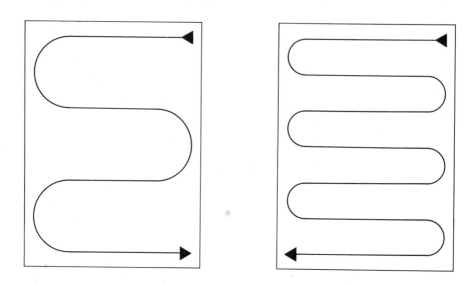

Ejercicios para el movimiento en «S» de la mano

Mientras su mano se mueve hacia abajo por la página, mire a la parte que queda por encima de su dedo. Recuerde, «mire» mientras emplea este movimiento de la mano. Emplee este ejercicio en su práctica rutinaria semanal.

Ejercicio de simulacro de lectura:

1. Localice un libro de pastas duras para este ejercicio inicial de simulacro de lectura, para que le resulte fácil pasar las hojas.
2. Separe sesenta páginas con clips y practique pasando esas páginas en un minuto. Mientras esté pasando hojas mire e intente ver de qué trata el libro.
3. Marque con clips una selección de tres mil palabras en su libro.
4. Su objetivo es hacer un simulacro de lectura de esas tres mil palabras en un minuto, ayudándose con la «S». Emplee cuatro o cinco «cortes» por página.
5. Después de que haya acabado la sección de tres mil palabras, apunte cualquier palabra que recuerde haber visto.

6. Separe otras tres mil palabras y repita el mismo ejercicio.
7. Añada cinco páginas a la sección que acaba de hacer y haga un simulacro de lectura de esa sección, otra vez en un minuto. Intente ver algo nuevo a la vez que llegar al clip que puso como marca.
8. Si emplea este ejercicio para su sesión práctica de una hora, repita los pasos cuatro a siete hasta que haya practicado durante cincuenta minutos. Descanse.

Pregunta/Preocupación: ¿Cómo puedo leer con la «S», si mi mano está yendo hacia atrás? La «S» *no* es un movimiento de lectura; es un movimiento de *simulacro* de lectura. No se espera que usted lea marcha atrás. Su mano sólo está definiendo una zona a la que deben **mirar** sus ojos y ver todo lo que les sea posible.

Pregunta/Preocupación: ¿Dónde debo mirar con la «S»? Mire a la zona que tenga por encima de su dedo al igual que hacía con el Paso Básico.

Pregunta/Precupación: ¿A cuánta velocidad puedo ir? Esto varía con cada lector. Tenga presente que *usted* es el único límite a la velocidad que puede alcanzar. Una vez comprenda las técnicas para mejorar su velocidad y comprenda los progresos que pueda hacer con la compresión de textos, las técnicas de lectura rápida de este libro pueden convertirse en una serie de lecciones de autoperfeccionamiento que le duren toda la vida.

Pregunta/Preocupación: Me siento incómodo haciendo esto. Relea el capítulo 2, especialmente la sección titulada «Hábitos». Recuerde, si se siente demasiado cómodo, no está usted haciendo correctamente los ejercicios. Ésta es una descripción honrada de cómo reemplaza usted sus viejos e ineficientes hábitos de lectura con otros nuevos y más satisfactorios. Si se siente usted incómodo, ha empezado a amenazar a sus viejos hábitos, lo cual es el primer paso hacia la sustitución. La práctica es la clave de la comodidad. La práctica y el tiempo le harán sentirse cómodo con sus nuevas aptitudes.

Pregunta/Preocupación: ¿Qué tienen que hacer mis ojos? No se preocupe por lo que hacen sus ojos. No puede estar pendiente de los movimientos de sus ojos y conseguir a la vez una buena comprensión. Si ha seguido cuidadosamente las instrucciones y las explicaciones, si tiene usted un sistema adecuado de pasar las hojas y un buen movimiento de la mano y si está usted tratando de conseguir el tipo de comprensión adecuado conforme a las instrucciones de los ejercicios, en ese caso sus ojos harán lo que deben de la manera más natural. No se centre en lo que están haciendo sus ojos, céntrese en lo que hay en la página.

Pregunta/Preocupación: Todo es un borrón. Al principio es perfectamente natural. Éste es un cambio radical para sus ojos al tener que ver tan rápidamente las líneas del texto. Sus ojos requieren práctica para acostumbrarse a esta nueva manera de enviar información a su cerebro.

Comprobación de progreso 3

1. El movimiento en «S» de la mano se utiliza para:

   _____ a)   leer;
   _____ b)   hacer simulacros de lectura.

2. Usted empieza el modelo en «S» en la:

   _____ a)   esquina superior derecha de la página;
   _____ b)   esquina superior izquierda de la página.

3. Cuando usted describe una «S», _corte_ significa:

   _____ a)   páginas;
   _____ b)   el camino que sigue su mano mientras se mueve de borde a borde de la página.

4. Cuando emplea usted el movimiento en «S» de la mano sus ojos deben estar:

   _____ a)   leyendo marcha atrás;
   _____ b)   leyendo cuando su mano va de izquierda a derecha y cerrados cuando su mano se mueve de derecha a izquierda;
   _____ c)   mirando la zona que queda por encima de su dedo.

5. Simulacro de lectura significa _____ tan rápido como pueda,
   _____ tanto como pueda.

Práctica adecuada

La práctica puede ser o masiva o distribuida. El mejor ejemplo de práctica masiva son las sesiones de «empolladura» de última hora que usted hacía para preparar los exámenes finales en el instituto. Muchos estudiantes han confirmado que este tipo de experiencia práctica reporta unos escasos resultados a largo plazo al estudiante. Este libro se adhiere al método de práctica distribuida porque usted está cambiando hábitos muy tenaces y reemplazándolos con nuevos hábitos. Por lo tanto, el conocimiento y las técnicas son absorbidos de mejor manera a lo largo de un período de tiempo, que no en una sesión masiva de prácticas. Algunos capítulos pueden servir como secciones de referencia para ser empleadas en problemas particulares que aparezcan en sus sesiones de práctica.

Fortalecimiento

El fortalecimiento puede ser o positivo o negativo, una recompensa o un castigo. Esperamos que elija un sistema de recompensa para su fortalecimiento. Los resultados de sus tests deberán ser un fortalecimiento positivo todas las semanas.

Curva de aprendizaje y mesetas

Un aspecto importante del proceso de instrucción es la curva de aprendizaje, una representación visual de la cantidad de información que aprende usted durante un período de tiempo. Una meseta representa un estadio del aprendizaje en el que no resulta aparente ningún crecimiento.

Dichas mesetas ocurrirán en este curso de lectura rápida y en cualquier otro con el que se enfrente. Las mesetas pueden resultar desalentadoras, pero no tiene que ser así obligatoriamente, si usted las prevé y tiene algunos métodos para superarlas. Dickenson cita cuatro razones de que se produzcan las mesetas en la curva de aprendizaje:

1. *Puede que el estudiante esté cansado.* En un primer momento, las técnicas requieren tiempo y esfuerzos por parte del estudiante. Si está usted constantemente cansado antes de empezar con sus sesiones de práctica o con sus sesiones de lectura, no experimentará mejora alguna, o una mejora muy pequeña, en su velocidad o comprensión. Encuentre otro momento para practicar o ajústese de alguna manera que no dé lugar a que se desanime.

2. *Descenso de la motivación.* Las nuevas técnicas necesitan un poco de motivación. Usted puede sentir la necesidad de leer más deprisa: una motivación interna. El montón de lecturas obligatorias que tiene sin leer sobre su mesa puede ser una motivación externa. Cualquiera que sea el caso, sin algún tipo de motivación, su curva de aprendizaje se aplanará con constantes mesetas. Emplee el fortalecimiento positivo para hacerse seguir en marcha, y tenga presente que todo el mundo pierde la motivación en uno u otro momento. No dé por perdida la guerra porque haya perdido una pequeña batalla. Tómese un momento para reorganizarse; piense en los beneficios de leer más deprisa y más eficientemente.

3. *Las mesetas pueden representar una pausa para volver a pensar en una información previa y más sencilla.* La información previa puede tomar una perspectiva totalmente diferente más adelante en el libro. Usted necesitará tiempo para combinar la información. Junto con la conjunción puede producirse una readaptación de la información anterior para una nueva etapa de aprendizaje más compleja, así que dése un poco de tiempo y comprensión cuando parezca que sus velocidades se han quedado paradas en un determinado punto.

4. *No se está aprendiendo información nueva, pero se está descartando información incorrecta o improcedente.* Este proceso tiene lugar cuando usted cambia viejos hábitos de lectura por otros nuevos.

Con mucha frecuencia se produce una laguna entre la eliminación de lo viejo y la adquisición firme de lo nuevo. Esto puede exteriorizarse en forma de una meseta.

La mejor manera de superar las mesetas es a base de insistir en sus prácticas. Vuelva a aplicarse a unas prácticas todavía más diligentes, y verá cómo supera las mesetas mucho más rápidamente. La regla para las mesetas es: «¡No se limite a sentarse y esperar, haga algo!».

Cómo practicar sus nuevas técnicas

Piense que tendrá que emplear al menos una semana o puede que diez días en practicar las técnicas presentadas en este capítulo. Usted aprenderá estas técnicas poniéndolas en práctica, no con sólo leerlas. Lo que es más, usted no debe persistir en sus viejos hábitos de lectura, así que lea todo (excepto los anuncios televisivos y los pasquines) con su mano.

Úselas

Para cambiar los hábitos de lectura de toda una vida, debe usted practicar al menos cincuenta o sesenta minutos al día. Si tiene usted que dividir esa hora, no lo haga en más de dos sesiones de media hora, puesto que de otra manera las técnicas no tendrán oportunidad de desarrollarse adecuadamente. La primera semana que practique será la que más dificultades le planteará porque su ataque inicial a los viejos hábitos se encontrará con la más denodada resistencia. Por lo tanto, su comprensión no será impresionante al principio de la semana, pero si practica con interés empezará a sentirse más cómodo.

La velocidad mínima de lectura se identificará al principio del ejercicio de prácticas de cada semana. La velocidad mínima para la primera semana es de quinientas palabras por minuto. Esta velocidad mínima también será difícil de conseguir al principio de la práctica semanal, pero aplicándose con diligencia usted se dará cuenta de que la velocidad mínima está totalmente a su alcance para finales de la semana. Algunas personas han empezado este libro leyendo ya a una velocidad de cuatrocientas o más palabras por minuto. Aquellos de ustedes que tengan una velocidad inicial de cuatrocientas palabras o más, deben aumentar la velocidad mínima de esta primera semana a ochocientas palabras por minuto.

Póngalo por escrito

Después de acabar un ejercicio, ponga por escrito cualquier cosa que recuerde. Al principio de su lección serán palabras aisladas lo que recuerde. Por esta razón, deberá empezar por hacer unas listas breves, al estilo de las «listas de la compra». Después de que haya practicado, cada vez advertirá más palabras. En poco tiempo se reunirán formando frases cortas e ideas breves. No saque la impresión de que como ve pocas palabras (las que es usted capaz de poner por escrito) por cada página, esas palabras no tienen valor. Esto sencillamente no es verdad, como podrá comprobar con el siguiente ejercicio. En las siguientes listas de palabras, ¿cuánta información puede deducir usted acerca del tipo de libro del que provienen las palabras? Compruebe sus respuestas con las que se encuentran al final del capítulo.

Es interesante advertir que, al principio, las palabras que ve parece que surgen de repente ante usted. También dan la impresión de ser palabras escritas con mayúsculas, números, palabras escritas en cursiva, etc.; cualquier cosa menos líneas normales de texto.

LIBRO A	LIBRO B	LIBRO C	LIBRO D
de hoja caduca	transacción	taxonomía	Kennedy
de hoja perenne	demanda	comportamiento	Time
soleado	rehusar	psicomotor	Luce
pino	reserva	desarrollo	editor
crecido	década de 1930	ideas	campaña
tejo	público	programa	años
años	mercado abierto	esencial	liberal
suelo	5 millones de $	psicología	popular

¿Por qué ponerlo por escrito?

Usted necesita escribir, después de haber realizado los ejercicios, para situarse en una posición de responsabilidad con relación a la información (por vaga que parezca) que contenga la página. Eso exige que vea usted todo lo que pueda. También exige que se interese activamente por el material, mientras intenta determinar lo que hará a continuación. Y lo que es más, escribir después de haber leído le prepara a usted para mejorar sus aptitudes de comprensión y retención. a pesar de que «las listas de la compra» le puedan parecer ahora muy rudimentarias, escribirlas es un sensato inicio que conduce a convalidar sus nuevas velocidades, demostrando que su cerebro es perfectamente capaz de recibir información impresa a velocidades muy superiores y de retener una cantidad mucho mayor de dicha información.

Emplee los ejercicios de lectura y prácticas de las páginas 57 y 68, así como el ejercicio del final de este capítulo para su hora de prácticas. Emplee su propio material para los ejercicios.

Pregunta/Preocupación: ¿Cómo se cronometra uno mismo? La mejor manera de cronometrarse es usando un magnetófono y un cronómetro o reloj de pulsera que tenga segundero. Ponga en funcionamiento el magnetófono y grave con su voz la palabra «adelante». Déjelo en marcha durante un minuto o el período de tiempo que usted necesite para la práctica de que se trate y grabe entonces la palabra «alto». Usted puede calcular los tiempos de prácticas que hará durante la semana y registrándolos en el magnetófono hará de éste su «cronometrador» cotidiano con sólo ponerlo en marcha. En ocasiones sería interesante grabar una indicación al principio de cada período señalando la duracion de éste cuando se trate de períodos más largos (cinco minutos o más). También es una buena idea marcarse algunos tiempos intermedios. «Han pasado dos minutos», «ha pasado la mitad del tiempo» o «quedan dos minutos», son indicaciones valiosas para mantener un ritmo constante a lo largo de todo el ejercicio.

Un programador de los utilizados en el hogar también puede servirle para ajustarse al tiempo. Sus hijos, o un amigo, pueden servir igualmente para ayudarle a marcarse el tiempo. A los niños les encanta gritar ¡Alto! y ¡Adelante! encima de la oreja de su padre, lo que tiende a enviar a éste prematuramente a la tumba y a ellos a la cama.

Pregunta/Preocupación: No puedo encontrar una hora diaria para practicar. Si reserva ahora una hora diaria para usted, calcule la cantidad de horas que ahorrará en el futuro. Sólo con que lea usted cincuenta palabras más por minuto tras el primer ejercicio, puede convertirlo en tres mil palabras más por hora. Estas tres mil palabras equivalen, más o menos, a unas diez páginas más por hora en un libro de tamaño medio. Esta mejora se consigue después de sólo unos pocos minutos de ejercicio. Calcule la mejora que conseguirá usted después de una semana de prácticas. Si hubiera podido leer cincuenta palabras más por minuto hace diez años. ¿cuántas horas de lectura podría haberse ahorrado?

Incluso aunque le suponga un sacrificio encontrar el tiempo, es conveniente hacerlo. Puede hacer usted que el resto de su vida sea más fácil, de una u otra manera. ¿Cuántas oportunidades de hacer una mejora de tal calibre se le presentarán a usted en la vida? ¿Y a un coste de sólo una hora diaria?

Pregunta/Preocupación: He visto sólo tres palabras en el último ejercicio. Tres palabras pueden ser muchas, si se tiene en cuenta la velocidad a la que ha ido. Puede que sólo se esperase que viese usted una palabra. Eso significaría que ha visto un 200 % más de lo que se esperaba de usted. La cuestión radica en que usted tome positivamente lo que es seguro que ha visto realmente y se esfuerce por ver más. ¿Qué puede deducir de esas tres palabras? Puede que por ahora sean sólo conjeturas, pero use de una manera positiva esas tres palabras en vez de desanimarse.

Pregunta/Preocupación: ¿Por qué tengo que ir de margen a margen con la mano cuando hago simulacros de lectura? A veces me salto de línea o vuelvo dos veces a la misma línea porque voy demasiado deprisa. Al principio de los ejercicios de simulacros de lectura, sus ojos necesitan toda la orientación que puedan conseguir. Si no mueve la mano de margen a margen, sus ojos tampoco ampliarán su campo se enfoque. Olvidarse de los márgenes también se presta a ser el inicio de un movimiento desgarbado de la mano. No ignore los márgenes; hacerlo provocaría una comprensión deficiente cuando lea. No se preocupe en exceso por saltarse líneas o volver dos veces a la misma, siempre y cuando se esté esforzando por emplear adecuadamente el movimiento de la mano.

Pregunta/Preocupación: ¿Por qué se debe empezar en la esquina superior derecha de la página el movimiento en «S»? Dado que el movimiento en «S» no es un movimiento de la mano que se use en la lectura, se empieza en la esquina superior del lado derecho para resistir la tendencia al leer la primera línea de la página. Si lee usted la primera línea de la página, sentirá la tentación de leer todas las líneas que subraye con la mano según se mueve de izquierda a derecha, y de pasar por alto el resto del texto según se vaya moviendo de derecha a izquierda en el movimiento en «S».

Pregunta/Preocupación: A veces me limito a buscar sólo una palabra, a fin de tener algo que apuntar. ¿Es eso un error? Sí. Cuando hace usted simulacros de lectura y se limita a buscar una o dos palabras para tener algo que poder poner por escrito, está usted quebrantando la finalidad de los simulacros de lectura. El problema es que, cuando se fija usted en una palabra, lo normal es que se diga: «Bien, por lo menos ya tengo una cosa que podré poner por escrito». Pero mientras usted se dice eso, no se está centrando en las otras palabras. Cuando llega usted a la segunda palabra que piensa emplear, casi siempre se ha olvidado de la primera palabra, y así siempre, durante todo el ejercicio. Esto quebranta la finalidad de los simulacros de lectura: conseguir todo lo que pueda. La mejor manera de conseguir todo lo que pueda es relajarse y tener confianza en que usted verá algo porque usted *quiere* ver algo. Usted ha perdido parte de su reafirmación auditiva y está buscando otros tipos de reafirmación. La mejor manera de reafirmarse en que ha visto el material es hacer simulacros de lectura e intentar ver todo lo que pueda. Después deje que las listas que escriba al concluirlos le reafirmen en que realmente usted ha visto algo.

Pregunta/Preocupación: Me duele el brazo (cuello, espalda). La mayoría de los estudiantes notan esto cuando empiezan. Es posible que sea porque la mayoría de la gente no sabe cómo estar físicamente relajado a la vez que mentalmente atento. Si trata de relajar su cuerpo mientras realiza los ejercicios, verá cómo al poco tiempo se relaja su brazo (cuello, espalda). A la vez, según vaya familiarizándose más con las técnicas, necesitará menos energía física, y por lo tanto menos trabajo de sus músculos, para llevar a la práctica las técnicas.

Pregunta/Preocupación: No puedo entender nada. Esto también puede convertirse en una frase positiva. Incluso si sólo ha visto una palabra, esa situación puede ser análoga a la pregunta: «¿Está el vaso medio vacío o medio lleno?». Dado que está inmerso en un proceso de adquisición de nueva información, usted no va a entender mucho al principio.

Dado que leer es un método extremadamente íntimo de comprender su entorno, cuando usted no entiende se pone nervioso. Esto es normal, y la manera en que trate su nerviosismo es de importancia capital a la hora de decidir si va a llegar usted a ser un lector rápido y efectivo, o no. Algunas personas eluden el asunto; simulan que nada va mal o que entienden todo, cuando en realidad no es así. Ésta no es una reacción beneficiosa para aprender las nuevas técnicas. Otras personas son presas del pánico. No pueden aceptar la ambigüedad que se produce normalmente durante el cambio de viejos hábitos por otros nuevos. Sin embargo, la gran mayoría de la gente aprende a arreglárselas. Acepta que la adquisición de una nueva técnica lleva consigo algo de trabajo y de nerviosismo, y está dispuesta a hacer esta inversión para lograr unos sustanciosos beneficios a largo plazo.

¡Localice algo que entender! Si tiene usted la capacidad intelectual necesaria para leer y sigue las instrucciones de este libro, podrá desenvolverse muy bien con esta técnica. No hay nada mágico en leer más deprisa. Usted, sencillamente, tiene que mejorar unas aptitudes que ya posee. La mano, cuando se incluye en el proceso de lectura, puede ser un medio de auto-disciplina y de interiorización de los nuevos hábitos de lectura.

Pregunta/Preocupación: ¿Se tiene que leer señalando con el dedo todo el rato? Sí, a menos que quiera ir hacia atrás, y volver a ser sólo un lector del montón. ¿Está usted leyendo con su dedo sobre el libro, *ahora mismo?* A veces puede usted permitirse el lujo de hacer un poco el haragán. En cualquier otro caso, emplee siempre su mano como marcador de ritmo. La mejor manera de aprender a leer deprisa y más eficazmente es emplear las técnicas que se acaban de presentar. Por lo tanto, cualquier cosa que lea de ahora en adelante, con la posible excepción de las señales indicadoras mientras va a toda velocidad por la autopista, deberá leerlas con su mano a modo de marcador de ritmo.

Si quiere, también puede usted emplear un lápiz a modo de marcador del ritmo, pero no coja el lápiz como si fuera a escribir. En vez de eso, es mejor que lo coja por el extremo opuesto a la punta y que señale con ésta por debajo de cada línea. Esta técnica elimina las miradas fijas con las que a veces se enfrenta cuando lee con el dedo.

Pregunta/Preocupación: Sólo miro al dedo cuando hago prácticas. Usted posiblemente no se habrá dado cuenta de que una buena manicura era un requisito previo para esta técnica. Sus ojos sentirán la tentación de mirar su dedo al principio. ¿Por qué no iban a hacerlo, si es una nueva distracción sobre la página? En cualquier caso, después de una práctica continuada, sus ojos se aburrirán de su omnipresente pero pulcra uña y en su lugar empezarán a mirar a todas las palabras que pasan volando.

Pregunta/Preocupación: No puedo leer ni de la manera antigua ni de la nueva. El capítulo 2 abordaba la cuestión de reemplazar los viejos hábitos por los nuevos y el proceso de congelación, descongelación y de nueva congelación. Esto es lo que está pasando en este mismo momento, si no puede usted leer de la manera antigua y tampoco puede leer de la manera nueva. Es incómodo porque está usted entre dos técnicas. No obstante, si tiene la impresión de estar en el medio, donde está es en el buen camino para llegar a ser un mejor lector; ése es exactamente el lugar donde se supone que tiene que estar. Sus viejos e ineficientes hábitos se están descongelando, y se encuentra usted en un estado de transición en el que sus nuevos hábitos se convierten en parte de sus técnicas de lectura. Lo mejor que puede hacer es seguir practicando diligentemente y descansar con la seguridad de que está haciendo lo que debe, si se siente así. La práctica volverá a congelar sus nuevos y eficientes hábitos.

Pregunta/Preocupación: Me da la impresión de que soy capaz de leer bastante bien con el recorrido en «S». ¿Está bien eso? Seguro que sí. A pesar de que técnicamente el recorrido en «S» es un paso destinado a simulacros de lectura y exámenes previos, algunas personas se sienten muy cómodas con el recorrido en «S» para leer. Sin embargo asegúrese de que está usted leyendo y no ojeando por encima. Leer significa comprender lo que está en la página, atendiendo a la finalidad que usted persiga. No se puede recomendar a todo el mundo que lea con la «S», pero puede que usted descubra que ciertos tipos de material se prestan muy bien a ser leídos con la «S».

Pregunta/Preocupación: Cuando estoy haciendo simulacros de lectura, el texto de la mitad inferior de la página se oscurece y los márgenes se tornan borrosos. ¿Es normal? Si ve que sucede este fenómeno, está usted haciendo lo que debe. Significa que está yendo lo suficientemente rápido para empezar a ampliar su campo de enfoque. Una de las primeras cosas que aprecia la gente cuando empieza a ampliar su reducido campo de enfoque y a conseguir uno más relajado y natural, es que el centro de la página se hace más oscuro. ¡Siga con su buen trabajo!

Pregunta/Preocupación: A veces me quedo sorprendido por todo lo que puedo escribir. Puede que esté usted echándole imaginación, pero póngalo por escrito de todas formas. También puede ser que usted haya visto realmente esa información, pero dado que la velocidad del ejercicio no le permitió decirse a sí mismo todas las palabras, no ha tenido el fortalecimiento que provenía del viejo hábito de la subvocalización. Por lo tanto, no está usted seguro de haberlo visto.

Ver la información y conocerla inmediatamente después es perfectamente posible. Usted emplea ese proceso todos los días. Sencillamente es una nueva experiencia para usted el hecho de ver y conocer inmediatamente en una situación de lectura. La mejor manera de convalidar su reducción de la subvocalización y su mayor confianza en el proceso leer/conocer es poner por escrito las palabras. Vuelva atrás y examine el pasaje o emplee tests de este libro para asegurarse de que no tiene que decirse todas las palabras para entenderlas.

Pregunta/Preocupación: Mi velocidad es irregular. La velocidad depende de muchos factores: si ha tenido un buen día o un mal día en el trabajo, si le gusta el libro que está empleando para practicar, etc. Además, las técnicas no están estabilizadas al principio, así que las velocidades sufrirán variaciones. Un cambio incluso de hasta cien palabras por minuto, más o menos, es algo por lo que no tiene que preocuparse al principio. Con la práctica, sus velocidades se estabilizarán.

Pregunta/Preocupación: Creo que veo muchas cosas cuando estoy haciendo los ejercicios, pero después me quedo en blanco cuando tengo que poner algo por escrito. Aquí intervienen dos factores. Primero, la falta de reafirmación auditiva. Debido a que no se dice todas las palabras, usted no se reafirma en que las ha visto, dejando así un vacío en su proceso de lectura que tiene que ser reestructurado. Ésta es la razón de que el escribir después de haber leído y haber hecho simulacros de lectura desempeñe un importante papel en el desarrollo de la velocidad y la comprensión.

Segundo, tenga presente que comprensión significa entender el material *mientras* usted lo está leyendo. Es posible tener una buena comprensión pero una escasa retención. Retención es lo que queda después de haber leído. Comprensión y retentiva son dos aptitudes separadas y que como tales se desarrollan separadamente. En este momento, está empezando usted a buscar una mejor comprensión, lo que significa preguntarse a sí mismo: «¿Lo he comprendido mientras estaba leyéndolo, incluso aunque no pueda recordar la información en este momento?» La retención del material se comenta y se desarrolla en el capítulo 6.

Pregunta/Preocupación: ¿Cuándo voy a empezar a entender lo que estoy mirando? Esto depende de muchas cosas. ¿Es difícil el libro que está empleando? ¿Está usted motivado? ¿Ha seguido las instrucciones? ¿Ha practicado de manera continuada? Todos estos factores, y probablemente unas cuantas variables que ni siquiera están relacionadas con la lectura, influirán en la rapidez con que el aspecto de la comprensión de la técnica empiece a verse con más claridad. Cuanto más practique, antes mejorará su comprensión. Además la palabra «comprensión» cobrará un significado distinto según vaya convirtiéndose en un lector más eficiente. La comprensión se trata exhaustivamente en el siguiente capítulo. Recuerde, para mejorar la comprensión primero debe conseguir la velocidad.

Selección de lectura

Cuando usted hacía «listas de la compra» durante los ejercicios, estaba examinándose informalmente sobre el material. La siguiente sección es un examen más formal de su velocidad y comprensión, con el objeto de registrar y validar sus progresos en el aprendizaje de la técnica. Se recomienda que realice prácticas con los ejercicios del capítulo durante una semana aproximadamente, antes de hacer este examen.

Emplee la siguiente selección de lectura de Ralph Nader, que contiene 4.847 palabras, para poner a prueba sus nuevas aptitudes. En cualquier caso, antes de empezar, emplee diez minutos aproximadamente en ejercicios de calentamiento, utilizando, con otros textos, alguno de los ejercicios previamente presentados en este capítulo.

Márquese el objetivo de leer este artículo en unos nueve minutos y medio o a quinientas palabras por minuto, aproximadamente. Realice la comprobación de comprensión después de que haya completado la lectura. Compruebe sus respuestas en la parte de atrás y registre su velocidad y puntuación en el gráfico de progresos del curso que se encuentra en el Apéndice.

Los estilistas: lo que cuenta es la curva

Ralph Nader

Hoy por hoy, casi todo el mundo está familiarizado con la obra de Ralph Nader. Sin embargo, cuando se publicó por primera vez esta selección, Nader todavía era relativamente desconocido, un escritor y crítico cuya valía estaba todavía por descubrir. Su libro Inseguro a cualquier velocidad *(al que en ocasiones se le atribuye el hecho de haber obligado a General Motors a dejar de fabricar el Chevrolet Corvair), atrajo la atención del público sobre la manera en que se diseñan, se fabrican y se comercializan los automóviles.*

La importancia del papel del estilista en el diseño del automóvil se ve oscurecida frecuentemente por críticos cuyas principales herramientas son los adjetivos. Las palabras son familiares: los estilistas construyen «carros insolentes», se enredan con necias fruslerías para colocarlas sobre las «tripas del coche». O en el lenguaje de un moralista, el trabajo de los estilistas es «decadente, derrochador y superficial».

El trabajo de los estilistas no puede ser desechado tan a la ligera. Por transitorias o triviales que puedan ser sus creaciones dentro de una escala de valores humanos, su función ha sido designada por la alta dirección de la empresa automovilística con *el* requisito previo para mantener el alto volumen de ventas anuales de automóviles —lo que no es una tarea trivial en un sector que tiene un volumen de ventas anuales de al menos veinte mil millones de dólares.

El estilista es quien se responsabiliza de la mayoría de los cambios anuales de modelo que prometen a los consumidores «nuevos» automóviles. Por lo tanto, no es sorprendente encontrar que esta «novedad» prácticamente se limita al aspecto externo, y que las innovaciones de ingeniería se restringen claramente a un papel secundario en el desarrollo del producto.

En lo que atañe a la seguridad del vehículo, esta restricción tiene dos efectos importantes. Primero, de la cantidad total de dinero que el fabricante invierte en un vehículo, todo lo que se gaste en «monerías» no se puede gastar en ingeniería. Por lo tanto los costes de estilización desvían dinero que debería estar destinado a la seguridad. En segundo lugar, las sugerencias de estilo casi siempre entran en conflicto con las ideas de ingeniería, y dado que el sector mantiene el punto de vista de que «vender es vender», el estilo consigue la prioridad.

La preferencia del estilismo sobre la seguridad mecánica se ve claramente ilustrada en esta afirmación de una publicación de ingeniería de General Motors: «La elección de los medios de cierre de las portezuelas y de sus medios de actuación, o manillas, viene impuesta por las exigencias de estilo... Los cambios en el estilo de la carrocería continuarán obligando a rediseñar las puertas y las manillas».

Otra muestra de la prioridad del estilo sobre la seguridad se nos muestra en los acabados de la pintura y el cromado del vehículo, los cuales, a la vez que facilitan un brillante automóvil nuevo a la exposición del concesionario, crean también unos peligrosos reflejos. Los estilistas pueden llegar a ver aumentado su prestigio debido a unos conceptos de conjunto que pueden producir una variedad de peligros totalmente nueva. El descapotable de techo duro y los modelos sin montante central, por ejemplo, son claramente producto del equipo de estilismo de General Motors.

Las características mecánicas que son imprescindibles para la función de transporte del vehículo ejercen alguna influencia restrictiva sobre las decisiones de estilo. Un coche tiene que tener cuatro neumáticos, y a pesar de que los estilistas puedan tener éxito a corto plazo en su intento de pintarlos, no es probable que la goma sea sustituida por bollos aromáticos de crema. Pero los conflictos entre estilismo y las características mecánicas tradicionales no siempre se resuelven a favor de estas últimas. Por ejemplo, un diseño racional del cuadro de mandos no exige un cambio anual o una variación periódica. Aun àsí, los estilistas se han salido con la suya y a la vez han conseguido satisfacer las demandas de la dirección en lo referente a la posibilidad de intercambiar los componentes entre diferentes marcas de automóviles. En un momento dado el Oldsmobile de 1964 empleaba exactamente el mismo mando del calefactor que el Buick de 1964. En una marca estaba colocado en posición horizontal; en la otra se empleaba verticalmente. Con esta técnica, se crearon cuatro cuadros de mandos separados y «diferentes» para cada división.

Esta tendencia a diferenciar más y más cada vez en menos y menos, ha alcanzado unas proporciones pasmosas. En 1957 la división de carrocerías Fisher produjo más de setenta y cinco estilos de carrocerías diferentes para las cinco divisiones de automóviles de General Motors, divisiones con cuatrocientas cincuenta combinaciones de tapicería interior y un enorme número de combinaciones de pintura exterior. Para 1963 esta gama se había elevado a ciento cuarenta estilos de carrocería y ochocientas cuarenta y tres combinaciones de tapicería.

Los diferentes diseños para lo que Harley Earl, jefe de estilización de General Motors, denominó «envejecimiento dinámico» debían ser creados para muchos elementos del coche: delantera, trasera, capós, ornamentos, bandeja trasera, paneles traseros, luces de cola, contornos de los parachoques y, estos últimos elementos ofertados en una explosión de distintas variedades, embellecedores y llantas.

Estas características de estilo son la esencia de la promoción de ventas y de la publicidad. Los fabricantes de coches apelan a las emociones; intentan provocar ansia de posesión, placer estético, y forzar la asociación del rutilante modelo en su provocativa pose con las ilusiones personales del futuro cliente. Este enfoque puede parecer frívolo, pero el sector ha aprendido que esta técnica vende coches a personas que no tienen otra razón para comprarlos con tanta frecuencia.

En los últimos años, las campañas, saturadas con la «venta de estilo» han pasado a temas más audaces. Un anuncio del Chevrolet Chevelle de 1964 decía: «No nos hemos limitado a hacer el Chevelle atractivo y desearle lo mejor... Si piensa que todo lo que queríamos era un coche atractivo más pequeño que el Chevrolet y más grande que el Chevy II, siga leyendo». Las ventanillas laterales curvadas, proseguía el anuncio, no son sólo para mejorar el aspecto, «se inclinan hacia dentro para facilitar la entrada, sin necesidad de puertas voluminosas que malgasten el espacio para montarse en el coche». Además, «el largo y amplio capó del Chevelle también es muy bonito» debido a todo lo que va debajo de él —«una amplia gama de motores de seis cilindros y V-8».

Un anuncio de Buick enumeraba un número de características de serie del vehículo y comentaba: «Realmente usted no necesita éstas, pero ¿cómo podría resistirse a tenerlas?»...

General Motors ha sido el más agresivo partidario del estilismo. La primera sección independiente de estilismo se organizó en 1927 bajo el mando de Harley Earl. Se la denominó «Sección de Arte y Color». Al principio, la posición del estilista no era firme cuando llegaba a tener discrepancias con los ingenieros. Las primeras contribuciones de Earl, los parabrisas inclinados y los montantes exteriores estrechos, tuvieron que ser justificados como «mejoras de la visibilidad». Pero para finales de la década de 1930, el grupo Earl se convirtió en la «Sección de estilismo de General Motors» y él fue ascendido a la categoría de vicepresidente, lo que indicaba que la función de los estilistas era de la misma importancia que el trabajo de los departamentos de ingeniería, de asesoría jurídica, de relaciones públicas de la empresa, y de fabricación. El departamento de estilismo tuvo una evolución similar en otras empresas automovilísticas. La autoridad del ingeniero sobre el diseño del automóvil se había acabado. Como dijo Charles Jordan, de General Motors: «Antes, una mejora funcional, o la reducción de costes, eran buenas razones para rediseñar los componentes, pero (en los años treinta) el ingeniero tuvo que aprender a valorar nuevas razones para acometer un nuevo diseño». En un informe entregado ante la Sociedad de Ingenieros del Automóvil en 1962, Jordan demostraba de qué manera había seguido creciendo la importancia de la estilística, cuando él instaba a que se sustituyese la palabra «estilista» por la palabra «diseñador». Jordan dijo que el diseñador (o sea, el estilista) es «el arquitecto del coche, el coordinador de todos los elementos que, en conjunto, forman un coche completo, es el artista que le da forma. Él se posiciona desde un principio, su enfoque y su responsabilidad sobre el diseño del vehículo es similar a la del arquitecto respecto a un edificio». Un observador podría preguntarse cuál es la labor que queda para el ingeniero, salvo la de interpretar el papel de consejero técnico. Jordan terminaba su informe haciendo un análisis de futuro. Él preveía cambios en la industria automovilística que describía como «drásticos y trascendentales». Enunciaba once asuntos para los que se estaba llevando a cabo una investigación que ya se encontraba en una fase muy avanzada y en cuyas soluciones estaban trabajando las secciones de investigación de estilo y de diseño de vehículos avanzados. Ninguna se refería a la protección para caso de choques...

La insensibilidad de los estilistas hacia los efectos de sus creaciones sobre los peatones se ve claramente en el caso de William Mitchell, jefe de estilismo de General Motors y principal creador de la aleta en forma de cola de pez del Cadillac. Esta afilada y protuberante aleta fue introducida por primera vez a finales de la década de 1940, elevándose en altura y prominencia todos los años hasta que llegó a su mayor y más grotesca dimensión en 1959, para ir descendiendo gradualmente a partir de entonces hasta que fue eliminada definitivamente en los modelos de 1966. Para entender cómo un hombre pudo idear y promover una protuberancia con un potencial letal de esas características, es necesario comprender el entusiasmo del señor Mitchell, que frencuentemene confesaba a los periodistas que «tenía gasolina en la sangre». Su vibrante entusiasmo en la conversación giraba en torno a los conceptos de «movimiento», «excitación» e «instinto». Algunos ejemplos de sus recientes declaraciones resultan ilustrativos: «Cuando te sentabas detrás del volante, mirabas a lo largo de aquel enorme capó y allí estaban los contornos de los dos focos delanteros, y las dos curvas del parachoques delantero, vamos, que te sentías excitado sólo con sentarte allí. Un coche *tiene* que ser excitante». O «los coches serán más claramente masculinos o femeninos», y «por el momento trabajamos con estéticas... esa indefinible e intangible cualidad que marca *todas* las diferencias». El punto de vista del señor Mitchell que se recogía en las entrevistas acerca de la seguridad es que evitar los accidentes es más un asunto de la incumbencia del conductor y que si los coches fuesen más resistentes a los choques, los «locos del volante» probarían fortuna haciendo salvajadas aún mayores.

El mundo del señor Mitchell gira en torno al centro técnico de General Motors, donde en un ambiente de lujosa extravagancia, dirige una plantilla de más de mil cuatrocientos especialistas en estilo. Es un mundo de movimiento, color, contornos, tapicerías, tejidos. Para ilustrar el ambiente de especialización que se respira, valga con decir que un muestrario de colores tiene dos mil ochocientas ochenta y ocho muestras de chapa pintada; los estudios profusamente acristalados, rodeados por el verde de unos jardines colgantes, están especialmente diseñados para que los colores puedan ser conjuntados bajo diferentes condiciones de iluminación. En tal ambiente, al señor Mitchell le resulta fácil creer que el «ochenta y cinco por ciento de toda la información que recibimos es visual». Sus dos dichos favoritos son: «Ver es vender» y «La forma de las cosas da forma al hombre».

La cuestión de las aletas en forma de cola del Cadillac, sin embargo, va más allá del mundo visual del señor Mitchell. Las aletas han sido sentidas, además de vistas, por mucha gente; pero muchas personas las han sentido fatalmente por no haberlas visto. De formas que deberían haber sido previstas por el señor Mitchell, estas aletas han «dado forma» al hombre.

En el año que alcanzaron su máxima altura, las aletas del Cadillac guardaban una extraordinaria similitud con la cola del estegosaurio, un dinosaurio que tenía dos cuernos a cada lado de la cola para protegerse las espaldas. En 1964, un conductor de moticicleta de California descubrió los peligros de las aletas en forma de cola del Cadillac. El motorista estaba en medio de una caravana en la autopista que lleva a Newport Harbor, en Santa Ana. En el momento en que la carretera de cuatro carriles se estrechaba a sólo dos, la confusión creada por la construcción de la autopista y la brusca desviación de los coches al reunirse los dos carriles obligaron al Cadillac a dar un brusco frenazo. El motorista quedó atrapado y fue incapaz de girar hacia ningún lado. Golpeó contra el parachoque trasero del coche a una velocidad cercana a los treinta kilómetros por hora, y salió despedido hacia una de las aletas en forma de cola, que penetró en su cuerpo por debajo del corazón y lo rasgó hasta el fémur, con un gran tajo circular. Tanto la aleta como el hombre sobrevivieron a este encuentro.

No se puede decir lo mismo en caso de Peggy Swan, que tenía nueve años. El veintinueve de septiembre de 1963 estaba paseando en bici cerca de su casa en Kensington, Mariland. Bajando por Kensington Bulebard chocó contra un coche que estaba aparcado, en el típico accidente infantil. Pero el coche era un Cadillac de 1962, y la chiquilla chocó contra la aleta en forma de cola, que penetró en su cuerpo por debajo de la garganta. Murió en el Holy Cross Hospital unas horas después, víctima de una hemorragia torácica.

Casi un año y medio antes, Herry Wakeland, un ingeniero automovilístico independiente, había enviado por correo certificado un aviso formal a General Motors y a su ingeniero jefe de seguridad, Howard Gandelot. La carta había sido enviada inspirada por los Cánones de Ética de los ingenieros, y comenzaba con estas palabras: «Esta carta es para asegurar que usted, como ingeniero y la General Motors Corporation están prevenidos del riesgo que suponen para los peatones las afiladas aletas con forma de cola de la reciente serie de automóviles Cadillac de 1962 y de otros recientes modelos de Cadillac. La posibilidad de que las afiladas y puntiagudas aletas en forma de cola puedan causar heridas cuando entran en contacto con un peatón es evidente a simple vista». Wakeland daba detalles de dos recientes casos con resultados fatales que habían llegado a su conocimiento. En un caso, ocurrido en la ciudad de Nueva York, una señora mayor había sido golpeada por un Cadillac que se estaba deslizando suavemente hacia atrás porque le habían fallado los frenos de servicio. El golpe de la aleta con forma de cola la había matado. En el otro caso, un día de verano de 1961, un chico de trece años, de Chicago, cayó encima de una aleta de un Cadillac modelo 1961, mientras intentaba coger al vuelo una pelota alta. La aleta del Cadillac le atravesó el corazón.

Wakeland dijo: «No debería autorizarse la inclusión en un automóvil de un riesgo evidente a simple vista, sólo porque hay pocas circunstancias en las cuales el riesgo podría materializarse en accidentes o daños. Cuando se ponga en circulación un mayor número de automóviles que lleven el riesgo, las circunstancias en las que el riesgo sea materializable en un accidente o daño acabarán por producirse. Dado que técnicamente es posible incorporarlas (aletas a los automóviles) también es técnicamente posible retirarlas, tanto antes como después de la fabricación».

Howard Gandelot replicó a Wakeland diciendo que sólo se habían notificado a General Motors un pequeño número de daños a peatones debidos a aletas u otros adornos, añadiendo que «siempre existirá la probabilidad de que se produzcan accidentes de los más extraños tipos».

La falta de quejas es una defensa habitual y típica de las empresas de automóviles cuando se les piden que expliquen las características peligrosas del diseño. Ciertamente ninguna empresa ha animado al público a que formule quejas sobre daños del tipo que describe Wakeland. Así como tampoco ninguna empresa ha tratado de averiguar algo acerca de esos daños, ni de manera empírica ni mediante un estudio piloto. Y lo que es más, la veracidad de la afirmación de que las empresas automovilísticas reciben «muy pocas quejas» (que está hecha por una de las partes) no es verificable por ninguna fuente objetiva o agencia exterior a las empresas automovilísticas. Además debemos recordar que debido a la inexistencia de un sistema estadístico de recogida de datos de accidentes de este tipo —ni patrocinado por el gobierno ni patrocinado por el sector de los seguros— no hay públicamente disponible ninguna fuente objetiva de datos que se refiera a esta clase de accidentes.

Como miembro de la empresa, Gandelot sabía que estaba previsto rebajar la altura de la aleta con forma de cola. Incluyó en su réplica a Wakeland esta «información confidencial» acerca del próximo lanzamiento del Cadillac 1963: «Las aletas se han recortado para aproximarlas al parachoques y se han colocado un poco más adelantadas de tal manera que el parachoques ofrezca más protección».

El comentario de Gandelot toca un importante aspecto práctico. La introducción, promoción y finalmente «eliminación» de los riesgos externos son puramente resultado de las modas de estilo. Por ejemplo, hace unos pocos años se pusieron de moda los adornos de capó afilados y apuntados horizontalmente. Los modelos actuales evitan ese tipo de diseño ornamental, no por la seguridad del peatón, sino para adecuarse al nuevo «aspecto limpio» que es la marca de la casa del estilaje actual. La mortal aleta con forma de cola del Cadillac ha desaparecido por la misma razón. Los nuevos estilos traen nuevos riesgos o el retorno de algunos viejos.

Los diseños sistemáticos de ingeniería de los vehículos podrían minimizar o prevenir muchos de los daños causados a los peatones. La mayoría de las colisiones peatón-vehículo producen heridas, no la muerte. La mayoría de estos incidentes tienen lugar a una velocidad de impacto inferiores a treinta y cinco kilómetros por hora y los datos de la ciudad de Nueva York muestran que en los casos mortales, alrededor del veinticinco por ciento de los atropellos tuvieron lugar cuando los vehículos implicados estaban moviéndose a velocidades inferiores a los veintidós kilómetros por hora. Parece bastante evidente que el diseño externo y no sólo la velocidad del automóvil contribuyen en gran medida a la gravedad de los daños infligidos al peatón. A pesar de todo, el diseño externo está bajo un control tan totalmente libre de trabas por parte del estilista que ningún ingeniero empleado por el sector automovilístico ha publicado jamás un informe técnico relacionado con las colisiones con peatones. De la misma manera, tampoco las empresas automovilísticas han hecho ninguna mención pública de pruebas con simulación de accidentes, o de investigación aplicada a la seguridad, acerca del problema.

Pero existen dos informes en la literatura técnica, uno realizado por Henry Wakeland y el otro por un grupo de ingenieros en la Universidad de California, en Los Ángeles. Wakeland destruyó el mito que todavía perduraba de que cuando un peatón era alcanzado por un coche, no tenía importancia cuáles eran las características en particular del diseño que le golpeaba. Él demostró que los vehículos pesados casi siempre golpeaban a la gente sin causarle la muerte, y que incluso en los casos mortales, la diferencia entre la vida y la muerte era casi siempre la diferencia entre características de diseño seguras e inseguras. El estudio de Wakeland se basaba en informes de accidentes y de la autopsia de unas doscientas treinta muertes de peatones ocurridas consecutivamente en Manhattan durante 1958 y principios de 1959. De esta muestra, caso tras caso, se mostraba que el cuerpo de la víctima había sido atravesado por adornos, parachoques y bordes de radiadores afilados, viseras de focos delanteros, medallones y aletas. Se dio cuenta de que algunas configuraciones de los parachoques tendían a forzar la caída del peatón adulto hacia abajo, lo que desde luego incrementaba en gran medida el riesgo de que el coche le pasase por encima. Algunos modelos recientes, que tienen parachoques perfilados como si fuesen deslizadores de trineo y una pieza similar a una parrilla inclinada sobre el parachoques, lo que les da apariencia de «inclinarse en el viento», incrementan más todavía el potencial del coche para ejercer presiones hacia abajo en el peatón.

El estudio de UCLA, dirigido por Derwyn Severy, consistía en experimentar con muñecos para producir datos sobre la fuerza y la desviación en los impactos vehículo-peatón. La conclusión fue que «la geometría y la resistencia a la deformación de la delantera de un vehículo que golpee a un peatón, tendrán una importancia capital en el movimiento forzado del peatón subsiguiente al impacto». Estas características del diseño se consideran de importancia crucial en relación con el nivel de daños ocasionados, dado que el impacto subsiguiente con el pavimento puede ser todavía más dañino que el impacto inicial. A modo de diseños adicionales para protección, el grupo de Severy recomienda el uso de chapa de metal que se deforme, mayor anchura de los parachoques, y defensas «expulsoras» que apartaran de las ruedas delanteras a los peatones atropellados.

Si las empresas automovilísticas están buscando más quejas sobre los efectos del estilismo en la producción de riesgos para el peatón, bien podrían acudir a un libro de texto muy empleado en la medicina preventiva, escrito por los doctores Hilleboe y Larimore. Tomando nota de los muchos ejemplos trágicos de diseños innecesariamente peligrosos, los resultados de los cuales «se ven diariamente en los quirófanos y las salas de autopsia», los autores concluyen que «si alguien estuviese intentando diseñar un mecanismo que produjera lesiones a los peatones, uno de los teóricamente más eficientes diseños que podrían producirse se aproximaría mucho al de las delanteras de varios automóviles de nuestros días».

La evidencia de que el trabajo de los estilistas no es algo trivial, se encuentra en los aspectos económicos de la industria automovilística.

En cualquier momento en que General Motors, que controla más del 50 % del mercado automovilístico, introduce y promueve una determinada característica de estilaje, puede obligar a las demás empresas a seguir sus pasos. La historia del parabrisas envolvente, de la aleta con forma de cola y del descapotable de techo duro confirman esta teoría. Porque a pesar de que el parabrisas envolvente creaba una distorsión visual que conmocionó a la profesión optométrica, y de que la aleta en forma de cola y el diseño del techo duro engendraban los peligros discutidos antes, cada una de las demás empresas automovilísticas siguió la dirección de General Motors con objeto de no quedarse anticuada.

Los economistas denominan a este fenómeno «imitación preventiva», pero se le dé el nombre que se le dé, seguir el paso implicaba unos gastos tremendos en material, el recorte de la diversificación y las innovaciones mecánicas y, lo más importante, la adopción indiscriminada de características que se intentaba que agradasen al ojo del conductor en vez de proteger su vida.

George Romney, presidente de General Motors en aquella época, describía la situación de una manera válida cuando habló ante el subcomité Kefauver del Senado: «Es lo mismo que un sombrero de mujer. La industria del automóvil tiene dentro de sí algunos de los elementos de la fabricación de sombreros de señora, desde el momento que puedes hacer que el estilo se convierta en el sello de la modernidad... Un parabrisas envolvente, gracias a grandes sumas de dinero, y a un gran dominio del mercado, puede ser identificado como más importante que algo que mejorase todo el automóvil... En un sector en el que el estilo es una herramienta de comercialización de importancia capital, la aceptación pública de un enfoque basado en el estilo puede conseguirse simplemente por el impacto del enorme volumen de producción».

Con todo, el sector ha insistido en declarar que solamente «da al cliente lo que éste quiere». Esto difícilmente encaja con la frase del señor Romney o con los hechos. La historia de cada característica de estilo que ha tenido éxito es que fue concebida en una de las secciones de estilo de una empresa automovilística —casi siempre sin tener en cuenta a los ingenieros de la empresa, y mucho menos cualquier consideración de seguridad— y después traspasada a los especialistas de márketing para una explotación emocional repetitiva hasta que fuese una «moda» enquistada y aceptada.

Enquistada, claro, hasta que la necesidad de hacer que el cliente se sienta insatisfecho con aquella moda, mande otra vez a los equipos de diseño a las mesas de dibujo. El principio que las gobierna está en abierta contradicción con el argumento de defensa: les-damos-lo-que-quieren. En palabras de Gene Bordinat, de Ford, el estilista en su trabajo debe «tomar las riendas a la hora de establecer las pautas del gusto». Esto es, en efecto, lo que han hecho.

La espiral de seguir-al-líder en lo que a innovaciones de estilo se refiere ha tenido otros profundos efectos. Uno de los más importantes resultados es que, concentrando los «cambios» de los modelos en el área del diseño, los fabricantes han dirigido la atención del cliente hacia aquellas características del automóvil que más probablemente son objeto de atracción «persuasiva» antes que «informativa». Como en el sector de la moda, el hecho de tratar más con emociones que con el intelecto, ha tenido como resultado que los fabricantes de coches raramente han sido amenazados con la soberanía del consumidor sobre el automóvil. Antes al contrario, los fabricantes de coches han ejercitado un autocontrol sobre los productos que ofrecían. Este control se ve reflejado en otra frase del señor Mitchell, que dice: «Algo que pasa hoy es que tenemos más coches que nombres para denominarlos. Puede que el público no quiera todas estas clases pero la compentencia las hace necesarias».

La reducción de las diferencias entre automóviles a cuestiones menores, relacionadas con el estilo, no es el único resultado pernicioso del dominio de los estilistas. Todavía más descorazonador ha sido el declinar del ingenio mecánico. A la vez que los estilistas han subido firmemente a una posición de preeminencia, la imaginación tecnológica de los ingenieros automovilísticos se ha reducido hasta un punto en el que los mismos ejecutivos del sector automovilístico se han llegado a quejar de la falta de innovación. El vicepresidente de Ford, Donald Frey, reconoció con claridad el problema cuando dijo en un discurso pronunciado en enero de 1964: «Creo que la cantidad de innovaciones del producto introducidas con éxito dentro del automóvil es hoy más pequeña que en el pasado, y todavía está disminuyendo. La transmisión automática (introducida en la producción en serie en 1939) fue la última innovación importante del sector».

El director de la empresa del señor Frey, Henry Ford II, parecía preocupado por la misma cuestión en su discurso al mismo grupo. Decía: «Cuando se piensa en el enorme progreso de la ciencia a lo largo de las últimas dos generaciones, es sorprendente darse cuenta de que son muy pocas las cosas relativas a los principios básicos de los automóviles de la actualidad que pudieran parecer extrañas o no familiares a los promotores de nuestra industria... Lo que necesitamos, más incluso que el refinamiento de viejas ideas, es la capacidad de desarrollar nuevas ideas y ponerlas a trabajar».

Naturalmente, ninguno de estos ejecutivos del automóvil ha caído en la cuenta, harto evidente, de que si un sector dedica sus mejores esfuerzos y la mayor parte de sus inversiones a cuestiones de estilo, se debe concluir que las nuevas ideas en ingeniería —y seguridad— tendrán una llegada trágicamente lenta.

Preguntas de comprensión del texto de Nader

1. El término «nuevo», tal como Nader ve a la industria automovilística, ¿a qué aspecto de la producción se refiere?

2. El asunto de las exigencias de mejora en _____ cobra preferencia sobre las exigencias de _____, de acuerdo con la opinión de Nader.

3. Como en el caso del calefactor del Oldsmobile modelo 1964, el término nuevo puede significar simplemente un cambio de:

   _____ *a)* color,
   _____ *b)* diseño,
   _____ *c)* función,
   _____ *d)* posición.

4. Nader afirma que la aleta del Cadillac modelo 1959 era peligrosa.

   _____ *a)* cierto;
   _____ *b)* falso.

Conclusión

El capítulo 3 empezaba su mejora de la lectura mostrándole cómo debía emplear su mano como marcador del ritmo sobre la página. Su mano elimina rápidamente las regresiones y otros movimientos ineficientes de los ojos. Su campo de enfoque se amplía, y se reducen las subvocalizaciones. Todos estos viejos hábitos que ralentizaban su ritmo de lectura se ven directamente acometidos por el uso de la mano, y usted advertirá que el efecto de mejorar sus hábitos de lectura se materializa en un incremento de su velocidad.

Su Paso Básico y el recorrido en «S», así como la idea de escribir después de haber leído, dan a su lectura una nueva eficiencia y potencial. El concepto de practicar para eliminar los viejos hábitos, junto con las técnicas de práctica adecuadas tal como son descritas en la «Sesión de prácticas para la semana» que aparece en esta página, le catapultaron hacia una lectura más rápida y más inteligente. El siguiente capítulo perfeccionará sus técnicas de lectura mediante el desarrollo del aspecto de la comprensión. Tómese unos minutos antes de pasar al capítulo 4 y revise este capítulo empleando el recorrido en «S».

Sesión de prácticas del capítulo 3 para esta semana

Nota:

1. Emplee la mano en *todo* lo que lea.
2. Practique una hora al día, por lo menos.
3. Comprométase a alcanzar el ritmo mínimo de lectura de esta semana: *quinientas* palabras por minuto.

Antes de empezar esta práctica, recuerde que tiene que «domar» el libro de su elección y practicar el paso de las hojas durante unos pocos minutos.

Práctica:

1. Haga un simulacro de lectura empleando el Paso Básico durante tres minutos. Señale el punto en el que se detenga. Calcule sus palabras por minuto.
2. Haga otro simulacro de lectura de la misma sección empleado el recorrido en «S», durante dos minutos. Asegúrese de que llega hasta la señal anterior al menos una vez. Elabore una «lista de la compra».
3. Lea la sección a un ritmo de por lo *menos* quinientas palabras por minuto. Calcule las palabras por minuto que ha alcanzado. Aumente su lista de la compra con nuevas palabras.

Repita este ejercicio por lo menos cuatro veces diarias. Recuerde, su mejora está directamente relacionada con la cantidad de esfuerzo que lleve a cabo.

Respuestas:

Comprobación de progresos 1

1. C
2. Para no romper el flujo de información; por lo tanto, concentración.
3. Es una habilidad física.
4. Pasar las hojas.

Cierto o falso Aspecto colegial

1. V
2. F
3. V
4. F
5. F

Comprobación de progresos 2

1. A, C, D, F.
2. Usted debe de empezar con el aspecto físico de la técnica.
3. Comprender.
4. *a)* ir tan deprisa como se pueda;
   b) conseguir todo lo que se pueda.

Comprobación de progresos 3

1. B
2. A
3. B
4. C
5. Ir, conseguir.

¿Qué tipo de libro está leyendo?

a) Un libro de jardinería, en el capítulo de cultivo de árboles.
b) Un libro de economía, el crash de la bolsa de 1929.
c) Un libro de educación, el capítulo de objetivos de la instrucción.
d) Periodismo, el capítulo de la perspectiva histórica de los periódicos y la televisión.

Respuestas: *Artículo de Nader*

1. Nuevo equivale a nuevo estilo, no a nueva mecánica.
2. D
3. T
4. Nadie se queja.
5. Todo el mundo sigue la misma tónica para mantenerse a flote.

Registro de las prácticas de una semana
Desde el _____ hasta el _____
fecha   fecha

Primera sesión N.º total de min. _____	SL más rápido: _____ ppm. SL más lento: _____ ppm.	L más rápida: _____ ppm. L más lenta: _____ ppm.	Título del libro: _____ Observaciones: _____
Segunda sesión N.º total de min. _____	SL más rápido: _____ ppm. SL más lento: _____ ppm.	L más rápida: _____ ppm. L más lenta: _____ ppm.	Título del libro: _____ Observaciones: _____
Tercera sesión N.º total de min. _____	SL más rápido: _____ ppm. SL más lento: _____ ppm.	L más rápida: _____ ppm. L más lenta: _____ ppm.	Título del libro: _____ Observaciones: _____
Cuarta sesión N.º total de min. _____	SL más rápido: _____ ppm. SL más lento: _____ ppm.	L más rápida: _____ ppm. L más lenta: _____ ppm.	Título del libro: _____ Observaciones: _____
Quinta sesión N.º total de min. _____	SL más rápido: _____ ppm. SL más lento: _____ ppm.	L más rápida: _____ ppm. L más lenta: _____ ppm.	Título del libro: _____ Observaciones: _____
Sexta sesión N.º total de min. _____	SL más rápido: _____ ppm. SL más lento: _____ ppm.	L más rápida: _____ ppm. L más lenta: _____ ppm.	Título del libro: _____ Observaciones: _____
Séptima sesión N.º total de min. _____	SL más rápido: _____ ppm. SL más lento: _____ ppm.	L más rápida: _____ ppm. L más lenta: _____ ppm.	Título del libro: _____ Observaciones: _____
Octava sesión N.º total de min. _____	SL más rápido: _____ ppm. SL más lento: _____ ppm.	L más rápida: _____ ppm. L más lenta: _____ ppm.	Título del libro: _____ Observaciones: _____

R E S U M E N

TIEMPO TOTAL

Simulacro de lectura más rápido: _____ ppm.   Lectura más rápida: _____ ppm.

Simulacro de lectura más lento: _____ ppm.   Lectura más lenta: _____ ppm.

Observaciones: _____

_____

Capítulo 4

COMPRENSIÓN: CÓMO MEJORAR SU ENTENDIMIENTO

Se sobreentiende que usted ha estado practicando los ejercicios del capítulo 3 durante al menos una semana y aproximadamente una hora al día, antes de empezar este capítulo. Como se ha mencionado previamente, la velocidad debe conseguirse con anterioridad, dado que la capacidad de comprensión se ve soportada por una buena velocidad.

Este capítulo sienta las bases de la mejora de la comprensión explicando la manera de adquirir la información a unas velocidades de lectura superiores. Requiere sustituir los viejos e ineficientes hábitos de comprensión por hábitos nuevos y más eficientes.

A continuación se describen una serie de velocidades y técnicas que están a su disposición.

— *Lectura de estudio:* 0-200 ppm. En la lectura de estudio, usted puede estar leyendo, releyendo, tomando notas o analizando el material. Reserve esta velocidad y esta técnica para los tipos más complicados de material a los que se enfrente. La amplia gama de velocidades que está adquiriendo hará que usted necesite mucho menos que antes esta velocidad, que es la más lenta de todas, para entender este tipo de información.

— *Lectura lenta:* 150-250 ppm. Los lectores eficientes emplean en ocasiones este tipo de velocidad para materiales bastante difíciles o que les son desconocidos. En vez de emplear este tipo exclusivamente, como hacía con sus viejos hábitos, es mejor que evite este tipo de velocidad mientras aprende a ampliar su gama de velocidades.

— *Lectura rápida:* 400-800 ppm. Es posible que esta velocidad se adecue a la mayoría de sus necesidades diarias de lectura profesional.

— *Hojear, buscar:* 500-? Estos procesos pueden ser empleados con gran éxito, pero no son métodos de lectura en sentido estricto; son, más bien, técnicas de acopio de información.

Buscar es ir mirando entre el material para localizar un punto en concreto o una porción de información. Sin embargo, una vez que usted haya descubierto el punto, debe dejar de buscar, y ponerse a leer o hacer un examen previo de la información. Para ser un buscador efectivo, debe saber usted lo que está buscando, debe tener una finalidad definida. Así pues, buscar tiene tanto de proceso de tamizado como de proceso de acopio de información.

Hojear es ir mirando el material, prestando la misma atención a todo él, mientras se van buscando las principales ideas. En este libro se llama examen previo a la tarea de hojear; sin embargo, el examen previo es una actividad mucho más intelectual y rigurosa que la que habitualmente se asocia con el hecho de hojear.

Tiene que estar sobre aviso de que el simple hecho de leer este capítulo no le será suficiente para comprender mejor. Sólo mediante la práctica continuada y consciente hará suyas las técnicas expuestas en la obra, para que pueda aplicarlas a cualquier tipo de material que desee.

La comprensión, el entendimiento de la información que hay en la página, se puede demostrar mediante una exposición externa de dicha información después de que se haya completado la lectura. Cualquier número de actuaciones pueden mostrar que comprende un fragmento completo de información. La actuación puede variar desde la simple repetición de los puntos más importantes a una evaluación profunda y crítica del material.

No sólo son amplias las gamas de comprensión, sino que de la misma manera lo son los factores que afectan a su comprensión. Alguno de estos factores quedan bajo su control, mientras que otros escapan a éste. La calidad de su percepción y la velocidad que tenga al leer afectan a su comprensión. La motivación, la concentración y una finalidad de lectura claramente definida también afectan a su comprensión. Su capacidad de retener y de recordar la información, su vocabulario, los conocimientos generales que aporte a la situación de lectura, y la naturaleza del material, son todos ellos elementos que afectan a su comprensión. Por lo tanto, *la mejor manera de mejorar su comprensión es trabajar para mejorar en todos los factores precedentes.*

Educación temprana en la lectura

Durante sus años de enseñanza elemental, probablemente usted aprendió a leer empleando libros de cuentos. Aunque ciertamente no eran, ni mucho menos, prosa inmortal, desempeñaron su papel de introducción a la lectura y los libros. En algún momento entre el tercer y quinto curso, su profesor le tendió otro tipo de libro, un libro que no era de ficción; puede que tratase de ciencias sociales, geografía u otro tipo de literatura preparatoria. El problema es que le dieron a usted un nuevo libro, pero probablemente no le dieron un nuevo método para leerlo. Así que su natural reacción hacia el libro de no-ficción fue leerlo de la misma manera en que leía sus anteriores libros de ficción. Esto significa que usted abría el libro por la primera página, miraba la palabra y empezaba a leer, esperando que se le desvelase un cuento. Dado que estos primeros libros que no eran de ficción trataban normalmente de historia o de ciencias sociales, todavía se prestaban a ser introducidos en el molde de libros de cuentos. Por tanto, era normal emplear las técnicas de lectura de cuentos, y éstas funcionaban de manera por lo menos tan satisfactoria como antes. Tanto el profesor como el alumno estaban convencidos de que ésta era la manera adecuada de leer un libro que no fuese de ficción.

Las técnicas que aprendió en la escuela primaria son todavía en gran medida las que han de hacerle satisfacer hoy en día sus necesidades de lectura profesional. Puede que haya añadido usted algunos «adornos» o que hubiera aprendido algunos trucos aislados para sobrevivir a las exigencias de la lectura del colegio, pero en su mayor parte, usted todavía lee lo que no es ficción de la misma manera en que leía la ficción en el tercer curso. Su educación se detuvo demasiado pronto en lo que se refiere a la lectura.

No-ficción contra ficción

La naturaleza de la ficción es, desde luego, totalmente diferente de la no-ficción o del material técnico. Se presenta la información de una manera diferente y su nivel de responsabilidad es, normalmente, mucho mayor. Primero, en el material técnico la información está mucho más estructurada que en el de ficción. El paso de los conceptos al material de apoyo y a los detalles es mucho más sistemático. Por regla general, el material técnico tiene mucha más información por página. Y usted, en su calidad de lector de material técnico, se encuentra en una posición de mucha mayor responsabilidad porque, por lo general, cuando acaba la lectura del material tiene que hacer algo con la información.

Dado que usted ha reconocido una diferencia importante entre el material de ficción, el que no es de ficción y el que es técnico; y dado que debe usted emplear técnicas de lectura específicas para sus necesidades de lectura técnica, debe usted determinar un método efectivo y especializado para satisfacer sus necesidades de lectura especializada. Nosotros denominamos a estos métodos especializados de lectura «sistemas de estudio de material técnico».

Comprobación de progresos 1

1. ¿Cómo puede asegurarse de que ha comprendido algo después de haberlo leído?
2. Haga una lista con tres factores que afecten a su calidad de comprensión. (Se enumeraban seis).
3. ¿En qué se diferencian los materiales de ficción de los que no lo son?

   La ficción es:
   La no-ficción es:

Divide y vencerás, unifica y regirás

Estos son los seis pasos para un estudio mejor:

1. Determinar su finalidad.
2. Inspeccionar.
3. Hacer un examen previo.
4. Leer.
5. Releer/remarcar.
6. PVI (Presentación Visual de la Información).

La frase que mejor define el sistema de estudio que está a punto de aprender es: «Divide y vencerás/Unifica y regirás.» La primera palabra importante aquí es «sistema». Si tiene usted que leer eficientemente material técnico, necesita un procedimiento organizado, un sistema que se pueda aplicar, a *cualquier* material que deba leer usted.

Divide. Una «división» adecuada del material es de importancia vital para el mantenimiento de la concentración y la motivación. Una división fortuita del material tiende a retrasar el aprendizaje e incluso puede llegar a ir en detrimento de éste. Una división inteligente y eficiente para el estudio y el aprendizaje requiere sensibilidad hacia la organización de toda la pieza de información, tener claro cuál es la finalidad que guía nuestra lectura y marcarse unos objetivos realistas.

Vencerás. «Vencerás» quiere decir leer todos los conceptos, ideas, hechos y detalles con atención cuidadosa y consciente, y apreciar las relaciones, el énfasis y la importancia que guarda con el conocimiento previo de la materia. Éste es el estadio de entrada o de auténtico aprendizaje del sistema.

Unifica. «Unifica» significa reconstruir la información de acuerdo con las finalidades y las necesidades futuras que tenga usted. La división de la información y la lectura de aprendizaje (el «vencerás») necesitan un enfoque concentrado sobre pequeños fragmentos de información. Esta fragmentación de toda la pieza de información, sin embargo, no es la última fase del aprendizaje, incluso a pesar de que la mayoría de los lectores se detienen en este punto. Unificar de nuevo el material en un compendio completo de información le prepara a usted para retener y rememorar exactamente la información.

Regirás. «Regirás» supone que tiene usted un excelente conocimiento práctico de la información, que ha llegado a convertirse en parte de usted, y que está a su disposición para que la emplee como crea conveniente. El registro permanente que ha creado en sus notas es, en este momento, mucho más importante que el texto original.

Prever y seleccionar contra el método de la esponja

Un aspecto de importancia vital para comprender este enfoque del «Divide y vencerás/Unifica y regirás» es que el sistema no fomenta una absorción absoluta y general de todo el material escrito. No resultaría práctico y, en la mayoría de los casos, sería imposible que usted aprendiese/recordase todo lo que lee. En vez de eso, el sistema le permite desarrollar un proceso efectivo tanto para prever como para seleccionar.

La previsión es el objetivo número uno de todos los cinco pasos del sistema de estudio. Establecer la finalidad que usted persigue, obtener una visión de conjunto y hacer un análisis previo exigen de usted que piense en el material *antes* de haberlo leído. Esto le permite sensibilizarse a la información y le anima a prepararse para leerla.

La selección es otro objetivo que habremos de perseguir durante todo el sistema de estudio. En primer lugar, mediante la identificación de características diferenciadoras de una obra seleccionada y, en segundo lugar, al diferenciar y seleccionar los pasajes y páginas en concreto que por su especial oportunidad o valor merecen una lectura de estudio, se habrá ahorrado usted tiempo y esfuerzo; de eso es de lo que trata este libro.

Comprobación de progresos 2

1. ¿Por qué necesita usted un sistema para leer y estudiar el material?
2. ¿Por qué la palabra dividir? ¿Qué técnicas implica una división adecuada?
3. «Vencerás», ¿qué indica que ha hecho usted con el material?
4. ¿Por qué unificar el material?
5. Indique cuál de las siguientes definiciones corresponden a «previsión» y cuál a «selección» según se ha explicado en el texto:

Identificar las características distintivas y diferenciar entre características particulares que merezcan un ulterior estudio, se conoce como _____.

Sensibilizarse al material, a fin de prepararse mentalmente para leerlo, se conoce como _____.

6. ¿Cómo se aplica la precisión y la selección de material a las etapas del procedimiento de estudio?

Determine su finalidad

La mayoría de los lectores no determinan la finalidad de su lectura de una manera suficientemente buena (algunos no lo hacen de ninguna manera en absoluto). La mayoría de los lectores son incapaces de plantear preguntas que les ayuden a cristalizar la finalidad de su lectura. Éste es un comportamiento razonable, porque a la mayoría de los lectores nunca se les exigió que determinaran en el colegio la finalidad que perseguían al leer, salvo la de obedecer al profesor que les había ordenado que lo hiciesen, o la de que estaban leyendo para poder aprobar un examen. Ni las órdenes del profesor, ni el hecho de tener que aprobar un examen aportaban mucha preparación para un posterior uso práctico. En el campo de sus lecturas profesionales, este viejo sistema de establecer la finalidad no es adecuado; seguramente usted empleará este material de una forma importante y significativa en su trabajo.

A continuación encontrará algunas preguntas que le ayudarán a valorar las finalidades que le mueven a leer. Antes de leer cualquier cosa, apunte brevemente respuestas a las siguientes preguntas, hasta que se familiarice con todas las posibilidades de la evaluación de finalidades.

Evaluación de finalidades

Descripción física del material

1. *¿De dónde proviene este material?* (un folleto, un capítulo de un libro, un informe, un memorando, un periódico, una revista, etc.) Compruébelo con cuidado, ya que muchas selecciones que lea pueden haber sido publicadas inicialmente en otro formato. Puede usted aprender muchas cosas acerca de la naturaleza (credibilidad, actualidad) del material, si conoce usted su origen.

2. *¿Cuál es el tamaño de la selección?* Mucha gente empieza a leer y a estudiar una selección sin haber considerado previamente su longitud. Se quedan sin resuello rápidamente porque no adecuan sus

esfuerzos de lectura y de estudio en consonancia con la longitud del material. Calcule el número de palabras. Cada vez conseguirá usted mejores aproximaciones según vaya progresando.

3. *¿Qué relación guarda esta selección con su trabajo, afición o interés?* ¿Es oportuno este material? Puede que esté usted tomando una decisión prematura, pero debe decidir de todas formas. A pesar de que tal vez no tenga una respuesta definida en este preciso momento, el hacerlo le ayudará a pensar en la pertinencia del material.

Finalidades normales para leer el material

1. *¿Qué le impulsó a elegir esta selección en particular?* ¿Fue interna o externa la motivación? ¿En qué manera afectará esto a su lectura y a su aprendizaje? Si estuviera usted motivado internamente, ¿qué características le atraerían? ¿Qué características no lo harían?

2. *¿Qué tipo de información espera usted de este material?* ¿Necesita usted entender sólo los puntos principales, o tanto los hechos y detalles como los puntos principales? ¿Está usted buscando nueva información, solamente?

3. *¿Se va a dar a la nueva información algún uso en particular?* ¿Va usted a resolver un problema en su trabajo? ¿Servirá para aumentar sus conocimientos sobre alguna materia en particular? ¿Tendrá usted que exponer la información a algún otro?

Previsión del material

1. ¿Qué cree que va a aprender de esta selección?
2. Cuál cree usted que va a ser la utilidad de esta selección en concreto para satisfacer sus finalidades?
3. ¿Cree usted que le resultará fácil o difícil entender la información? ¿Interesante o pesada? ¿Entretenida o seria?

Después de haber leído el material

1. ¿Estaban justificadas sus expectativas?
2. ¿Ha conseguido satisfacer las finalidades que perseguía al leer esta selección?
3. ¿Le ha ahorrado tiempo, o le ha supuesto un aumento de la comprensión del material, el hecho de haber completado este formulario antes de leer el material?
4. Si pudiera volver a leer por primera vez esta selección, ¿qué haría de manera diferente, si es que piensa que haría algo de manera diferente?

Beneficios de la determinación de una finalidad

La clave de la lectura eficiente está en emplear sólo la cantidad adecuada de tiempo y esfuerzos que se exija para cumplir su finalidad. Cuando usted invierte los escasos minutos que le cuesta examinar la finalidad de leer una selección, está empleando su tiempo inteligentemente. El hecho de no determinar su finalidad o hacer una determinación inadecuada, le incita a tratar todos los tipos de material de la misma manera. Esto es ilógico, dadas las grandes diferencias de los niveles de dificultad de sus lecturas diarias. Los lectores eficientes reconocen estas diferencias y ajustan sus finalidades conforme a aquéllas.

Según vaya expandiendo sus capacidades de comprensión y de velocidad, incrementará sus opciones de actuación respecto al montón de periódicos e informes sin leer que se acumula sobre su mesa. Sin embargo, el simple hecho de disponer de un buen repertorio de técnicas no le asegura la eficiencia. El cómo y el cuándo aplicar las técnicas es resultado de haber determinado claramente su finalidad. A medida que vaya cambiando sus finalidades, a medida que vaya ajustando sus expectativas anteriores y posteriores a la lectura y los motivos por los que lee cada una de las diferentes selecciones, ajustará usted su técnica consecuentemente. Esta íntima e importante relación entre técnica y finalidad marca la diferencia entre un lector eficiente y alguien que simplemente tiene un saco de trucos.

Comprobación de progresos 3

1. La mejor manera de determinar la finalidad de leer es:

   _____ *a*) Mirar la tabla de contenidos.
   _____ *b*) Plantearse a sí mismo las preguntas adecuadas.
   _____ *c*) Simplemente, empezar a leer y dejar que se nos revele la finalidad.
   _____ *d*) Preguntar a un amigo.

2. ¿Qué preguntas debe hacerse a sí mismo?

   _____ *a*) ¿Cómo se estructura físicamente la información?
   _____ *b*) ¿Qué le motiva a leer esta información?
   _____ *c*) ¿Qué prevé que va a obtener de esta información?
   _____ *d*) ¿Qué obtuvo de la información después de haberla leído?

3. ¿Qué sucede con su manera de leer y de estudiar, si la finalidad no está claramente definida?

4. ¿Qué cambiará usted a medida que cambie su finalidad?

_____ *a*) Sus técnicas.
_____ *b*) Su velocidad de lectura.

Inspección (redefinición de finalidad/establecimiento de objetivos)

La finalidad de la inspección es darle una panorámica general del material. Cuando usted realiza una inspección de un artículo, un capítulo, o todo un libro, usted empieza por mirar el material que no sea el texto general. Esto incluye la portada, el *copyright,* la tabla de contenidos (véala para encontrar las relaciones obvias, implícitas o potenciales entre estos artículos, que bosquejan las ideas más importantes del libro), sinopsis, prefacios y cualquier otra cosa antes que el material. A continuación, mire por encima la información al final de la selección, incluyendo la bibliografía, el índice, los apéndices, las conclusiones, las lecturas sugeridas o cualquier otra información que se encuentre al final de la selección.

Si piensa estudiar un libro de texto o un informe técnico largo, también necesitará hacer una inspección de cada uno de los capítulos más importantes. De nuevo, tenga en cuenta el resto de la información impresa, incluyendo las introducciones a los capítulos (léalas), las sinopsis, dibujos, listas, gráficos, diagramas, tablas (toda esta información puede denominarse ayudas visuales). Mire también cualquier cosa que se encuentre al final del capítulo, como pueden ser resúmenes (léalos) y preguntas (decididamente léalas porque las preguntas le dirán, de una manera cierta, exactamente lo que el autor considera importante).

Si usted está siguiendo el libro en una clase, o piensa estudiar un libro capítulo por capítulo, inspecciónelo de la siguiente manera: el capítulo anterior al que piensa estudiar, este capítulo que piensa estudiar y el capítulo siguiente. Por ejemplo, si su objetivo es el capítulo 8, realice una inspección de los capítulos 7, 8 y 9. Esto le ayudará de varias maneras. En primer lugar, le permite revisar rápidamente el último capítulo, le ayuda en su preparación mental del capítulo que está a punto de empezar y le ayudará a prever el capítulo siguiente. Por lo tanto, le permitirá ver con más claridad la información del libro en su conjunto.

Beneficios de una buena inspección

El hacer una inspección es una buena inversión de tiempo y esfuerzo. En primer lugar, el hacer inspecciones es un reto al deseo humano de completar las cosas. E __ u __ l __ g __ r __ e __ a __ a __ ch __ d __ c __ y __ n __ m __ r __ n __ q __ i __ r __ puede comprenderse porque el cerebro humano está ansioso de entender y saca conclusiones, o asimila por completo la información, para entender. Usted puede emplear este mismo esfuerzo de su cerebro para hacer que empiece a pensar en el material. Su previsión de cómo encajará la selección se ve estimulada haciendo la inspección. Igualmente, la inspección le permite «ver el conjunto». La perspectiva general es la forma en que el autor desea que usted entienda la selección, lo que significa que perciba las ideas generales y la manera en que se articulan unas con otras, antes de que aborde usted los hechos y detalles aislados.

La inspección puede reducir el temor

Una inspección puede ayudar también a reducir el temor. Si se siente usted intimidado o agobiado, esto influirá en su eficacia en el estudio. Avanzando rápida y eficientemente en una inspección general, puede usted averiguar que el material entra dentro de su capacidad de comprensión o que puede que tenga que tomar usted las medidas necesarias para conseguir más tiempo de estudio. Esto puede hacer del estudio una tarea más agradable.

Una inspección puede hacer que usted establezca comparaciones entre la información impresa y sus conocimientos previamente adquiridos. ¿Es esta información un campo totalmente nuevo para usted? ¿Exigirá que domine usted una nueva familia de términos? ¿Puede usted sacar a colación sus anteriores lecturas o experiencias para compreder de una manera más amplia lo que tiene frente a sí? Tener en cuenta los conocimientos presentes le permite tomar decisiones inteligentes acerca del establecimiento de finalidades y objetivos, y esto puede reducir la inquietud que le produzca la sesión de estudio.

Las inspecciones refinarán su finalidad y objetivos

Recuerde que los objetivos que se marcó deben estar siemrpe abiertos a un ajuste a medida que vaya usted familiarizándose con la información. Debe determinar sus objetivos a base de la cantidad de tiempo que piensa emplear en el material, o las palabras por minuto a las cuales piensa leerlo. Sea concreto al fijarlos, y comprométase a cumplirlos, porque, de lo contrario, se convertirán en parte de un ejercicio sin sentido. Una buena pauta para marcarse los objetivos de tiempo es recordar que una hora de estudio de cincuenta minutos es la manera más efectiva de organizar sus sesiones de estudio. Esto significa que usted estudia durante cincuenta minutos y después descansa durante diez minutos. No importa hasta dónde haya llegado en su estudio, usted tiene que separarse física y mentalmente del material.

Puede que haya ocasiones en las que quiera continuar después de los cincuenta minutos, porque se habrá entusiasmado con alguna parte en con creto de su lectura, pero descanse de todas formas. Volverá a retomar la lectura físicamente refrescado e incluso con más ganas de continuar. Aquellos de ustedes que encuentren que el leer/estudiar no es lo más emocionante que les puede pasar en la vida, encontrarán que la hora de cincuenta minutos es un tiempo bastante razonable para poder terminar con el material.

Comprobación de progresos 4

1. Una inspección le ofrece un _____ de la estructura y dificultad del material.
2. Cuando usted haga una inspección debe mirar:

    _____ a)   los encabezamientos en negrita;
    _____ b)   al suelo;
    _____ c)   los dibujos, gráficos, diagramas y listas;
    _____ d)   el texto principal.

3. ¿Por qué ahorra tiempo el hacer una inspección?
4. ¿Cómo puede reducir el temor una buena inspección?
5. ¿Cómo puede una buena inspección ayudarle a establecer los objetivos adecuados?
6. Se le recomienda que estudie durante _____ minutos, y que descanse durante _____ minutos.
7. Los objetivos del estudio pueden expresarse a base de:

    _____ a)   velocidad de lectura;
    _____ b)   tiempo empleado en el material.

Examen previo: La piedra angular para una mejor comprensión

El siguiente paso en el procedimiento de estudio es hacer un examen previo de su material. Hacer un examen previo significa avanzar a través del material a una velocidad de tres a cinco veces superior, aproximadamente, a su velocidad normal de lectura, para reunir las principales ideas que se presenten. El examen previo puede ser también el último paso que dé con el material, de acuerdo con su finalidad.

Su tarea, a medida que va haciendo el examen previo del material es identificar las área generales de información que contenga. También debe buscar los conceptos más importantes, las ideas y las palabras clave. Las palabras clave normalmente señalan relaciones, tiempo, causas, razones, condiciones o gradación. Por ejemplo, palabras de relación pueden ser «como resultado de lo cual...», «lo que es más», «en adición». Palabras de gradación pueden ser «nunca», «siempre», «extremadamente». Además, las palabras clave pueden señalar un cambio en la dirección o el enfoque del autor, con palabras del tipo de «en conclusión», «por otra parte», «por ejemplo». Todas estas claves dictan la cantidad de tiempo, esfuerzo y concentración que hace falta para dominar la información.

A medida que vaya haciendo el examen previo, también podrá descubrir que sólo ciertas secciones exigen una segunda lectura más cuidadosa, la lectura de estudio. Por tanto, la segunda tarea, a medida que vaya haciendo el examen previo, es identificar esas áreas especiales que merezcan una consideración ulterior.

Beneficios del examen previo

Hacer un examen previo es la fase de mayor importancia en el proceso de estudio, porque es la fase que demanda mayor actividad mental de todo el proceso. El proceso de pensamiento y de evaluación que representa el examen previo es la piedra angular para una comprensión mejor y para una lectura de estudio más eficiente. Por eso mismo, los resultados potenciales hacen que bien merezca la pena el tiempo empleado.

El examen previo sensibiliza su mente para recibir y organizar la información, y le muestra el esquema general. El examen previo le prepara para centrarse con prioridad en la información de importancia capital a la vez que elimina la información inútil. El hacer un examen previo le permite evaluar el material en los siguientes aspectos: ¿Cuánto tiempo de lectura? ¿Cuánta información se debe conseguir? ¿Cuánta información es esencial? ¿Qué nivel de comprensión se exige, y por lo tanto, qué técnicas se deben emplear para estudiar? Estas preguntas deben responderse en el examen previo y emplearse para una ulterior clarificación de su finalidad y objetivos. O puede usted tomarse el tiempo necesario para leer el artículo por completo para contestar a las preguntas anteriores y después hacer un plan para leer el texto de nuevo para comprenderlo bien. En cualquier caso, es extremadamente difícil leer para comprender bien *y* contestar a esas preguntas a la vez. Por lo tanto, los procesos de selección y previsión, en la forma de examen previo, le ayudan a ser un mejor lector.

Y lo que es más, el examen previo suministra otro importante ingrediente para su técnica de estudio: le ayuda a mantener una buena velocidad de lectura a lo largo del proceso de estudio.

¿Cómo hacer un examen previo?

A medida que vaya avanzando en el material a una velocidad de tres a cinco veces superior a su velocidad de lectura (el recorrido en «S» es de una utilidad excepcional), su atención se dirigirá de una manera natural a los encabezamientos en negrita. Estos encabezamientos pueden ayudarle a entender el desarrollo y la organización de las ideas. Pero tenga presente que muchos autores no tienen nada que ver con la decisión de colocar en un sitio o en otro esos encabezamientos. Por lo tanto, tiene usted que examinar cuidadosamente los párrafos que se encuentran bajo el encabezamiento para ver si puede asociar los párrafos bajo los encabezamientos.

Si no puede usted captar las ideas más importantes haciendo el examen previo del material de la manera anteriormente citada, entonces lea el primer y el último párrafo del capítulo o el artículo y emplee el recorrido en «S» para el resto de los párrafos. Si el material es excepcionalmente dificultoso, haga el examen previo leyendo la primera y la última frase de cada párrafo y ojeando el resto del párrafo, utilizando para ello el recorrido en «S». Guarde este tipo de examen previo para sus lecturas más dificultosas. La mayoría de nuestras necesidades de lectura se verán satisfechas con el primer método de realización de exámenes previos: avanzar en el material con el recorrido en «S» a una velocidad de tres a cinco veces superior a su velocidad de lectura de estudio.

La última tarea en su realización del examen previo es empezar a organizar sus notas. Incluso aunque no piense utilizar las notas más tarde, incorporar algún tipo de escritura a su procedimiento de lectura técnica fomenta en gran medida su comprensión. En primer lugar, usted se vincula de una manera más personal con la información, porque tiene que apuntar algo en un papel. En segundo lugar, usted evalúa lo que tiene la suficiente importancia para ser puesto por escrito, y lo que no la tiene y, por lo tanto, aumenta su conocimiento del material. Finalmente, la manera en que diseñe sus notas le ayudará a leer y a comprender, a retener y concentrarse más efectivamente. El método que se recomienda es dar a sus notas el formato de preguntas.

¿Por qué preguntas?

¡Las preguntas provocan las respuestas! Si alguna vez una pregunta estúpida le ha mantenido despierto toda la noche, hasta el punto de haber llamado a un amigo de Cáceres para conseguir la respuesta, en ese caso usted sabe de primera mano la acuciante necesidad humana de tener respuestas para las preguntas. Leyendo para contestar preguntas, emplea usted la necesidad humana de comprender. Como lector eficiente, debe usted aprender a formular las preguntas adecuadas. Formular las preguntas adecuadas excluye con facilidad la información supérflua. La mejor manera de plantear una pregunta es convertir en preguntas los encabezamientos en negrita del artículo o capítulo. Por ejemplo, las notas de este capítulo tendrían un aspecto parecido a la figura de la página siguiente.

Dése cuenta de que cada página de notas contiene sólo uno o dos encabezamientos convertidos en preguntas, y que deja un amplio margen a

Palabras clave	¿Qué es la comp. y cómo puede mejorarla?
	¿Qué velocidades y técnicas tengo a mi disposición para emplearlas?

Palabras clave	¿Cómo ha afectado mi educación temprana en la lectura a mi comp.?
	¿Cuál es la diferencia entre ficción y no-ficción?

Palabras clave	¿Cuáles son las seis fases para una mejor comp.?
	1 2 3

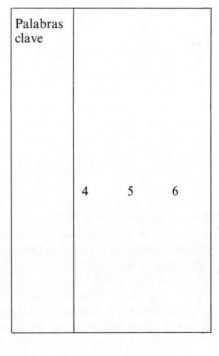

Palabras clave	
	4 5 6

la izquierda. Esto le brinda el principio adecuado para sus notas de lectura/estudio. Estas notas y todas las demás formas de información escrita se denominan *presentación visual de la información* (PVI). Deje al margen su PVI prefigurada hasta más tarde.

Comprobación de progresos 5

1. Aproximadamente, ¿a qué velocidad se hace el examen previo?
2. ¿Qué movimiento manual es bueno para hacer el examen previo?
3. ¿Qué busca usted cuando hace un examen previo?
4. Descubrir la estructura de la información al hacer el examen previo le permite:

    _____ *a)* prepararse para recibir y organizar la información;
    _____ *b)* centrar su atención en la información importante;
    _____ *c)* eliminar la información inútil;
    _____ *d)* mantener alta su velocidad;
    _____ *e)* comenzar un buen conjunto de notas;
    _____ *f)* todas las anteriores;
    _____ *g)* ninguna de las anteriores.

5. ¿Por qué debe dar a sus notas el formato de preguntas?

Lectura de estudio

Una vez que se ha terminado el examen previo, debe empezar usted su lectura de estudio. La fase de lectura de estudio debe realizarse con el Paso Básico. Su velocidad de lectura debe ser lo suficientemente rápida para evitar que el flujo de información se empantane y le obligue de esta manera, a perder la concentración; de todas formas, debe ser lo suficientemente lenta para permitirle satisfacer la finalidad que persiga con su lectura.

La lectura de estudio es la consideración deliberada y cuidadosa de todas las ideas, hechos y detalles pertinentes, de acuerdo con su finalidad. Las preguntas que formuló en su PVI son de importancia primordial, ahora que realiza usted una lectura de estudio. *Lea para responder a aquellas preguntas.* A medida que vaya encontrando las respuestas, convierta las palabras de la página en palabras propias de usted, indicando (de acuerdo con su finalidad) que está usted captando la información. Puede usted tomar notas mientras lee material muy difícil, o puede usted leer toda la sección y escribir después. Vuelva atrás y compárelas con las ideas más importantes que había usted identificado en su examen previo, para establecer una relación entre las ideas más importantes y los hechos y detalles que está leyendo ahora. Además, preste atención al «cómo y al por qué» de la relación entre los diversos hechos y detalles.

Cuando lea, tenga un lapicero en la mano para señalar los pasajes, las palabras o las frases importantes con una marca de control en el margen. Empleando un lapicero, usted puede marcarse el ritmo y señalar el libro de una manera eficiente.

Marcar es mejor que resaltar y subrayar

Muchas personas sienten el impulso de resaltar y/o subrayar a medida que van leyendo. Hay varios motivos por los que el resaltar y el subrayar son auténticas rémoras. Algunas personas van avanzando y emplean rotuladores amarillo fluorescente para resaltar lo que creen que son los puntos más importantes. Surge un problema en el hecho de que, después de haber concluido con el capítulo o selección, normalmente han resaltado demasiado porque no estaban en situación de evaluar lo que era importante y lo que no lo era, hasta que no hubiesen leído el fragmento por completo. No puede usted identificar lo que es importante en el contexto de un todo hasta que no haya leído el todo. Por consiguiente, la tentación es volver atrás y volver a resaltar las partes «realmente» importantes con otro color. Durante el análisis final, la tentación es emplear todavía otro color para identificar los puntos que deben ser estudiados o remarcados. Esto puede proseguir incansablemente hasta que una persona acabe con un libro de colorines realmente caro.

Otra trampa es que el hecho de subrayar deja la información en el libro, posponiendo, de hecho, la tarea de aprender. El lector se encuentra bajo una ilusión que puede conducirle a una empollada de última hora durante toda la noche o, lo que es peor, a tener poco, o no tener nada, que decir en la reunión de personal. A menos que quiera caer en la situación del libro de colores, no olvide que el subrayar da normalmente la misma importancia a todo lo que está subrayando, y éste no es el caso cuando lee información técnica. Usted tiende a ver sólo esas zonas resaltadas o subrayadas que pueden sacar de contexto pequeños fragmentos de información.

Lea con un lapicero

Recomendamos que marque su material de la siguiente manera. Durante la lectura inicial de estudio, emplee una marca de control (v) junto a cualquier porción de material que crea usted que es significativa. Cuando usted hace la lectura de estudio y marca los márgenes con un lapicero, está salvando las típicas trampas del resaltar y así podrá repasar algo más que líneas aisladas fuera de contexto. En ocasiones es necesario emplear algo más que marcas de control, sobre todo si tiene alguna duda sobre un punto en concreto. En esos casos resulta útil desarrollar un sencillo sistema de símbolos.

A continuación se expone un sistema de señalización para los márgenes de su material:

*	resumen
v	vocabulario nuevo importante
?	no entiendo
x	no estoy de acuerdo
#	cita

Utilice un sistema sencillo, o de lo contrario frustrará su finalidad porque más adelante tendrá usted que descifrar tanto su sistema de símbolos como el material. Además, dado que está usted controlando algunas zonas sólamente, es muy difícil llegar a confundirse pensando que ha aprendido el material, cosa que podría pasar en caso de que subrayase o resaltase.

Leer con un lapicero es un apoyo definitivo para leer y estudiar, siempre y cuando se haga de la manera adecuada. En vez de la ineficiente técnica de subrayar o resaltar, tiene usted ahora a su disposición una herramienta evaluativa para ayudarle a comprender los puntos y pasajes importantes de su material.

Comprobación de progresos 6

1. ¿A qué velocidad debe hacer la lectura de estudio?
2. ¿De qué manera debe incorporar las preguntas que ha formulado en sus notas a su lectura de estudio?
3. ¿Por qué motivos debe usted evitar el subrayar o el resaltar?
4. ¿Qué debe emplear en su sistema de marcado?

Releer/Remarcar

Otro aspecto activo del leer y estudiar entra en juego después de que haya usted concluido su lectura inicial de estudio. Vuelva ahora al principio de la selección y relea rápidamente toda la selección. Esta segunda lectura rápida sintetizará el material que usted ha dividido con su lectura de estudio.

Relea a una velocidad dos veces superior, aproximadamente, a la velocidad de lectura y estudio, *hasta* que llegue a una marca de control o a algún ótro símbolo. En este punto, determine, dentro de un contexto general, la importancia relativa de la marca. Relea cuidadosamente las zonas marcadas y tome las siguientes decisiones: ¿Tiene la zona marcada la importancia suficiente para merecer más de una señal de control o algún otro signo con que remarcar su importancia? Si es así, señálelo de la debida manera. Prosiga a lo largo del material, releyendo y examinando de nuevo hasta que haya completado toda la sección. Este paso es útil para unificar el material dentro de un cuadro general. También ayuda a verificar la información que ha aprendido usted y sirve de fortalecimiento de la información para evitar un olvido inmediato.

Presentación visual de la información (PVI)

De la misma manera que debe leer con un lapicero, también debe usted tomar notas durante sus sesiones de lectura y de estudio. Incluso aunque no esté usted en el colegio enfrentándose a los exámenes finales, tomar notas a la vez que lee será beneficioso para su comprensión y retentiva. El tomar notas le pone en una situación de responsabilidad hacia cualquier cosa que lea. Debe usted dar una respuesta inmediata al texto impreso en su interpretación de la información y la presentación de ésta en la otra página. Todavía más, las notas pueden identificar cualquier laguna que pudiera producirse mientras está usted estudiando el material. El particular estilo de tomar notas que se presenta aquí tiene además, la ventaja añadida de ser muy flexible. Puede usted crear en una presentación gráfica la estructura de la información de la misma forma en que se le va revelando mientras lee.

¿Por qué una PVI?

La PVI supone cuatro actividades que exigen de usted que observe la información desde una perspectiva diferente en cada ocasión.

Reducir/Decir de otra forma: Si es posible, ponga siempre la información en palabras propias de usted. Exprese la información de manera sucinta, y emplee abreviaturas siempre que le sea posible. (Vea la lista de posibles abreviaturas.) Reducir la información a los puntos más importantes de acuerdo con su finalidad también previene contra la tentación de reescribir la selección por completo. Tenga cuidado si se da cuenta de que sus notas son más largas que la lectura inicial. Esto indica que su comprensión del material fue deficiente, o que se encuentra usted a disgusto con el material. La mayoría de las personas que han de leer una sección muy difícil sienten la tentación de poner por escrito todo lo que leen, porque no entienden ni una palabra. Si éste es su caso, deténgase y reconsidere sus objetivos y finalidades, vuelva a examinar la lista de los factores que afectan a la comprensión de la página 93 o reajuste su velocidad y/o técnicas.

Ejemplos de símbolos técnicos

$+$ más, y, positivo

$-$ menos, negativo

$\times$ x algebraica, multiplicado por

$:$ dividido por

$\neq$ distinto

$\approx$ parecido, aproximado, aproximadamente igual

$>$ mayor que, en mayor medida, incrementado, creciente

$<$ menor que, reducido, decreciente

∞ seno, coseno

$\rightarrow$ tiende a un límite, tiende

$\geqslant$ mayor o igual que

$\leqslant$ menor o igual que

$\equiv$ idéntico a

$\propto$ directamente proporcional a...

$\therefore$ por lo tanto

$( )^{1/2}$ raíz cuadrada

$( )^{1/n}$ raíz enésima

vs versus, contra

$\doteqdot$ tierra

$\updownarrow$ vibración, movimiento

$\%$ por ciento

$\log$ logaritmo decimal

$\ln$ logaritmo natural

e base de logaritmo natural

π pi

$\angle$ ángulo

$\perp$ perpendicular a

$\parallel$ paralelo a

a^o a grados (ángulo)

a' a minutos (ángulo)

a'' a segundos (ángulo)

$\int$ integral, función de integración

f frecuencia

f_n frecuencia natural

cps ciclos por segundo

m masa

φ fase

F fuerza

$/$ ratio, ratio de

$\pitchfork$ base, soporte, monto, fundación

$\cap$ curva, curvilíneo

$\leftrightarrow$ varía, variación, área

Abreviaturas técnicas usuales

admón	administración	pd	post data
a.m.	antemeridiem	p.m.	post meridiem
ayte	ayudante	p.s.	post scriptum
coop	cooperativa	rel	relación
cte	constante	sign	significado
def	definición	sist	sistema
ltd	limitada	vg	verbi grati

Con mucha frecuencia se encuentran otros símbolos y abreviaturas, para muchos campos diferentes, técnicos y no técnicos, en las secciones especiales de los diccionarios enciclopédicos. Examínelas detenidamente la próxima vez que visite una biblioteca.

El sistema de escritura rápida más fácil de aprender

1. Símbolos. Los símbolos son de gran utilidad para los estudiantes de ingeniería y matemáticas.

   $\neq$ no es igual
   $f=$ frecuencia

2. Cree una familia de símbolos.

   ○ organismo
   ◉ individuo
   Ⓢ individuos

3. Omita los puntos en las abreviaturas tradicionales.

   cf   = confer (latín, comparar)
   eg   = exempli gratia (latín, por ejemplo)
   dept   = departamento
   CNY   = Ciudad de Nueva York

4. Emplee sólo la primera y la última sílaba de cada palabra.

   elto   = elemento
   advo   = administrativo
   ilmo   = ilustrísimo
   exmo   = excelentísimo

5. Emplee la primera sílaba entera de cada palabra y sólo la primera letra de la segunda sílaba.

   pol   = política
   dem   = democracia
   adj   = adjetivo
   pag   = página

6. Elimine las letras finales. Emplee sólo las necesarias del principio de la palabra para formar unidades reconocibles.

   quim   = química
   max   = máximo
   intro = introducción
   biol   = biología
   med   = medicina
   aut   = automático
   mov   = movimiento

7. Emplee la primera letra y la última sílaba de cada palabra.

   jca   = jurídica
   sdad   = sociedad
   eca   = económica
   hca   = histórica

8. Forme el plural de la palabra simbolizada o de la palabra abreviada añadiendo una «s».

    pags = páginas
    arts = artículos
    caps = capítulos

9. Emplee una línea para representar los finales en «mente».

    rápida_____   = rápidamente
    completa_____   = completamente
    efectiva_____   = efectivamente
    vulgar_____   = vulgarmente
    jca_____   = jurídicamente

10. Emplee un punto para representar relación.

    $\dot{f}$= relación de frecuencia.

11. Las palabras cortas, por lo general, se deben escribir completas. Los símbolos, signos o abreviaturas para las palabras cortas harían que las notas tuvieran demasiada densidad de «taquigrafía».

    a   sin
    en   con
    eje   de
    que   y
    por   ni

12. Omita los verbos poco importantes.
    fue   vino   es ...

13. Omita los artículos.
    el   la   un...

14. Omita las vocales del medio de la palabra y deje sólo las consonantes necesarias para conformar un esqueleto reconocible de la palabra.

    rgtro   = registro
    rgmto   = reglamento
    rtdo   = resultado
    rptdo   = representado
    dmte   = demandante

15. Si un término, o un nombre o frase es escrito por completo al inicio de la lectura, las iniciales pueden sustituirlo siempre que el término, frase o nombre se emplee de nuevo.

    Al inicio de la lectura: «... el movimiento comunero, encabezado por Bravo, Padilla y Maldonado...»
    En lo sucesivo: «...BPM...»

16. Emplee símbolos para las palabras de conjunción o de transición que sean frecuentemente repetidas.

vs = contra
s/t = sobre todo
tp = tampoco
tb = también
dd = desde

Usted todavía tiene por emplear ese gran margen en el lado izquierdo de su página. Después de que tenga usted la impresión de que sus notas de lectura están completas, acaso al finalizar una lectura o una reunión, tómese unos pocos minutos y emplee ese margen para asegurarse de que recuerda la información y para examinarse a sí mismo sobre sus puntos claves.

Ventajas

1. Controlar la infción.

2. Eficiente.

3. Promociona el proceso de aprendizaje.

Registro de notas

1. Emplear la PVI.
2. Modificar los modelos.

3. Extractar las ideas prales.

4. Emplear abrevs. y frags.

Resumir notas

1. Corregir puntos incompletos

Tres ventajas

1. *Método para controlar la información,* no sólo para registrar pasajes.

2. *Nota clave = eficiencia,* no volver a mecanografiar/escribir.

3. Cada paso prepara el camino para la siguiente fase del proceso de aprendizaje.

Registro de notas durante la clase.

1. *Emplear los esquemas.*
2. *No forzar el sistema PVI,* dejar que sea la información la que dicte el esquema que se ha de emplear.

3. *Esforzarse por extractar las principales ideas,* los hechos, detalles, los ejemplos importan, pero sólo dicen algo con conceptos.

4. *Emplear abreviaturas y fragmentos* para conseguir tiempo extra de escritura y escucha.

Resumir notas después de clase

1. *Examinar/corregir puntos incompletos:*
   — fechas indefinidas, términos, nombres (registrados sin clarificación).
   — notas que son muy breves para recordarlas meses después.

Ventajas

2. Subrayar dentro de círculos.

3. Escribir pistas de recdo.

Tres ventajas

2. Leer las notas y *subrayar/rodear con círculos las palabras y frases clave.*

3. Leer las palabras subrayadas/rodeadas y *escribir pistas de recuerdo en la columna de la izquierda* (palabras clave y frases muy breves que evoquen ideas/hechos que se encuentran en el lado derecho).

Notas de estudio

1. Recitar/verificar.

Tres formas de notas de estudio

1. Cubrir la parte derecha de la página. *Leer las pistas. Recitar* las ideas/hechos tan completamente como me sea posible.
Descubrir la hoja y *verificar* frecuentemente lo que recordaba (medio de aprendizaje sencillo y muy poderoso).

2. Reflexionar sobre la organización:
— pistas = organización
— siguen las percepciones internas.
— clave para la memoria.

2. *Reflexionar sobre la organización* de todas las PVIs.
Traslapar las hojas y *leer sólo las pistas de recuerdo.* Estudiar la progresión de la información. Esto estimulará las categorías, las relaciones, las deducciones, las opiniones y experiencias personales. Registrar todas estas percepciones internas.

3. Revisar.

3. *Revisar a base de recitar/verificar, reflexionar y leer las percepciones.*

Resumen

1. Registrar.

2. Reducir.

3. Recitar/verificar.

4. Reflexionar.

5. Revisar.

El sistema resumido

1. *Registrar* las lecturas en la columna principal.

2. *Reducir* las lecturas con correcciones, subrayados y pistas de recuerdo.

3. *Recitar* cubriendo la columna principal y valiéndose de las pistas de recuerdo. Después verificar.

4. *Reflexionar* sobre la organización, estudiando todas las pistas.

5. *Revisar* repitiendo el recitado/verificado y la frase de reflexión.

Revisión. Esto significa revisar sus notas subrayando los puntos, frases o palabras clave de cada PVI. Puede que haya uno o varios, pero su trabajo es identificarlos y subrayarlos. Después de que haya acabado de subrayarlos, cópielos en el margen del lado izquierdo. En este momento tiene usted en el margen de la izquierda una representación muy buena de la organización conceptual del material. Esta actividad también puede revelar algunas imperfecciones en su técnica de toma de notas, en el caso de que no pueda identificar algunas ideas importantes o frases clave. Si no hay ninguna que resalte a simple vista, deduzca de la información del lado derecho cuáles eran exactamente esos puntos, puesto que en caso contrario, usted sólo tendrá un conglomerado de información sin interrelaciones aparentes.

Cuando llegue el momento de revisar, cubra la parte izquierda de sus notas y examínese a usted mismo respecto a la manera en que se interrelacionan las ideas principales, mirando los datos de apoyo en el texto principal. Inversamente, puede usted cubrir la parte derecha y mirar los puntos más importantes, para ver si puede recordar los datos de apoyo.

Otro empleo del margen izquierdo es dejarlo abierto y hacer en él sus notas de clase. Esta técnica es especialmente interesante si usted ha leído la lectura asignada y quiere comprobar si el profesor/instructor se desvía mucho o se desvía poco del texto. Mire las páginas 113 y 114 en busca de ejemplos.

Reorganización. Puede que descubra, a medida que vaya adquiriendo un entendimiento más completo de la información, que su PVI puede necesitar alguna revisión en lo referente a la estructura y por lo tanto al énfasis. Además, después de haber finalizado por completo la sección, puede que necesite hacer una PVI general de sólo los puntos más importantes para tener una representación visual de esos puntos en una hoja de papel. Vea la PVI general del procedimiento de estudio al final del capítulo. La reorganización de sus notas hace que asimile la información de manera más personal. Está usted interpretando la información, lo que es un excelente método para integrar la información en su depósito práctico de conocimientos y para asegurarse de que retendrá la información para un posterior empleo.

La forma de la PVI puede modificarse de acuerdo con la cantidad y el tipo de información que esté usted estudiando. De hecho, debe usted cambiar la forma de la PVI para que, en posteriores sesiones de repaso, una rápida ojeada al tipo de PVI le dé una excelente herramienta para la asociación con otras piezas de información.

El modelo clásico de PVI que se muestra debajo se denomina «el hueso de perro» y consiste en una línea recta con el punto o idea principal en la línea horizontal. Las otras líneas son para datos de apoyo, los subpuntos

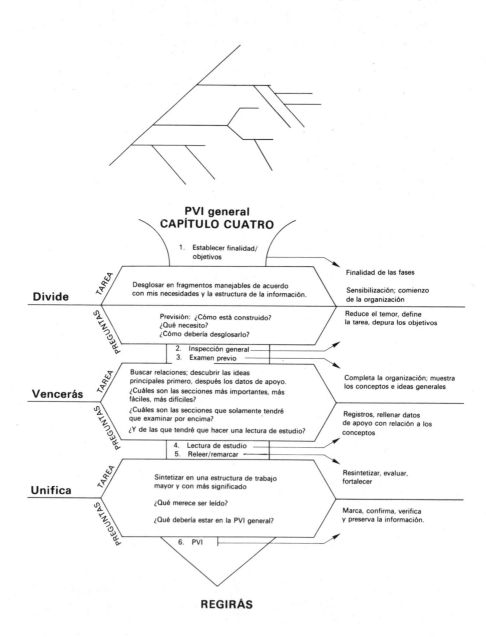

que se engloban en el punto principal. Emplee muchas o pocas líneas, tantas como necesite, de acuerdo con la forma en que se desarrolle la información. Lo más importante es que está usted nuevamente en una posición de toma de decisiones, en lo que se refiere a la dirección que tomará la siguiente línea. Esto es, de hecho, una decisión sobre cómo se relacionan los puntos importantes y los no importantes.

La manera tradicional de esbozar es una forma de tomar notas, pero el esbozar también es, normalmente, un proceso de toma de datos muy limitado. La mayoría de las personas se preocupan de la forma de esbozar, en lugar de hacerlo con la información que se les revela a medida que van leyendo. Lo bueno del «hueso de perro» es que puede acomodarse a cualquier tipo de información con la que se enfrente, desde un material técnico altamente estructurado a un material muy informal.

A continuación hay algunas otras opciones para una PVI, de acuerdo con el tipo de información que esté empleando. La estructura de la PVI puede ser tan variada como los tipos de información que describe. Le animamos a que cree sus propios esquemas con sus materiales en particular.

Comprobación de progresos 7

1. La relectura se hace para:

    _____ a)   Divertirse;
    _____ b)   Sintetizar la información;
    _____ c)   Comprobar si ha aprendido algo.

2. ¿Cuáles son las opciones que tiene cuando llega en su relectura a una marca de control?

    _____ a)   Borrarla;
    _____ b)   Dejarla en paz;
    _____ c)   Añadir otra.

3. ¿Por qué debe usted evitar el subrayar y resaltar?

    _____ a)   En su lectura inicial, usted no está en situación de evaluar lo que tiene que subrayar;
    _____ b)   Resaltar o subrayar postpone su aprendizaje de la información;
    _____ c)   Ninguna de las anteriores.

4. ¿Por qué debe usted tomar algún tipo de notas cuando haga lectura de estudio?

    _____ a)   Tomar notas le pone en una situación de responsabilidad con respecto a la información;

_____ *b*) Tomar notas exige una respuesta inmediata y personal a la información;

_____ *c*) Tomar notas puede identificar alguna laguna en su aprendizaje;

_____ *d*) Tomar notas ofrece un registro permanente de la información;

_____ *e*) Todas las de arriba.

_____ *f*) Ninguna de las de arriba.

5. «Reducir y escribir de otra forma» ¿Qué significa a efectos de tomar notas?

6. ¿Qué hace con el margen izquierdo de sus notas?

Lectura técnica en varios formatos

A pesar de que el procedimiento completo de estudio puede ser necesario para algún tipo de material, en la mayoría de los casos tendrá usted que aplicar selectivamente los pasos de acuerdo con la estructura del material y sus necesidades de lectura. Sean cuales sean sus necesidades y su estructura, es de importancia vital que disponga usted de un método coherente para absorber la información. A continuación hay algunas sugerencias para aplicar las técnicas de estudio DV/UR (divide y vencerás/unifica y regirás) a varios formatos.

Periódicos. Hay tres clases fundamentales de artículos: noticias, artículos de actualidad y comentarios. La estructura de los artículos es la de una pirámide invertida; la información más importante aparecerá en los párrafos iniciales. Lea rápidamente los primeros párrafos y, si tiene tiempo, recoja información secundaria del resto del artículo.

Correspondencia/circulares. El formato de la correspondencia y las circulares admite una gran variedad y la calidad de su redacción es tan desigual que es mejor hacer un examen previo de toda la pieza y señalar los puntos más importantes del texto. A la vez que señala los puntos más importantes, puede usted escribir el tipo de respuesta o actividad de seguimiento que se exige. Puede usted leer y marcar si hay procedimientos señalados. Una breve PVI en la parte inferior le ahorrará tiempo, si necesita usted hacer cualquier tipo de seguimiento.

Revistas. Inspeccione toda la revista y señale aquellas selecciones en las que desee emplear más tiempo. En cada selección lea los resúmenes o los párrafos iniciales y finales. Identifique aquellas selecciones que necesitarán una lectura de estudio y reparta su tiempo como proceda.

Informes. La organización de los informes es tan variada como las materias de que tratan. En primer lugar, inspecciónelos para ver cómo están organizados. Algunos informes presentan una gran cantidad de material de apoyo que puede, o no, suponer una pérdida de tiempo. En segundo lugar, a medida que considere cada informe, mire el tema, el alcance, el desarrollo y la conclusión leyendo el sumario o los resúmenes. Después, mire la tabla de contenidos y los apéndices. Lea las conclusiones. Si necesita hacer una lectura más en profundidad, haga un examen previo del artículo, marcando selectivamente los pasajes que tal vez necesiten una lectura de estudio. Una PVI grapada al informe puede ahorrarle tiempo y esfuerzo.

Conclusión

El procedimiento de estudio puede parecer molesto al principio, pero usted apreciará pronto la eficacia del método, una vez que se haya familiarizado con los pasos señalados en la «Sesión de prácticas para esta semana». Al principio de la semana, el procedimiento de estudio estará constantemente dando vueltas en su cabeza, pero con un poco de práctica, los pasos adquieren utilidad rápidamente. Este enfoque en el procedimiento de estudio, en vez de en el contenido del material, no le permite mantener su atención completamente centrada en el material que está tratando de leer y estudiar. Con mucha frecuencia el proceso eclipsa al contenido; pero, con la práctica, el método se convertirá en parte integrante de su repertorio de aprendizaje. Una vez que adquiera confianza con todo el método, tal vez compruebe usted que le conviene afinar el encaje de los pasos de acuerdo con sus materiales y finalidades.

Aprender es un método lógico, sistemático y flexible de adquirir información, que le brinda los medios para obtener un depósito ilimitado de conocimientos. No hay ningún secreto en adquirirla de una manera agradable, eficiente e interesante. Simplemente requiere comprensión, motivación y práctica para convertirse en un lector/estudiante de primera clase.

Las técnicas de comprensión que han sido expuestas en este capítulo deben ser verificadas contrastándolas con su propia experiencia de lectura. Superarán cualquier prueba de aplicación y le brindarán una herramienta muy eficaz, si está usted deseoso de invertir tiempo y esfuerzo en pulir las técnicas que se presentan en este capítulo.

Sesión de prácticas del capítulo 4 para esta semana:

1. Emplee la mano en todo lo que lea.
2. Practique una hora cada día, por lo menos.
3. Márquese un objetivo para la semana y comprométase a alcanzarlo: mínimo setecientas cincuenta palabras por minuto.

Antes de empezar con esta práctica, recuerde que tiene que domar el libro y practicar el paso de hojas durante unos pocos minutos.

Práctica:

1. Inspeccione y delimite una sección de tres mil palabras. Determine cuál es su finalidad.

    a) Objetivos de tiempo/velocidad.
    b) La mejor comprensión posible.

2. Haga un examen previo en un minuto y medio, empleando el recorrido en «S». Estructure una PVI.
3. Lea la sección en un máximo de cuatro minutos. Haga una PVI. Calcule sus palabras por minuto y rodee este número con un círculo. Añada más cosas a la PVI.
4. Relea/remarque.
5. Añada más cosas a la PVI.

Repita estas prácticas con nuevas secciones al menos durante cincuenta minutos todos los días, a lo largo de seis días.

Práctica de lectura de memorandos

Haga un examen previo de las siguientes cartas utilizando el recorrido en «S». Señale en el margen los puntos importantes o aquellos otros que requerirán una ulterior lectura de estudio. Rodee con un círculo cualquier cosa a la que deba responder o sobre la que tenga que actuar. En la parte de abajo de cada una, realice una breve PVI para una futura consulta.

MEGA-BUCKS, INC.
2895 S. Highland Avenue
Norbeck, CA 92003

MEMORANDO INTERNO

A: Todos los supervisores.
DE: Patsy Rowe, Coordinadora de Aparcamientos.
ASUNTO: Reforma del edificio de aparcamientos.

Debido a las obras de reforma de la segunda planta de aparcamientos, desde el jueves 12 de octubre, los siguientes empleados tendrán una diferente plaza de aparcamiento:

Vince Benfante	Sara Johnson
Nancy Bodwell	Doris Marshall
Kirk Brown	Fran McCagg
Betty Brutton	Kris Parrot
John Clancy	Connie Rief
Myrtle Deakins	Kay Rivers
Gary Felt	Toni Rodríguez
Mike Homcomb	John Sargent
Casey Johnson	Penny Taylor
Dalene Johnson	

Sírvanse comunicar a los empleados arriba citados que deberán aparcar en la planta séptima del edificio de aparcamientos en lugar de hacerlo en la segunda. Se espera que la situación dure cuatro semanas, aproximadamente. Ulteriores noticias les mantendrán informados de cualquier cambio.

Gracias por su colaboración.

A: Bob Sereno
De: Linda Hess, presidenta
    Obfuscation, Ltd.
Asunto: MEGA-BUCKS, Inc.

Con el ruego de que lo examine, le hemos enviado el diseño del siguiente programa. Le quedaríamos muy reconocidos si nos hiciera ver su opinión actual al respecto, ya que por nuestra parte le estamos prestando una consideración más positiva para el próximo año, y apreciaríamos sus comentarios respecto a la eficacia de su presencia en la convención.

Si decidimos activar el proyecto, se lo notificaríamos en el momento oportuno, tras haber reunido los resultados de la investigación y haber perfilado un plan de producción que se adecúe al proyecto global a que está comprometida la empresa.

MEGA-BUCKS, INC.
2895 S. Highland Avenue
Norbeck, CA 92003

Estimados Sres.:

Se ha programado un «Plan semanal de reducción de peso» para los empleados que estén interesados. Comenzará en MEGA-BUCKS el lunes 22 de enero a las 5,30 de la tarde, en el Salón de Actos de la quinta planta del Edificio Cooper.

Este plan de reducción de peso está pensado para ayudar a los empleados a perder peso mediante una dieta sana y equilibrada.

La primera reunión durará una hora y media y las reuniones subsiguientes serán de 30 minutos. El plan se presentará si acuden a la primera reunión un mínimo de 25 empleados. Los materiales de motivación y de enseñanza se repartirán cada semana y están incluidos en el curso privado.

La tasa de matrícula es de cinco dólares y la asistencia a cada reunión cuesta un dólar. Cualquiera que desee más información sobre el plan puede conseguirla poniéndose en contacto con Anna Banana, extensión 7616. La señorita Banana también atenderá a aquellas personas que necesiten concertar el uso conjunto de coches.

MEGA-BUCKS, INC.
2895 S. Highland Avenue
Norbeck, CA 92003

A: X. O. Verissi
DE: Bill Overdew
ASUNTO: Comentarios a su visita a fábrica

Quedamos muy satisfechos de su visita a nuestras instalaciones al tiempo que deseosos de haber podido dedicar más tiempo a comentar con mayor amplitud de detalles el proyecto de empleo flexible. Acaso podamos hacerlo cuando nos volvamos a encontrar en agosto, época en la que podremos contar con más personal para que participe en las conversaciones.

Tal como mencionamos en las últimas que hemos mantenido, sería una buena ayuda para nuestros departamentos de ventas y de promoción aquí en Chicago, si en algún momento del próximo trimestre, se pudiese impartir un cursillo de formación sobre las últimas técnicas para la aplicación de las nuevas disposiciones federales que, según parece, nos tienen abrumados a cuenta del papeleo que originan. Tal vez sus especialistas puedan preparar un cursillo de unos tres o cuatro días que se ajuste a las necesidades específicas de nuestros departamentos. Estoy seguro de que todos ellos recibirán de buen grado esta idea y de que, con la experta asesoría de ustedes, harán grandes progresos con este cursillo.

Por favor, póngase en contacto con nuestra directora de ventas y promoción cuando pueda y acuerde con ella condiciones, lugar y fecha. Su nombre es Suzanna Johnson y su extensión la 5705. Ha sido informada de las actividades que llevan ustedes a cabo y ayudará gustosa a su empresa en todo aquello que esté en su mano.

Agradecemos una vez más su interesante aportación en lo que se refiere a nuestro nuevo plan de contratación y esperamos tener el gusto de saludarle personalmente en breve.

MEGA-BUCKS, INC.
2895 S. Highland Avenue
Norbeck, CA 92003

A QUIEN CORRESPONDA:

Hemos recibido una solicitud de préstamo del empleado de ustedes que indicamos más abajo. Agradeceríamos que fuese tan amable de ratificar la información. Firme la declaración y añada cualquier comentario que desee hacer al respecto.

Atentamente,

Donald Frey
Apoderado de Préstamos

Nombre del empleado: Alvin B. Smith
Puesto: Supervisor de Compras
Años de servicio en la empresa: 7
Ingresos anuales: 35.700 dólares

Certifico que estos datos son ciertos. _____

MEGA-BUCKS, INC.
2895 S. Highland Avenue
Norbeck, CA 9200

MEMORANDO INTERNO

A: Mary Jackson

De: Wes Barker

Asunto: Producción

Acaban de publicarse los informes de producción del año pasado y no puedo dejar de expresarle lo complacidos que estamos con las mejoras que ha experimentado su departamento. Durante mucho tiempo hemos experimentado en MEGA-BUCKS la necesidad acuciante de una mayor productividad y ustedes han sabido dar la respuesta adecuada a esa necesidad de la empresa, a cuyo crecimiento y liderazgo en el sector han contribuido de manera tan notable. Razón de más para mirar con optimismo hacia el futuro y determinar las expectativas de crecimiento para el próximo trimestre. Veamos qué podemos hacer para conseguir que su destacado palmarés sea aún más brillante y fomentar el notable crecimiento de la empresa. ¿Qué le parece un millón de unidades para el próximo trimestre?

Selección de lectura

Hay un total de 5.667 palabras en el siguiente artículo. Use el procedimiento de estudio para leerlo con buena comprensión. Determine sus propios objetivos de tiempo y velocidad.

La decisión efectiva

Peter Drucker

La toma de decisiones está íntimamente relacionada con la resolución de problemas. La diferencia esencial es que quien resuelve problemas busca la respuesta «adecuada», mientras que quien toma decisiones tiene que elegir, de entre varias respuestas «adecuadas», aquélla que la organización pondrá en práctica. La responsabilidad de la toma de decisiones corresponde, desde luego, a la dirección. Pero las técnicas de toma de decisiones son también importantes para los ingenieros, técnicos y científicos que deben trabajar en la resolución de problemas, pero no tienen responsabilidades de dirección. Como observa Peter Drucker, una decisión adoptada por la dirección solamente tiene posibilidades de alcanzar el éxito si existe cooperación entre todos los que deben trabajar para llevarla a la práctica, incluyendo tanto a los directivos como a los no directivos. A pesar de que sea una sola persona la que al final tenga que tomar la decisión, él o ella necesitan críticas constructivas y sugerencias de sus iguales o de sus subordinados. Es más fácil que el necesario apoyo, cooperación y críticas constructivas surjan cuando el personal clave entiende que la toma de decisiones es un proceso colectivo, no un capricho del jefe. La toma de decisiones «moviliza la visión, energías y recursos de la organización en pos de una actuación efectiva», en la medida en que se la considere un proceso colectivo.

En esta selección, Peter Drucker aborda algunos enfoques específicos para la toma de decisiones.

¿Hechos u opiniones?

Una decisión es un juicio. Es una elección entre alternativas. Raramente es una elección entre algo correcto y algo erróneo. En el mejor de los casos es una elección entre «casi correcto» y «probablemente erróneo», pero con mucha más frecuencia es una elección entre dos vías de actuación, ninguna de las cuales estará probablemente más cercana a la verdad que la otra.

La mayoría de los libros dedicados al tema de la toma de decisiones dicen al lector: «En primer lugar, averigüe los hechos». Pero los directivos que toman las decisiones efectivas saben que uno no empieza con hechos. Uno empieza con opiniones. Desde luego, éstas no son más que hipótesis sin probar y, como tales, inútiles a menos que sean comprobadas en la realidad. Determinar qué es un hecho, requiere en primer lugar, una decisión sobre los criterios pertinentes, especialmente en lo referente a la dimensión adecuada. Este es el punto sobre el que gira la decisión efectiva, y normalmente es su aspecto más controvertido.

Pero, además, la decisión efectiva no fluye, como proclaman tantos tests sobre toma de decisiones, de un «consenso sobre los hechos». El entendimiento que subyace en la decisión idónea surge del choque y del conflicto de opiniones divergentes y de la seria consideración de alternativas que compitan entre sí.

Conseguir primero los hechos es imposible. No hay hechos a menos que uno tenga un criterio de relevancia. Los eventos, por sí mismos, no son hechos.

Solamente partiendo de opiniones puede el que toma decisiones averiguar de qué trata la decisión. Desde luego, la gente difiere en las respuestas que da. Pero la mayoría de las diferencias de opinión reflejan una diferencia subyacente —y muchas veces oculta— acerca de lo que trata la decisión realmente. Reflejan una diferencia relativa a la pregunta que tiene que ser respondida. Por lo tanto, identificar las preguntas alternativas es el primer paso para tomar decisiones efectivas.

Inversamente, hay pocas cosas tan inútiles —y tan dañinas— como una respuesta adecuada a una pregunta errónea.

La persona que toma las decisiones de manera efectiva también sabe que, de cualquier manera, él parte de opiniones. La única opción que tiene está entre emplear las opiniones como un factor productivo en el proceso de toma de decisiones o engañarse a sí mismo con una falsa objetividad. La gente no arranca con la búsqueda de hechos. Arrancan con una opinión. No hay nada malo en ello. Es lógico esperar que las personas experimentadas en un campo tengan una opinión. No tener una opinión después de haber estado inmerso en un campo durante un tiempo bastante prolongado podría indicar un ojo poco observador y una mente perezosa.

La gente arranca inevitablemente con una opinión; pedirles que empiecen primero por la búsqueda de unos hechos es, incluso, indeseable. Se limitarían a hacer sencillamente lo que en cualquier caso todo el mundo es muy propenso a hacer: buscar los hechos que se acomoden a las conclusiones a que hubieran llegado previamente. Y nadie ha fallado nunca en su búsqueda de los hechos que estaba buscando. El buen estadístico sabe esto, y desconfía de todos los números, tanto si conoce a la persona que los calculó como si no la conoce; en ambos casos recela.

El único método riguroso, el único que nos capacita para probar una opinión en contraste con la realidad está basado en el reconocimiento expreso de que las opiniones ocupan el primer lugar, y que ésa es la manera en que tiene que ser. Por tanto, nadie puede dejar de ver que arrancamos de unas hipótesis sin demostrar, único punto de partida, tanto en la toma de decisiones como en la ciencia. Ya sabemos lo que se debe hacer con las hipótesis. Uno no las discute; uno las pone a prueba. Uno averigua qué hipótesis son defendibles, y, por tanto, merecen una consideración cuidadosa y cuáles se eliminan tras la primera prueba frente a la experiencia observable.

La persona que toma decisiones de manera eficaz, por tanto, fomenta las opiniones. Pero insiste en que quienes las emitan piensen con toda lógica lo que el «experimento» —esto es, la comparación de la opinión con la realidad— tendrá que demostrar. Por tanto, el ejecutivo eficiente pregunta: «¿Cómo tendrían que ser los hechos para hacer que esta opinión se tenga en pie?», «¿qué tenemos que saber para probar la validez de esta hipótesis?». Y convierte en un hábito —para él mismo y para la gente con la que trabaja— llegar a sus conclusiones pensando con lógica para luego exponer lo que se tiene que analizar, estudiar y examinar. Insiste en que quienes expresen una opinión también asuman la responsabilidad de definir qué conclusiones objetivas pueden esperarse y deben perseguirse.

Tal vez la pregunta crucial acerca de esto sea: «¿Cuál es la dimensión apropiada para la materia que se está discutiendo y para la decisión que se debe alcanzar?». Siempre que uno analiza la manera en que se alcanzó una decisión realmente efectiva, realmente adecuada, averigua que se tuvo que emplear una gran cantidad de trabajo y de pensamiento en averiguar la dimensión adecuada.

La necesidad de disentimiento y de alternativas

Quien no haya tenido en cuenta las alternativas, tiene una mente cerrada. Esto, por encima de todo, explica por qué los japoneses no hacen caso, deliberadamente, de la segunda instrucción más importante de los libros de texto sobre la toma de decisiones, y generan sentimientos y discusiones como medio de lograr el consenso.

Las decisiones del tipo de las que tiene que tomar el ejecutivo no están bien tomadas si se toman por aclamación. Sólo están bien tomadas si están basadas en el choque de puntos de vista encontrados, el diálogo entre los diferentes puntos de vista, la elección entre diferentes juicios. La primera regla en la toma de decisiones es que uno no toma una decisión a no ser que exista desacuerdo.

Se dice que Alfred Sloan, Jr., dijo en una reunión de un alto comité de GM: «Caballeros, tengo la impresión de que estamos todos completamente de acuerdo sobre la decisión que hemos de tomar». Todos los que se encontraban alrededor de la mesa movieron afirmativamente la cabeza. «En ese caso», prosiguió el señor Sloan, «propongo que se posponga la ulterior discusión de este asunto hasta nuestra próxima reunión, para darnos tiempo de generar algún desacuerdo y tal vez conseguir una mejor comprensión de lo que representa nuestra decisión.»

Sloan no era, bajo ningún punto de vista, una persona que tomase las decisiones intuitivamente. Siempre enfatizó la necesidad de contrastar las opiniones con los hechos y la necesidad de asegurarse absolutamente de que no partía de una conclusión y buscaba después los hechos que pudieran soportarla. Pero él sabía que la decisión adecuada exigía un desacuerdo adecuado.

Todos y cada uno de los presidentes efectivos de la historia norteamericana han tenido su propio método de conseguir el desacuerdo que necesitaban para tomar una decisión efectiva. Sabemos que Washington odiaba los conflictos y las disputas y quería un gabinete unido. Pero aun así, se aseguraba de las necesarias diferencias de opiniones en las materias importantes preguntando tanto a Hamilton como a Jefferson por sus opiniones.

Hay tres razones por las que se necesita un disentimiento. En primer lugar, salvaguarda a la persona que tiene que tomar las decisiones de convertirse en prisionero de la organización. Todo el mundo quiere conseguir siempre algo del que toma las decisiones. Todo el mundo pide algo especial, tratando —casi siempre de buena fe— de obtener una decisión a su favor. Esto es tan cierto cuando el que toma la decisión es el presidente de Estados Unidos como cuando se trata del ingeniero más novato que trabaja en la modificación de un diseño.

La única manera de librarse de la prisión de las peticiones especiales y de las nociones preconcebidas, es asegurarse de que haya desacuerdos razonados, documentados y que lleven sus conclusiones hasta el final.

En segundo lugar, sólo el desacuerdo puede aportar alternativas a una decisión. Y una decisión sin una alternativa es una jugada hecha al azar, a la desesperada, y no importa con cuánto cuidado se haya podido meditar. Siempre existen muchas probabilidades de que la decisión resulte errónea: ya sea porque fue errónea desde un principio o porque un cambio en las circunstancias la hizo inadecuada. Si uno ha pensado con todo detenimiento en las alternativas durante el proceso de toma de decisiones, uno tiene algo a lo que recurrir, algo que ya ha sido pensado con toda lógica, estudiado y comprendido. Sin dicha alternativa, es probable que uno se quede fatalmente sin saber qué hacer cuando la realidad demuestre que una decisión no es operativa.

Tanto el Plan Schlieffen del ejército alemán de 1914 como el programa económico original del presidente Franklin D. Roosevelt de 1933 fueron refutados por los hechos en el mismo momento en que tenían que haber tenido efecto.

El ejército alemán nunca se recuperó. Nunca había formulado otro concepto estratégico. Vagó de una improvisación mal concebida a la siguiente. Pero esto era inevitable. Durante veinticinco años no se habían tenido en cuenta, por parte del Estado Mayor, alternativas al Plan Schlieffen. Todas sus capacidades se habían dirigido a trabajar en los detalles de este plan director. Cuando el plan saltó en pedazos, nadie tenía una alternativa a la que recurrir. Por lo tanto, todo lo que los generales alemanes podían hacer era seguir adelante con un juego en el que tenían en contra todas las probabilidades.

Por el contrario, el presidente Roosevelt, que en los meses anteriores a su toma de posesión había basado toda su campaña en el eslogan de la ortodoxia económica, tenía un equipo de gente capacitada, el posterior grupo de «las Eminencias Grises», trabajando en una alternativa, una política radical basada en las propuestas de los antiguos progresistas, que apuntaban a una reforma a gran escala de la economía y la sociedad. Cuando el colapso del sistema bancario dejó claro que la ortodoxia económica se había convertido en un suicidio político, Roosevelt tenía preparada su alternativa. Por lo tanto, él sí que tenía una política.

Sobre todo, el desacuerdo es necesario para estimular la imaginación. Uno puede no necesitar la imaginación para encontrar *la única solución* adecuada a un problema. Pero eso solamente es aplicable a las matemáticas. En todos los asuntos de auténtica incertidumbre como los que debe afrontar el ejecutivo —tanto si su esfera es política, económica, social o militar— uno necesita soluciones creativas con las que crear una nueva situación. Y esto significa que uno necesita imaginación, una nueva y distinta forma de percibir y de comprender.

Admito que una imaginación de primer orden no es un material abundante. Pero tampoco es tan escasa como normalmente se cree. Sin embargo, la imaginación necesita que se la exija y se la estimule, porque si no se quedará sin usar, en estado latente. El desacuerdo, especialmente si se fuerza para que sea razonado, pensado con toda lógica y documentado, es el estímulo más efectivo que conocemos.

La persona que toma decisiones de manera efectiva, por lo tanto, organiza disentimientos. Esto le protege de ser capturado por argumentos plausibles, pero falsos o incompletos. Le da alternativas de manera que pueda elegir y tomar una decisión pero también le permite asegurarse de que no está perdido entre la niebla cuando su decisión demuestra ser deficiente o errónea en su ejecución. Y fuerza la imaginación; la suya propia y la de sus asociados. El disentimiento convierte la decisión plausible en adecuada, y la adecuada en la decisión idónea.

La trampa de «tener razón»

La persona que toma decisiones de una manera efectiva no parte de la convicción de que una vía de actuación propuesta es la adecuada y que todas las demás deben ser erróneas. Tampoco empieza con la convicción de que: «Yo tengo razón y el otro está equivocado». Parte con el compromiso de averiguar por qué no está de acuerdo la gente.

Los ejecutivos efectivos saben, desde luego, que hay muchos necios y muchos enredadores en este mundo. Pero esto no les lleva a concluir que el hombre que no está de acuerdo con lo que ellos mismos ven tan clara y evidentemente es, por eso, o bien un loco o bien un bribón. Saben que, a menos que se demuestre lo contrario, la persona que disiente ha de ser tenida por razonablemente inteligente y razonablemente bien intencionada. Por lo tanto, se debe entender que ha alcanzado una conclusión tan claramente errónea porque ve una realidad diferente y porque se está ocupando de un problema diferente. Por lo tanto, el ejecutivo efectivo siempre se pregunta: «¿Qué habría visto esta persona, si su suposición fuese, después de todo, defendible, racional, inteligente?». El ejecutivo efectivo se ocupa, en primer lugar, de comprender. Solamente después llega a pensar en quién tiene razón y quién está equivocado.

No hace falta esforzarse mucho en decir que esto no lo hace así la inmensa mayoría de las personas, ya sean ejecutivos o no. La mayoría de las personas parte de la convicción de que la manera en que ellos ven las cosas es la única manera lógica de verlas. Como resultado de todo ello, nunca llegan a entender el fondo de la decisión, ni, de hecho, el de todo su razonamiento.

Los ejecutivos americanos del sector del acero nunca se plantearon la pregunta: «¿Por qué estos sindicalistas se enfadan tanto cada vez que hacemos mención al exceso de personal que tenemos por exigencia de ellos?». Los sindicalistas, por el contrario, nunca se habían preguntado por qué las directivas del sector del acero montaban tal zapatiesta por los excesos de personal, cuando todos los casos de exceso de personal que habían planteado se había demostrado que eran nimios y por añadidura, improcedentes. En cambio, las dos partes trabajaron afanosamente para demostrar que la otra estaba equivocada. Si cada parte hubiese tratado de comprender lo que veía la otra y por qué, las dos partes hubiesen sido mucho más fuertes, y las relaciones laborales en el sector del acero, si no en la industria americana, hubiesen podido ser mucho más saludables.

Con independencia de lo alterado que esté, con independencia de la certeza que tenga de que la otra parte está totalmente equivocada y no tiene razón en absoluto, el ejecutivo que quiere tomar la decisión acertada, se fuerza a ver en la oposición uno de *sus* medios de analizar a fondo las alternativas. Emplea los conflictos de opinión como una herramientas para asegurarse de que se analizan cuidadosamente todos los aspectos trascendentales de una cuestión importante.

¿Es necesaria una decisión?

Hay una pregunta que formula la persona que toma las decisiones de una manera efectiva: «¿Es realmente necesaria una decisión?». Una alternativa es siempre la alternativa de no hacer nada.

Uno tiene que tomar una decisión cuando es probable que una situación degenere si no se toman medidas oportunas al respecto. Esto también se aplica con respecto a la oportunidad. Si la oportunidad es importante y es probable que se desvanezca si no se actúa con presteza, uno actúa, y uno hace un cambio radical.

Los contemporáneos de Theodore Vail estaban de acuerdo con él en lo relativo al peligro degenerativo de la propiedad pública; pero querían combatirla combatiendo sus síntomas: combatiendo esta o aquella propuesta legislativa, oponiéndose a este o a aquel candidato y apoyando a otro, y así. Sólo Vail comprendió que éste era un método inefectivo para combatir una situación degenerativa. Incluso aunque gane uno todas las batallas, nunca podrá ganar la guerra. Él vio que se necesitaba una actuación drástica para crear una nueva situación. Sólo él vio que las empresas privadas tenían que hacer de la gestión y control públicos una alternativa efectiva a las nacionalizaciones.

En el otro extremo se hallan aquellas situaciones de las que uno puede esperar, sin temor a ser indebidamente optimista, que se arreglarán solas, incluso aunque no se haga nada. Si la respuesta a la pregunta: «¿Qué pasará si no se hace nada?», es: «Se arreglará solo», uno no interfiere. De la misma manera que uno no interfiere si la situación, aunque enojosa, no tiene importancia y es improbable que su resultado suponga una gran diferencia.

Son raros los ejecutivos que comprenden esto. El interventor que en una crisis financiera predica la reducción de costes raramente es capaz de dejar en paz los «flecos» sin importancia cuya reducción no conseguiría nada. Él puede saber, por ejemplo, que los costes significativos están en la organización de ventas y en la distribución física. Y trabajará ardua y brillantemente para mantenerlos bajo control. Pero entonces se desacreditará, junto con todos sus esfuerzos, organizando un gran alboroto acerca del empleo innecesario de dos o tres viejos en una factoría que por lo demás es eficiente y está bien dirigida. Y rechazará como inmoral el razonamiento de que eliminar a estos pocos semipensionistas no hará que las cosas cambien de ningún modo. Él argüirá: «Otras personas están sacrificándose, ¿por qué tendrían que perdurar las ineficiencias de esa gente de la factoría?».

Cuando todo concluya, la organización olvidará que salvó a la empresa. Sin embargo, sí recordarán su «vendetta» contra los dos o tres pobres diablos de la factoría —y lo harán justamente—. *De minimis non curat praetor* (Los jueces no se ocupan de nimiedades), decía la ley romana hace casi dos mil años, pero muchas personas que han de tomar decisiones todavía tienen que aprenderlo.

La gran mayoría de las decisiones se encontrará entre estos extremos. El problema no va a solucionarse por sí mismo; pero tampoco es probable que vaya a cobrar una virulencia degenerativa. La oportunidad sólo es de mejorar, más que de que ocurra un cambio o innovación real; pero todavía es muy digna de ser tenida en cuenta. En otras palabras, si *no* actuamos tenemos todas las probabilidades de sobrevivir. Pero, si *sí* actuamos, podremos salir mucho mejor parados.

En esta situación, la persona que toma de manera efectiva las decisiones compara el esfuerzo y los riesgos de la acción con el riesgo de la inacción. Aquí no hay ninguna fórmula para tomar la decisión acertada. Pero las pautas son tan claras que la decisión en cada caso concreto raramente plantea dificultades. Son:

— actuar, si, en resumen, las ventajas son claramente mayores que el coste y el riesgo; y

— actuar o no actuar; pero no darle largas o «buscar componendas».

El cirujano que extirpa la mitad de las amígdalas o la mitad del apéndice se arriesga a una infección o a un shock en la misma medida que si hubiese hecho su trabajo por completo. Y no ha mejorado el estado del paciente, sino que, realmente, lo ha agravado. O bien opera, o bien no. No se queda a mitad de camino. Esto es lo que siempre está mal.

¿Quién tiene que hacer el trabajo?

Cuando llegan a este punto, la mayoría de los occidentales que toman decisiones creen que pueden tomar una decisión de manera efectiva. Pero, como muestra el ejemplo japonés, todavía falta un elemento esencial. Una decisión efectiva es un compromiso para actuar y para conseguir unos resultados. Si se tiene que «vender» a alguien *después* de que haya sido tomada, no habrá ninguna acción ni ningún resultado y, de hecho, ninguna decisión. En el mejor de los casos pueden producirse tantos retrasos que dejen anticuada la decisión antes de que llegue a ser totalmente efectiva.

La primera regla es asegurarse de que todos los que tendrán que hacer algo para poner en práctica la decisión —o los que podrían sabotearla— han sido forzados a participar de manera responsable en la discusión. Esto no es democracia. Es saber «vender» las cosas.

Pero es igualmente importante incorporar los compromisos de acción en la decisión, desde el principio. De hecho, no se ha tomado ninguna decisión hasta que el ponerla en práctica siguiendo fases específicas se haya convertido en un trabajo y una responsabilidad clara y personalmente asignados a alguien. Hasta ese momento, son sólo buenas intenciones.

Éste es el problema de las declaraciones de política, sobre todo en las empresas: no contienen compromisos de actuación. Ponerlas en práctica no es responsabilidad ni trabajo específico de nadie. No es sorprendente que las personas que integran la organización tiendan a observar cínicamente estas afirmaciones, si no es que las consideran declaraciones de lo que la alta dirección no va a hacer realmente.

Transformar una decisión en una actuación exige responder a varias preguntas diferentes: «¿Quién tiene que conocer esta decisión?» «¿Qué actuación debe llevarse a cabo?» «¿Quién debe llevarla a cabo?» «Y, ¿cómo tiene que ser la actuación a fin de que la gente que tiene que llevarla a cabo *pueda* hacerlo?» La primera y la última de estas preguntas se suelen pasar por alto con demasiada frecuencia y con resultados fatales.

Una historia que se ha convertido en legendaria entre los científicos de la gestión ilustra la importancia de la pregunta: «¿Quién tiene que saberlo?» Un importante fabricante de equipamiento industrial decidió dejar de producir un modelo. Durante muchos años había sido el equipamiento habitual de una línea de máquina-herramienta, muchas de las cuales estaban todavía en uso. Por lo tanto, se decidió vender el modelo a los propietarios actuales del antiguo equipamiento durante otros tres años, a modo de recambio, y después dejar de hacerlo y de venderlo. Los pedidos para este modelo en concreto habían estado descendiendo durante un buen período de tiempo. Pero subieron espectacularmente con carácter temporal a medida que los actuales propietarios hacían sus pedidos en previsión del día en que el modelo dejase para siempre de estar disponible. Sin embargo, nadie había preguntado: «¿Quién tiene que conocer esta decisión?» Por lo tanto, nadie informó al oficinista del departamento de compras que realizaba los pedidos de los componentes con los que el modelo se ensamblaba. Sus instrucciones eran comprar los componentes atendiendo a una determinada proporción de las ventas actuales —y las instrucciones seguían vigentes como el primer día. Cuando llegó el momento de abandonar la producción del modelo, la empresa tenía en sus almacenes suficientes componentes para ocho o diez años de producción, componentes que tuvieron que ser liquidados con una pérdida considerable.

Sobre todo, la actuación debe ser proporcionada a las capacidades que tiene la gente para llevarla a cabo.

Una empresa química se encontró, a principios de la década de 1960, con unas cantidades bastante elevadas de dinero bloqueadas en dos países de África Occidental. Para proteger su dinero, decidió invertir en un negocio local que pudiera contribuir a la economía local, no exigiese importaciones del extranjero y pudiera, si tenía éxito, ser del tipo que permitiese su venta a los inversores locales si, y en el momento en que, la exportación de dinero fuese posible otra vez. Para fundar estas empresas, la empresa desarrolló un proceso químico sencillo para conservar una fruta tropical que era la cosecha principal en ambos países y que, hasta aquel momento, había sufrido graves daños en su transporte a los mercados consumidores.

El negocio fue un éxito en ambos países. Pero en un país el director local organizó la empresa de tal manera que exigía una dirección con una alta capacitación y, sobre todo, con una preparación técnica que no era fácil de encontrar en África Occidental. En el otro país el director local sopesó hasta el final las capacidades de la gente que con el tiempo tendría que dirigir la empresa y desarrolló un denodado trabajo en hacer que tanto el proceso como la empresa fuesen simples, y formó una plantilla con naturales del país desde la base hasta la cúpula directiva.

Pocos años después, volvió a ser posible transferir dinero desde estos dos países. Pero a pesar de que las empresas iban viento en popa, no se pudo encontrar comprador para la empresa del primer país. Ningún nativo tenía las capacidades técnico-administrativas necesarias. El negocio tuvo que ser liquidado con pérdidas. En el otro país, había tantos emprendedores locales ansiosos de comprar el negocio que la empresa repatrió su inversión original con un sustancioso beneficio.

El proceso y la empresa que se había montado era en esencia el mismo en los dos países. Pero en el primer país, nadie se había preguntado: «¿Qué tipo de personas tenemos a nuestra disposición para poner en práctica esta decisión? ¿Y cómo pueden hacerlo?». Como resultado, la decisión en sí misma se vio frustrada.

Todo esto adquiere doble importancia cuando para que una decisión se convierta en una actuación efectiva, se necesita que la gente cambie su comportamiento, hábitos o actitudes. En estos casos uno tiene que asegurarse no sólo de que la responsabilidad de la actuación está claramente asignada y de que la gente responsable es capaz de hacer lo necesario. Uno tiene que asegurarse de que las medidas, los niveles habituales de actuación y los incentivos de estas personas se modifican simultáneamente. De otra manera, las personas se verán atrapadas en un paralizante conflicto emocional interno.

La decisión de Theodore Vail de que el negocio de Bell System era un servicio se hubiese quedado en letra muerta si no llega a ser por los criterios de ejecución de servicios que diseñó para medir la actuación de los ejecutivos. Los ejecutivos de Bell estaban acostumbrados a que se les midiese por la rentabilidad de sus unidades, o al menos, por el coste. Los nuevos criterios les hicieron aceptar rápidamente los nuevos objetivos.

Si se dan la mayores recompensas por un comportamiento contrario al que las nuevas vías de actuación exigen, entonces todo el mundo sacará la conclusión de que lo que la gente de arriba realmente quiere, y va a recompensar, es el comportamiento contrario.

No todo el mundo puede hacer lo que hizo Vail e incorporar la ejecución de sus decisiones en las msimas decisiones. Pero todo el mundo puede analizar a fondo qué compromisos de actuación requiere una decisión específica, qué asignaciones de trabajo serán consecuencia de ella y qué personas están disponibles para ponerla en práctica.

El compromiso acertado y el erróneo

En este momento la decisión está lista para ser tomada. Las especificaciones han sido pensadas con toda lógica, se han explorado las alternativas, los riesgos y las ventajas han sido sopesados. Se ha comprendido qué debe hacerse y quién lo hará. En este punto la decisión está prácticamente tomada.

Y es en este punto en el que se desbaratan la mayoría de las decisiones. De repente, se ve con claridad que la decisión no va a ser aceptada, que no va a ser popular, que no va a ser sencilla. Se hace claro que la decisión exige valentía, en la misma medida que requiere juicio. No hay ninguna razón por la que las medicinas tengan que tener un sabor horrible, pero las que son eficaces lo tienen. De la misma manera, no hay ninguna razón por la que las decisiones deban ser desagradables, pero las más efectivas lo son.

La razón es siempre la misma: no hay una decisión perfecta. Uno siempre tiene que pagar un precio. Uno siempre tiene que subordinar un conjunto de deseos. Uno tiene que equilibrar objetivos conflictivos, opiniones conflictivas y prioridades conflictivas. La mejor solución es sólo una aproximación, y un riesgo. Y siempre existe la presión de transigir para ganar aceptación, para aplacar a los más tenaces oponentes a la vía de actuación propuesta, o para defenderse de posibles riesgos.

Tomar decisiones efectivas bajo estas circunstancias requiere partir con el firme compromiso de averiguar lo que es adecuado, en vez de hacerlo con la pregunta: «¿Quién tiene razón?». Uno tiene que comprometerse al final. Pero a no ser que uno parta con el compromiso de aproximarse lo más posible a la decisión que satisfaga de verdad los objetivos exigidos, uno acaba contrayendo el compromiso equivocado: el compromiso que abandona lo esencial.

Porque hay dos tipos de compromiso. Un tipo se expresa en el viejo proverbio de que «media barra de pan es mejor que no tener pan». El otro tipo se expresa en la narración del juicio del rey Salomón, que está claramente basada en la idea de que «medio niño es peor que no tener niño». En el primer caso los objetivos exigidos todavía se ven satisfechos. El propósito del pan es brindar alimento, y media barra de pan todavía es alimento. Medio bebé, sin embargo, no es la mitad de un niño vivo que crece. Es un cadáver en dos trozos.

Es, sobre todo, inútil y un gasto de tiempo preocuparse de lo que es aceptable y de lo que uno debería haberse callado para no provocar resistencia. Las cosas por las que uno se preocupa nunca pasan. Y las objeciones y dificultades en las que nadie había pensado resultan ser obstáculos casi insalvables. En otras palabras, uno no gana nada partiendo de la pregunta: «¿Qué es aceptable?». Y en el proceso de contestarla, uno pierde todas las oportunidades de dar con la respuesta efectiva, por no decir nada de la adecuada.

La información de retorno

En la decisión debe incluirse un sistema de información de retorno que sirva de comprobación continua de las espectativas que subyacen en la decisión en contraste con los acontecimientos reales. Pocas decisiones funcionan de la manera que se preveía. Incluso la mejor decisión tropieza normalmente con estorbos, con obstáculos inesperados y con toda clase de sorpresas. Incluso la decisión más efectiva se queda anticuada con el paso del tiempo. A no ser que haya una información de retorno de los resultados de la decisión, no es probable que ésta produzca los resultados apetecidos.

Esto exige que, en primer lugar, las espectativas se expliquen claramente, y por escrito. En segundo lugar, exige un esfuerzo organizado de seguimiento. Y esta información de retorno es parte de la decisión y tiene que ser elaborada en el proceso de toma de decisión.

Cuando el general Eisenhower fue elegido presidente, su predecesor, Harry Truman, dijo: «Pobre Ike; cuando era general, daba una orden y se cumplía. Ahora se va a sentar en esa gran oficina, dará una orden y no va a pasar nada en absoluto».

La razón por la que «no iba a pasar nada en absoluto», sin embargo, no es que los generales tengan más autoridad que los presidentes. Es que las organizaciones militares aprendieron hace mucho tiempo que la suerte que corrían la mayoría de las órdenes era la de que nadie las hiciese caso, y organizaron la información de retorno para controlar la ejecución de la orden. Aprendieron, hace mucho tiempo, que ir uno mismo a mirar es la única respuesta fiable. Los informes —todo lo que está capacitado para movilizar normalmente el presidente de Estados Unidos —no son de mucha ayuda. Todos los reclutas han aprendido hace mucho que el oficial que ha dado una orden va a ver por sí mismo si se ha ejecutado o no. Por lo menos manda a uno de sus propios ayudantes, nunca confía en lo que le ha dicho el subordinado a quien dio la orden. No es que no se fíe del subordinado; la experiencia le ha enseñado a desconfiar de los comunicados.

Uno necesita tener bien organizada toda la información para que funcione bien la línea de retorno. Uno necesita informes y números. Pero a no ser que uno mismo se haga con su propia información de retorno, a base de salir y mirar, se condena a sí mismo a un dogmatismo estéril, y con él, a la ineficacia.

En suma, la toma de decisiones no es un trabajo mecánico. Supone aceptar unos riesgos y es un reto al buen criterio de quien la toma. La «respuesta correcta» (que normalmente no se puede encontrar de ninguna manera) no es lo más importante. Lo más importante es comprender el problema. Y lo que es más, la toma de decisiones no es un ejercicio intelectual. Moviliza la visión, la energía y los recursos de la organización para una actuación efectiva.

Preguntas de comprensión del texto de Drucker

1. De acuerdo con Drucker, ¿por qué tiene que empezar con opiniones, en vez de con hechos, la persona que toma las decisiones?
2. ¿De qué manera se eliminan las opiniones insensatas?
3. ¿Por qué son tan importantes el disentimiento y las alternativas en la toma de decisiones?
4. ¿Bajo qué circunstancias podríamos decidir no tomar ninguna decisión?
5. ¿Por qué debe incorporarse un sistema de información de retorno en toda decisión? ¿De qué manera se aseguran los militares de que se ejecutan las decisiones?

Respuestas

Comprobación de progresos 1

1. Usted debe hacer una presentación externa de la información, esto es, una simple repetición de una lectura crítica en profundidad.

2. *a)* calidad de percepción;
    b) velocidad;

    c) motivación;
    d) concentración;
    e) finalidad bien definida;
    f) retentiva;
    g) educación general;
    h) naturaleza del material.

3. *a)* Libremente estructurado, una línea argumental.
    b) Más estructurado, más información por página, paso sistemático de los conceptos a los datos de apoyo, una mayor responsabilidad personal hacia el material.

Comprobación de progresos 2

1. Para ser eficiente necesita usted un procedimiento estructurado que sea flexible.
2. Una buena división significa una organización sensible, una finalidad clara y unos objetivos realistas.
3. Lea todo cuidadosa y deliberadamente, apreciando el énfasis, las relaciones y los conocimientos previos.
4. Unificar prepara para una recordación precisa.
5. Selección, previsión.
6. Ninguna de las dos requiere una absorción total.

Comprobación de progresos 3

1. *b.*
2. *a, b, c, d.*
3. Todo parece importante, lo sea o no.
4. *b, c.*

Comprobación de progresos 4

1. Visión de conjunto, una perspectiva mayor y más significativa.
2. *a, c.*
3. Emplea las conclusiones para hacer que su cerebro esté ansioso por comprender.
4. Avanzando rápida y eficientemente a lo largo del material, usted se asegura de lo que sabe, *o* de que tiene usted que estudiar más. También le ayuda a marcarse unos objetivos y una finalidad prudentes.
5. Una buena inspección le ayuda a redefinir sus objetivos.
6. 50...10
7. *a, b.*

Comprobación de progresos 5

1. De tres a cinco veces su velocidad de lectura.
2. «S».
3. Las ideas principales.
4. *f.*
5. Las preguntas adecuadas le ayudan a fijar su atención en la información pertinente.

Comprobación de progresos 6

1. Lo suficientemente deprisa para evitar que pierda usted concentración, y lo suficientemente despacio para satisfacer su finalidad.
2. Haga una lectura de estudio para contestar esas preguntas.
3. Malgasta su tiempo y puede confundirle más adelante.
4. Marcas y símbolos en el margen.

Comprobación de progresos 7

1. *b.*
2. *a, b, c.*
3. *a, b.*
4. *e.*
5. Ponga la información en palabras que sean propias de usted y sea conciso.
6. Haga una lista con las palabras o frases clave de sus notas.

Respuestas: Artículo de Drucker

1. Sólo comenzando con opiniones puede averiguar la persona que toma decisiones de qué tratan éstas. Usted sólo empieza con opiniones de cualquier manera, y la gente tiende a buscar los hechos que se adapten a una conclusión a la que ya habían llegado previamente.
2. Probándolas en contraste con la realidad observable.
3. En primer lugar, liberan a la persona que toma las decisiones de convertirse es prisionero de la organización; después, el desacuerdo provoca alternativas, y, finalmente, estimula la imaginación.
4. Si la situación se resolverá sola, incluso aunque no haga nada.
5. Para facilitar una constante prueba en contraste con acontecimientos reales o espectativas incorporadas en la decisión. A no ser que haya información de retorno, no es probable que se produzcan los resultados deseables. Van y lo miran ellos mismos.

Registro de las prácticas de una semana

Desde el _____ hasta el _____
fecha   fecha

Primera sesión	SL más rápido:_____ ppm.	L más rápida: _____ ppm.	Título del libro: _____
N.º total de min. _____	SL más lento: _____ ppm.	L más lenta: _____ ppm.	Observaciones: _____
Segunda sesión	SL más rápido:_____ ppm.	L más rápida: _____ ppm.	Título del libro: _____
N.º total de min. _____	SL más lento: _____ ppm.	L más lenta: _____ ppm.	Observaciones: _____
Tercera sesión	SL más rápido:_____ ppm.	L más rápida: _____ ppm.	Título del libro: _____
N.º total de min. _____	SL más lento: _____ ppm.	L más lenta: _____ ppm.	Observaciones: _____
Cuarta sesión	SL más rápido:_____ ppm.	L más rápida: _____ ppm.	Título del libro: _____
N.º total de min. _____	SL más lento: _____ ppm.	L más lenta: _____ ppm.	Observaciones: _____
Quinta sesión	SL más rápido:_____ ppm.	L más rápida: _____ ppm.	Título del libro: _____
N.º total de min. _____	SL más lento: _____ ppm.	L más lenta: _____ ppm.	Observaciones: _____
Sexta sesión	SL más rápido:_____ ppm.	L más rápida: _____ ppm.	Título del libro: _____
N.º total de min. _____	SL más lento: _____ ppm.	L más lenta: _____ ppm.	Observaciones: _____
Séptima sesión	SL más rápido:_____ ppm.	L más rápida: _____ ppm.	Título del libro: _____
N.º total de min. _____	SL más lento: _____ ppm.	L más lenta: _____ ppm.	Observaciones: _____
Octava sesión	SL más rápido:_____ ppm.	L más rápida: _____ ppm.	Título del libro: _____
N.º total de min. _____	SL más lento: _____ ppm.	L más lenta: _____ ppm.	Observaciones: _____

R E S U M E N

TIEMPO TOTAL

Simulacro de lectura más rápido: _____ ppm. Lectura más rápida:_____ ppm.

Simulacro de lectura más lento: _____ ppm. Lectura más lenta: _____ ppm.

Observaciones: _____

_____

Capítulo 5

CÓMO MEJORAR LA CONCENTRACIÓN

¿Qué es una buena concentración?

Si su mente divaga hacia pensamientos distintos de los que pueda inspirar la página mientras está usted leyendo (por ejemplo, ¿qué voy a comer? ¿qué me voy a poner esta noche? ¿qué vamos a hacer este fin de semana? ¿cómo irá la reunión esta tarde?), ya sabe usted lo que es tener una deficiente concentración. La mayoría de los lectores expresan tanta preocupación con su poca capacidad de concentración como con su poca velocidad de lectura, y lo hacen justamente, porque las dos están íntimamente interrelacionadas. Sin embargo, cuando se les pide que definan lo que es concentración, la mayoría de la gente sólo tiene un difuso concepto de lo que es la buena concentración en la lectura.

Por otra parte, la mayoría de nosotros hemos tenido la agradable experiencia de estar totalmente absortos en algo, hasta el punto de abstraernos totalmente del ambiente externo. Tanto si fue un pasatiempo o un problema laboral especialmente estimulante, esa absorción única y gratificante es una herramienta útil para aplicarla a la experiencia de lectura. Esta absorción, o como la define el diccionario Webster «... la orientación de su atención», es una aptitud que puede ser cultivada y mejorada mediante el conocimiento y la práctica.

La buena concentración en la lectura, o la capacidad de mantener su atención pendiente de lo que usted quiere, se ve especialmente estimulada por las nuevas técnicas de velocidad y comprensión que ha estado aprendiendo. Tanto las técnicas de velocidad como las de comprensión exigen de usted que se involucre activamente de varias maneras en el proceso de lectura. Estas técnicas exigen una implicación personal y evaluativa, desde la decisión de la velocidad a que va a leer, pasando por la determinación de la finalidad de su lectura, hasta la manera en que va a elaborar su PVI. De hecho nada intensifica más un buen ambiente de concentración que una implicación activa y personal con el material.

Recientes estudios han concluido que, cuando implica en todo lo posible a sus cinco sentidos en la situación de lectura, su concentración en dicha situación de lectura será mejor. Mediante el empleo de su mano como marcador del ritmo, usted aporta el sentido del tacto. Esto no significa que las palabras vayan a entrar por ósmosis a través de su dedo índice, siguiendo por su brazo, hasta llegar a su cerebro. Sin embargo, sí que significa que su foco de atención tiene otro medio de mantenerse adecuadamente orientado. La mano que está tocando el papel tiende a hacer que su atención se mantenga pendiente de la página.

La técnica de estudio que aprendió en el anterior capítulo contiene muchas actividades para reforzar su capacidad de concentración. El examen previo general permite que su mente se prepare para concentrarse a la vez que empieza a formarse un juicio sobre su tarea de lectura. Hacer un examen previo en busca de las ideas más importantes le hace captar el tipo, la cantidad y la dificultad del material, y desvela la estructura general de la información. Desglosar el material en partes manejables le permite que su concentración sea alta en los momentos y lugares adecuados. El tomar notas y la evaluación del material hacen entrar en escena otros contextos desde los que se puede analizar el material. Cuando estas actividades se combinan, permiten que su concentración cambie de ritmo, de intensidad y de perspectiva, lo que mantendrá su concentración al nivel apropiado de intensidad.

Como se explicó en el capítulo 2, su velocidad de lectura influye sobre su concentración. Si no está dándole usted suficiente trabajo a su cerebro, éste encontrará por su cuenta otras actividades que hacer, mientras que usted se afana en leer. La mayoría de nuestros estudiantes notan inmediatamente un sentido acrecentado de la concentración cuando empiezan a leer más deprisa.

Sugerencias para mejorar la concentración

Junto con las nuevas técnicas de velocidad y comprensión que ayudan a su concentración, usted puede poner en práctica algunas otras cosas para mejorar la capacidad de su mente para centrarse directamente en aquello que usted desee. Dado que orientar su atención es el concepto clave de la concentración, las distracciones internas y externas son motivo de preocupación en sus esfuerzos para mejorar sus aptitudes de concentración. Las siguientes sugerencias pueden mejorar su concentración mediante la eliminación o reducción de estas distracciones internas y externas que pueden estropear una buena ocasión para leer y estudiar.

Prepárese para concentrarse antes de empezar a leer

Programando su tiempo de lectura, puede empezar una gran cantidad de trabajo antes de empezar realmente a hacerlo. Contraiga un compromiso consigo mismo para sentarse y leer con buena concentración. Esto hará que su mente empiece a trabajar en esa actividad mucho antes de que usted, de hecho, se siente a leer. Márquese el objetivo de pensar en la concentración antes de la hora que se haya programado para leer.

Evite las distracciones externas

Algunas distracciones de su ambiente externo se pueden controlar, y otras no. Aunque deseamos que pudiera usted vivir en un mundo perfecto de trabajo/estudio, sabemos que esto no es enteramente posible. Por lo tanto, las sugerencias que se dan aquí son las ideales; es tarea suya avanzar hacia el ambiente ideal de concentración de la mejor manera que pueda. Del mismo modo, sea consciente de que puede estar predisponiéndose a las distracciones externas si su deseo de leer es mínimo. Sea honrado consigo mismo acerca de la cantidad de distracciones externas que puede eliminar. Valore cuidadosamente si esas distracciones que son «imposibles» de eliminar no son en primera instancia signos de que realmente usted no quiere leer algo.

Localice el lugar adecuado

Elimine las distracciones visuales. Puede que piense que una mesa despejada sin desórdenes que distraigan su atención sólo puede hacerle merecedor del premio «Los-chorros-del-oro». De hecho, una mesa despejada sin más textos encima de ella que los que vaya usted a leer, también le ayuda a concentrarse mejor.

Elimine interrupciones planeadas

Colóquese lejos de teléfonos (no los necesita), zonas de mucho paso de gente y lejos de sus hijos. Esto significa que, antes de empezar, debe tener todos los textos necesarios frente a usted de manera que no tenga que andar dando saltos de aquí para allí buscando aquel informe semanal de personal que parece que se ha perdido. Colocarse usted mismo en situación de tener que andar dando vueltas en busca de algo rompe su concentración.

Elimine las distracciones sonoras

Algunas personas necesitan silencio absoluto cuando han de concentrarse. Eso puede resultar poco práctico en algunas ocasiones, dado que el silencio absoluto existe en pocos lugares de nuestra civilización. Por lo tanto, *cualquier* sonido, como por ejemplo las sirenas de la policía o las ambulancias, o alguien tosiendo, podría romper su concentración. Por otra parte, algunas personas creen que sentarse en medio de un concierto de rock les ayuda a concentrarse. Sin embargo, la música a gran volumen tiende a agotar el nivel de concentración con bastante rapidez. Ninguno de los dos ambientes ayuda a concentrarse. El mejor ambiente sonoro es aquel que tiene algún tipo de enmascaramiento silencioso, o «ruido blanco», para eliminar los ruidos ordinarios. Un buen ejemplo es el sonido de la bomba de un acuario burbujeando en la habitación. La música suave sin demasiadas interrupciones propagandísticas, o un aparato de aire acondicionado en funcionamiento son también buenas ayudas sonoras para concentrarse.

Encuentre el momento adecuado

Todo el mundo experimenta altibajos mentales a lo largo del día. Algunas personas pueden hacer una gran cantidad de trabajo antes de que los demás se despierten. Otras personas necesitan un empujón para poner en marcha sus neuronas antes del mediodía. Incluso hay otras personas que han descubierto que su punto mental más elevado se produce al caer de la tarde. Si no es usted consciente de la fluctuación de su poder de concentración, márquese el objetivo de descubrirlo durante los próximos días. En ocasiones no tendrá usted oportunidad de elegir los momentos para leer con buena concentración. Sin embargo, si tiene oportunidad de elegir el momento en que va a leer, ésa es la ocasión en que debe ser consciente de cuándo suele alcanzar su punto más alto, su nivel de concentración.

También se pueden habilitar períodos especiales de alta concentración mediante la reserva diaria de algo de tiempo durante el cual centrar toda su atención en la lectura. La clave aquí es ser perseverante con ese tiempo de lectura. Su mente puede llegar a condicionarse positivamente a medida que desarrolle el hábito de la buena concentración en ese momento particular del día.

Márquese objetivos

La concentración mejora con la correcta valoración de la finalidad y con unos objetivos definidos de velocidad y tiempo incorporados en sus sesiones de lectura. Si usted ha establecido una tarea razonable con un principio, centro y final definidos para sus sesiones de lectura, entonces podrá dejar de lado con más facilidad otras consideraciones externas durante estos momentos, liberando su atención para que se centre en la materia impresa que tiene entre manos.

Todos los comentarios precedentes se han centrado en la creación de un ambiente externo que fomente una buena concentración. Estas características son, de alguna manera, más fáciles de controlar que las distracciones internas que afectan a su capacidad de concentración. Su objetivo en lo que se refiere a las distracciones internas es reducirlas a un nivel controlable, si parece que provocan un nivel de concentración bajo.

Reduzca las distracciones internas

No dé más largas a las cosas: hágalas ahora

Dejar para más adelante tareas que usted sabe que tiene que hacer ahora mismo puede ser un golpe que debilite su nivel de concentración. Los resultados normales de dar largas a las cosas son la inquietud y el sentimiento de culpabilidad. Estos sentimientos minan su capacidad para concentrarse en el material. A algunas personas les gusta trabajar bajo presión, pero una cantidad de presión desmedida para absorber el material escrito hará que su atención se centre en sentimientos de inquietud, culpabilidad y presión, en vez de hacerlo en la tarea que tiene entre manos. Y lo que es más, ¿cómo puede calcular usted la cantidad adecuada de presión que le hará alcanzar un nivel superior de concentración? Parece ser un riesgo que la mayoría de los lectores prudentes preferirán evitar.

Inquietudes

Si su vida está llena de inquietudes e incertidumbres, su capacidad de concentración está en peligro. Nadie tiene una vida completamente libre del estrés habitual del trabajo, del hogar, etc. pero si comprueba que está atravesando períodos de estrés especialmente acusado, debe abandonar su intento de centrarse en el material impreso y abordar la solución de los problemas más inmediatos. O si no, tratar de ponerlos en cuarentena durante un rato, prometiéndose que volverá sobre ellos cuando haya acabado su tarea.

Falta de autodisciplina

Algunas personas nunca han sido capaces de concentrarse porque nunca se lo han exigido. Por lo tanto, les parece muy difícil sentarse con una tarea por hacer y acabarla con un éxito razonable. Esto no tiene por qué ser así. Si se tiene un sincero deseo de aprender técnicas para una mejor concentración, y si se hacen los ejercicios y prácticas adecuados, la concentración puede mejorar de una manera apreciable.

Actitud negativa

Puede que no le agrade el material que tiene que leer. Puede que sus opiniones no coincidan con las del autor, o puede que no le importe nada. Todas estas actitudes negativas van en detrimento de su capacidad para concentrarse. Si se ve usted afectado por un síndrome agudo de «mala actitud», dése cuenta de que el trabajo tiene que hacerse y de que es usted el único que puede hacerlo. Tal vez tenga que obligarse a sí mismo a buscar la concentración durante un rato, pero si tiene presentes las sugerencias de este capítulo, advertirá los resultados, incluso en el caso de que tenga que obligarse. Otra forma de aliviar su actitud negativa es hablar con alguien al que le interese el tema. El entusiasmo es contagioso. Usted puede encontrar algún motivo de interés si tiene una conversación con alquien que aprecie valores en el material que usted necesita leer.

Fatiga mental

La mayoría de la gente se exige períodos de concentración mucho más largos de los que son capaces de mantener. Algunas personas piensan que la mejor manera de superar la fatiga mental es trabajar más denodadamente. Esto carece de lógica y no resulta práctico. La mejor manera de evitar la fatiga mental es emplear la hora de cincuenta minutos, de la manera en que se describía antes. Los estudios muestran que cincuenta minutos son un buen segmento de tiempo para mantener una buena capacidad de lectura/concentración. La pausa de diez minutos permite que su mente descanse y se recupere. Otro método para evitar la fatiga mental es variar los tipos de información que tiene que leer. El cambio de ritmo, así como el pasar de la información más fácil a la más difícil mejora los niveles de concentración. Si puede hacerlo así, guarde para el final la tarea más agradable. Empléela a modo de recompensa por un estudio y una concentración diligentes.

Potencie su capacidad de concentración

Muchas personas necesitan altos niveles de concentración en sesiones esporádicas de lectura. Como cualquier otra aptitud, la concentración puede mejorarse con la práctica, pero usted también necesita desarrollar la duración de su concentración. Se han venido haciendo conjeturas de que el período medio de concentración en una clase de instituto es de diecisiete segundos. Eso significa que las personas que se exigen horas y horas al día de alta concentración no son realistas. Practique la concentración con los pasos que se señalan en la sesión de práctica semanal que se encuentra al final de este capítulo. Prepárese para concentrarse, evite las distracciones externas, reduzca las distracciones internas, y potencie su capacidad de concentración. Amplíe la cantidad de tiempo durante la que se exige a sí mismo estar concentrado durante las prácticas de la semana, hasta que pueda confiar en centrar toda su atención en su material de lectura durante todo el tiempo necesario.

Comprobación de progresos

1. El diccionario Webster define la concentración como:

2. Utilizar su mano como marcador del ritmo mejora su concentración porque:

   _____ *a)* Incrementa la velocidad de su lectura.
   _____ *b)* Hace que las palabras penetren directamente por ósmosis desde la página hasta su cerebro.
   _____ *c)* Impresiona a la gente en las fiestas.
   _____ *d)* Le ofrece un punto de enfoque sobre la página.

3. El procedimiento de estudio bosquejado en el capítulo 4 mejora la concentración porque:

   _____ *a)* El examen previo le permite prepararse para concentrarse.
   _____ *b)* La selección mediante una adecuada división del material desglosa la información en fragmentos.
   _____ *c)* La PVI le permite ver la información dentro de unos contextos diferentes y creativos.
   _____ *d)* Ninguno de los anteriores puntos lo hace.
   _____ *e)* Todos los anteriores puntos lo hacen.

4. Identifique tres distracciones personales externas.
5. Identifique tres distracciones personales internas.
6. Formule un plan de actuación personal para atenuar o eliminar algunas de sus distracciones personales.

Selección de lectura

Emplee el siguiente artículo para poner en práctica las sugerencias para una mejor concentración. Acuérdese de:

— prepararse para concentrarse;
— evitar las distracciones externas;
— reducir las distracciones internas;
— potenciar su capacidad de concentración.

Aplique el procedimiento como se señala en el capítulo 4:

1. Inspeccione el material. Descubra la organización del artículo y observe los diagramas.
2. Evalúe su finalidad. Una de las finalidades primordiales de este ejercicio es conseguir una mayor concentración. Consulte la eva-

luación de finalidades de la página 97 del capítulo 4 a efectos de opciones adicionales.
3. Márquese objetivos específicos. Hay 2.762 palabras en total. Cronométrese a tres o cinco veces su velocidad de estudio.
4. Haga un examen previo y establezca una PVI.
5. Haga una lectura de estudio y tome notas.
6. Relea y remarque; añada más cosas a sus notas.

Cómo pensar mediante imágenes visuales

Robert H. McKim

La mayoría de nosotros probablemente no somos conscientes de la medida en que nuestro pensamiento es visual. McKim nos alerta del papel de las imágenes visuales en nuestra manera de pensar, y comenta alguna de las maneras en que «ver» ayuda a la resolución de los problemas.

El pensamiento visual es omnipresente

El pensamiento visual está presente en toda actividad humana, desde la abstracta y teórica hasta la más palpable y cotidiana. Un astrónomo medita sobre un misterioso evento cósmico; un entrenador de fútbol tiene en cuenta una nueva estrategia; un viajero conduce su coche a lo largo de una carretera que le es poco conocida: todos están pensando de manera visual. Está usted en el medio de un sueño; está usted pensando en lo que se va a poner hoy; está ordenando el caos que hay sobre su mesa de trabajo: *usted* está pensando de manera visual.

Los cirujanos piensan visualmente cuando están haciendo una operación; los químicos cuando crean modelos moleculares; los matemáticos al considerar las relaciones abstractas espacio-tiempo; los ingenieros al diseñar circuitos, estructuras y mecanismos; los hombres de negocios al organizar y programar trabajos; los arquitectos al coordinar la funcionalidad con la belleza; los carpinteros y mecánicos al convertir los planos en cosas.

Por lo tanto, el pensamiento visual no es algo exclusivo de los artistas. Como señalaba Arnhein[1]: «El pensamiento visual lo usa constantemente todo el mundo. Dirige las piezas en un tablero de ajedrez y perfila las políticas mundiales en un mapa geográfico. Dos hábiles empleados de mudanzas que llevan un piano a lo largo de una escalera de caracol piensan visualmente en una intrincada secuencia de levantamientos, cambios y giros... Un ama de casa con iniciativa transforma un cuarto de estar poco acogedor en una habitación donde estar a gusto mediante la colocación juiciosa de lámparas, butacas y sofás».

---

[1] Arnheim, R. «Visual Thinking», en *Education of Vision* (editado por G. Kepes). Braziller.

Ver/imaginar/dibujar

El pensamiento visual se basa en tres tipos de imágenes visuales:

1. La clase que nosotros *vemos:* «La gente ve imágenes, no cosas» [2].
2. La clase que nosotros *imaginamos* en nuestro ojo de la mente, como cuando soñamos.
3. La clase que *dibujamos,* garabateamos o pintamos.

A pesar de que el pensamiento visual puede tener lugar en primera instancia en el contexto de la visión, o sólo en la imaginación, o en mayor grado con lápiz y papel, la persona experta en pensar visualmente emplea con flexibilidad los tres tipos de imágenes; se ha dado cuenta de que ver, imaginar y dibujar se interrelacionan.

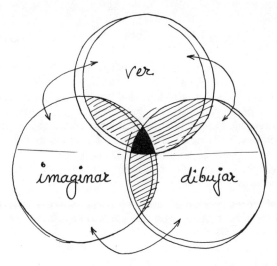

Figura 1

Imágenes interactivas

La naturaleza interactiva de ver, imaginar y dibujar se muestra en forma de diagrama en la figura 1. Los círculos superpuestos pueden ser tomados como representantes de una vasta variedad de interacciones. En la intersección de ver y dibujar, el ver facilita el dibujar, mientras que dibujar refuerza la visión. En la intersección de imaginar y dibujar, el dibujar estimula y sirve de vehículo al imaginar, mientras que el imaginar suministra el ímpetu y el material para dibujar. Donde el ver y el imaginar se superponen, el imaginar dirige y filtra el ver, mientras que el ver, a cambio, proporciona material en bruto para el ima-

---

[2] Feldman, E. *Art as Image and Idea.* Prentice-Hall.

ginar. Los tres círculos superpuestos simbolizan la idea de que el pensamiento visual se experimenta al máximo cuando la visión, la imaginación y el dibujo se combinan en una interacción activa.

El que piensa visualmente emplea la visión, la imaginación y el dibujo de una manera fluida y dinámica, moviéndose de un tipo de imagen a otra. Por ejemplo, él *ve* un problema desde varios puntos de vista y puede que incluso elija solucionarlo en el contexto directo de la visión. Ahora, preparado con una comprensión visual del problema, él *imagina* soluciones alternativas. En vez de confiar en la memoria, prefiere *dibujar* unos rápidos esquemas que pueda evaluar y comparar más tarde. Alternando cíclicamente las imágenes perceptivas, internas y gráficas, continúa hasta que se soluciona el problema. Experimente por sí mismo esta interacción entre imágenes perceptuales, internas y gráficas mientras va resolviendo este apasionante y relativamente difícil rompecabezas clásico.

1.1   El bloque perforado

La figura 2 nos muestra un bloque macizo que ha sido perforado con tres agujeros de forma circular, triangular y cuadrada. El diámetro del círculo, la altura y la base del triángulo y el lado del cuadrado tienen todos las mismas dimensiones. Las paredes de los tres agujeros son perpendiculares a la plana superficie delantera del bloque. Visualice un solo objeto sólido que pueda pasar *atravesando del todo* cada agujero y, en su camino, tapar del todo el paso de luz.

Emplee la visión, la imaginación y el dibujo para solucionar este problema de la manera que sigue:

1. Copie el bloque perforado con una cartulina recortable. Con las tijeras y la cartulina trate de dar con una solución mediante métodos tangibles de «recorte y ensayo».
2. Cierre los ojos y busque una solución con su imaginación.
3. Haga esquemas; busque una solución gráfica.
4. Vaya alternando conscientemente las etapas 1, 2 y 3.

Figura 2

El pensamiento visual es, obviamente, una pieza central en la práctica de la arquitectura, el diseño y las artes visuales. Menos obvia resulta la importancia del pensamiento visual para otras disciplinas, como la ciencia y la tecnología. En las siguientes páginas presentaré un breve apunte del papel que desempeñan la vista, la imaginación y el dibujo en el pensamiento de científicos y tecnólogos. Combinados con éstos he intercalado problemas afines que le ayudarán a relacionar estos casos con otros de su propia experiencia.

Ver y pensar

Los descubrimientos en el contexto directo de la visión son habituales en la historia de la ciencia. Por ejemplo, sir Alexander Fleming «estaba trabajando con varias placas de cultivos de estafilococos que tuvo que abrir en varias ocasiones y, como casi siempre pasaba en dichas circunstancias, se contaminaron. Se dio cuenta de que las colonias de estafilococos que rodeaban una colonia en particular habían muerto. Muchos bacteriólogos no habrían encontrado esto digno de mención porque se sabía desde hacía mucho que algunas bacterias interfieren el crecimiento de otras. Sin embargo, Fleming atisbó el posible significado de la observación y prosiguió hasta descubrir la penicilina»[3].

¿Por qué descubrió Fleming la penicilina cuando otros cuentíficos la habían visto y habían pensado que sólo era una incomodidad? Porque los hábitos de ver y pensar están íntimamente relacionados. Fleming, como la mayoría de los observadores creativos, tenía un hábito mental que le permitía ver las cosas de una manera distinta, desde nuevos ángulos. Además, no se veía agobiado por el peso de esa «inveterada tradición de acuerdo con la cual el pensamiento tiene lugar muy lejos de las experiencias perceptivas[4]. Él no observó y *después* se sentó a pensar; empleó sus activos ojos y mente *conjuntamente.*

1.2   Cartas y descartes [4]

Experimente empleando conjuntamente sus ojos y su mente en el siguiente rompecabezas: «En el grupo de cinco cartas que se muestra debajo, sólo hay una carta correctamente impresa, y hay algún error en cada una de las restantes cuatro. ¿Con cuánta rapidez puede usted encontrar los errores?»

Otra forma de pensar en el contexto de la vista es la descrita por el Premio Nobel James D. Watson, en *The Double Helix*[5] (La Doble Hélice), un fascinante relato del descubrimiento de la estructura de la molécula del ADN. Watson y sus colegas visualizaron esta compleja estructura mediante la interacción directa con un gran modelo tridimensional. Watson escribe: «Sólo se necesitó un poco de estímulo para tener concluida la soldadura final en el siguiente par de horas. Las relucientes láminas metálicas se emplearon inmediatamente para hacer un

---

[3] Beveridge, W. *The Art of Scientific Investigation.* House (Vintage Books).

[4] Cartas y descartes es de *The Book of Modern Puzzles*, por G. L. Kaufman, publicado por Dover Publications, N. Y. 1954.

[5] Watson, J. *The Double Helix*, Atheneum.

modelo en el que por primera vez estuvieran presentes todos los componentes del ADN. En alrededor de una hora conseguí ordenar los átomos en posiciones que satisfacieran tanto los datos de los rayos X como las leyes de la estereoquímica. La hélice resultante era a derechas y las dos cadenas se extendían en direcciones opuestas.

Figura 3

... Siguieron otros quince minutos de discusión con Francis (Ckrick) en los que no encontramos nada erróneo, a pesar de que durante un breve intervalo sentí un nudo en el estómago cuando le vi con gesto ceñudo.»

A pesar de que una molécula compleja como es la del ADN es difícil de visualizar en la imaginación o sobre el papel, uno de los colegas de Watson criticó el modelo que se muestra en la figura 4. Sin embargo, Watson apreció que su éxito al alcanzar el Premio Nobel mediante este método de pensamiento visual convenció al dubitativo «de que nuestra persecución afanosa de la creación de modelos representaba un enfoque serio de la ciencia, no un recurso sencillo de un atajo de gandules que querían evitar el esforzado trabajo que requiere una carrera científica honrada».

La narración de Watson en *The Double Helix* da también al lector una excelente visión del competitivo entusiasmo de la ciencia. Idealmente, el siguiente problema (un experimento de pensamiento en el contexto directo de la visión) se da con la intención de que sea una competición.

1.3 Estructura en voladizo de espaguetis

Con dieciocho piezas de espagueti y cincuenta centímetros de cinta adhesiva, construya la estructura en voladizo más larga que pueda. Hay tres requisitos adicionales:

1.   Fije con cinta adhesiva la base de la estructura dentro de una superficie horizontal cuadrada de 20 centímetros de lado.
2.   No haga planos. Piense directamente con los materiales.
3.   Diseñe y construya directamente la estructura en treinta minutos.

(Mida la longitud de la estructura en voladizo desde el punto de la base más cercano al extremo que más sobresalga de la estructura en voladizo).

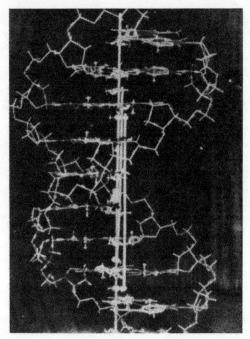

Figura 4

Imaginar y pensar

Las imágenes internas del ojo de la mente han desempeñado un papel decisivo en el proceso mental de muchos individuos creativos. En unos pocos pensadores estas imágenes internas son extremadamente claras. Por ejemplo, Nikola Tesla, el genio de la tecnología en cuya lista de inventos se incluye la lámpara fluorescente y el generador de corriente alterna, «podía proyectar ante sus ojos una imagen, completa en todos sus detalles, de todas las piezas de la máquina. Estas imágenes eran más vívidas que cualquier plano»[6]. Las imágenes mentales interiores de Tesla eran tan parecidas a las imágenes mentales producto de la percepción, que era capaz de construir sus complejas invenciones sin la ayuda de plano. Lo que es más, él afirmaba que era capaz de probar sus ingenios en su ojo de la mente «teniéndoles en funcionamiento durante semanas, después de las cuales él los examinaba por completo, en busca de signos de desgaste».

A pesar de que las etiquetas nos llevan a pensar en los varios tipos sensoriales de imaginación como si fuesen procesos diferenciados, en la realidad la imaginación es polisensorial. Albert Einstein[7], en su famosa carta a Jacques

[6] O'Neil, J. *Prodigal Genius: The Life of Nikola Tesla.* Mackay (Tartan Books).
[7] Einstein, A. Citado por Hadamard, J., en *The Psychology of Invention in the Mathematical Field.* Princeton University Press.

Hadamard, describía el importante papel de la imaginación polisensorial (visual y cinética) en sus pensamientos extremadamente abstractos: «Las palabras o el lenguaje, tal como son hablados o escritos, no parece que desempeñen ningún papel en mi manera de pensar. Los entes físicos que parecen servir de elementos en mi pensamiento son, ciertamente, signos e imágenes más o menos claras que pueden ser voluntariamente reproducidas y combinadas... Los elementos anteriormente mencionados son, en mi caso, de tipo visual, y algunos de tipo muscular. Las palabras convencionales u otros signos tienen que ser laboriosamente buscados en una segunda fase, cuando el anteriormente mencionado juego asociativo está suficientemente fijado y puede ser reproducido a voluntad».

A pesar de que Einstein señale que esta imaginación polisensorial puede ser dirigida «a voluntad», muchos pensadores importantes han obtenido visiones internas imaginativas más o menos espontáneas. Por ejemplo, el químico Kekule[8] realizó uno de los más importantes descubrimientos de la química orgánica, la estructura del anillo de benceno, durante un sueño. Había estado pensando en el problema durante un rato, y después giró su butaca hacia el fuego y se quedó dormido: «Una vez más, los átomos estaban brincando delante de mis ojos... Mi ojo de la mente... en aquel momento podía distinguir estructuras más largas... todas se enroscaban y se retorcían en un movimiento similar al de la serpiente. ¡Pero mira! ¿Qué era aquello? Una de las serpientes se había enroscado cogiéndose de su propia cola y la forma daba vueltas burlonamente ante mis ojos. Y, como deslumbrado por un destello de luz, me desperté». La espontánea imagen interna de la serpiente mordiéndose la cola le sugirió a Kekule que los compuestos orgánicos, como el benceno, no eran estructuras abiertas, sino anillos cerrados.

Aquellos de ustedes que asocian los grandes logros intelectuales exclusivamente con los símbolos verbales y matemáticos deben considerar las introspecciones de Tesla, Einstein y Kekule con especial cuidado. ¿Se ha pasado por alto algo en su educación? El siguiente problema, por ejemplo, se resuelve mejor mediante las imágenes mentales internas. ¿Le ha preparado su educación para resolver este tipo de problemas?

1-4   El cubo pintado

Cierre sus ojos. Piense en un cubo de madera como los de las construcciones infantiles. Está pintado. Ahora imagine que da usted dos cortes paralelos y verticales que dividen el cubo en tres partes iguales. Ahora dé otros dos cortes verticales más, a noventa grados de los primeros, dividiendo el cubo en nueve partes iguales. Finalmente, dé dos cortes paralelos y horizontales de parte a parte del cubo, dividiéndolo en 27 cubos. Ahora, ¿cuántos de estos pequeños cubos están pintados por tres caras? ¿Por dos caras? ¿Por una cara? ¿Cuántos cubos no están pintados?

No se desanime si ha obtenido unos resultados deficientes en este problema.

---

[8] Kekule, F. von. Citado por Koestler, A., en *The Act of Creation*. McMillan.

La manipulación mental de las imágenes que se forman en el ojo de la mente mejoran con la práctica.

Dibujar y pensar

Muy pocas personas poseen la agudeza del ojo de la mente que hacía capaz a Tesla de diseñar y construir maquinaria compleja sin la ayuda de planos. La mayoría de los pensadores visuales clarifican y desarrollan sus pensamientos con esquemas. Watson, recopilando los pensamientos que precedieron a su descubrimiento de la estructura del ADN, escribe que una importante idea le «sobrevino cuando estaba dibujando los anillos fundidos de adenina en un papel»[5]. En la figura 5 se muestra un ejemplo del diagrama químico dibujado por Watson. Como en el caso de Watson, dibujar y pensar son frecuentemente tan simultáneos que la imagen gráfica casi parece una extensión orgánica del proceso mental. Por lo tanto, Edward Hill, en *Language of Drawing*[9] compara el dibujo con un espejo: «Un dibujo actúa como el reflejo del pensamiento visual. En su superficie podemos probar, examinar y desarrollar las hipótesis de nuestra peculiar visión».

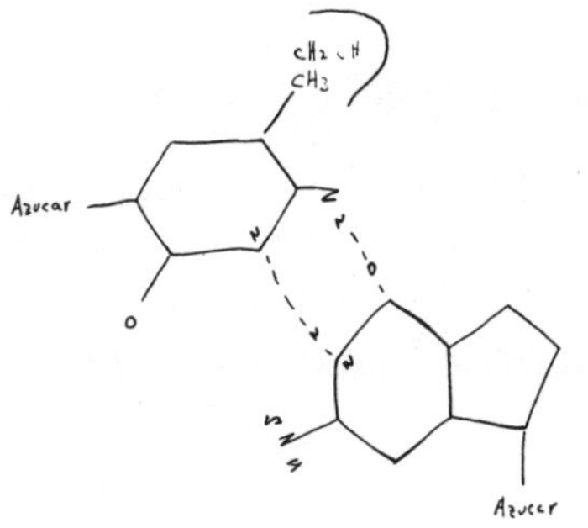

Figura 5

Dibujar no sólo ayuda a enfocar vagas imágenes internas, sino que también sirve de registro del avance de la cadena de pensamientos. Y lo que es más, el dibujo provee una función que la memoria no puede hacer: el poseedor de la más brillante imaginación no puede comparar un número de imágenes, una junto a otra en la memoria, como puede hacerlo con una serie de esquemas de ideas, sujetos con chinchetas sobre una pared.

El dibujar para ampliar el pensamiento de uno mismo se confunde frecuentemente con el dibujar para comunicar una idea bien formada. *La concepción gráfica precede a la comunicación gráfica:* la concepción gráfica ayuda a desarrollar el valor de comunicación de las ideas visuales. Dado que el pensa-

---

[9] Hill, E. *The Language of Drawing*. Prentice-Hall (Spectrum Books).

miento avanza deprisa, la concepción gráfica es normalmente de trazo libre, impresionista y rápida. Dado que la comunicación a los demás exige claridad, la comunicación gráfica es necesariamente más formal, explícita y consume más tiempo. La educación que destaque la comunicación gráfica y no preste atención a la concepción gráfica no podrá impulsar inteligentemente el pensamiento visual.

Preguntas de comprensión del texto de McKim

1. ¿El pensamiento visual sólo es posible en las profesiones artísticas? Explíquelo.
2. ¿Cuándo es más constructivo el dibujar, el esquematizar o el garabatear?
3. ¿Cuáles son las maneras específicas en que el dibujar nos ayuda a pensar?
4. ¿Qué importantes descubrimientos fueron resultado del pensamiento visual?
5. ¿Con qué tipos de problemas *no* podría ayudarle el pensamiento?

Sesión de prácticas del capítulo 5 para esta semana

Nota:

1. Use su mano en todo lo que lea.
2. Practique una hora cada día, por lo menos.
3. Márquese un objetivo para la semana y comprométase seriamente a conseguirlo. Mínimo: 1.000 ppm.

Antes de empezar con esta práctica, recuerde que tiene que «domar» el libro y practicar pasando hojas durante unos pocos minutos.

Práctica:

1. Separe una sección de cinco mil palabras.
2. Haga un examen previo en 2 minutos, empleando el recorrido en «S». Fije una PVI.
3. Lea la sección en un máximo de cinco minutos. Calcule sus ppm y rodee este número con un círculo. Añádalo a la PVI.

Repita este ejercicio con secciones nuevas durante al menos cincuenta minutos diarios durante seis días.

Respuestas: Comprobación de progresos 1

1. La dirección de su atención.
2. *a, d.*
3. *e.*
4. Estas respuestas cambian con las personas.
5. Estas respuestas cambian con las personas.
6. Tener en cuenta sus exigencias de lectura profesionales/personales, el tipo de material en el que se tiene que concentrar y lo que piensa hacer con el material después de haberlo leído.

Respuestas: Artículo de McKim

1. No. Muchas ocupaciones y actividades al margen de las artísticas exigen el pensamiento visual.
2. Cuando el ver, el imaginar y el dibujar convergen en una interacción real.
3. A)   Clarifica y desarrolla.
   B)   Sirve de registro del avance de la cadena de pensamientos.
   C)   Ayuda a la memoria.
   D)   Ayuda a comparar imágenes.
4. Houbolt, el módulo lunar de aterrizaje.
   Einstein, teoría de la relatividad.
   Watson, ADN.
   Fleming, penicilina.
5. Problemas que exigen *sólo* comunicación gráfica.

Registro de las prácticas de una semana

Desde el _____ hasta el _____
fecha   fecha

Primera sesión	SL más rápido:_____ ppm.	L más rápida: _____ ppm.	Título del libro: _____
N.º total de min. _____	SL más lento: _____ ppm.	L más lenta: _____ ppm.	Observaciones: _____ _____
Segunda sesión	SL más rápido:_____ ppm.	L más rápida: _____ ppm.	Título del libro: _____ _____
N.º total de min. _____	SL más lento: _____ ppm.	L más lenta: _____ ppm.	Observaciones: _____ _____
Tercera sesión	SL más rápido:_____ ppm.	L más rápida: _____ ppm.	Título del libro: _____ _____
N.º total de min. _____	SL más lento: _____ ppm.	L más lenta: _____ ppm.	Observaciones: _____ _____
Cuarta sesión	SL más rápido:_____ ppm.	L más rápida: _____ ppm.	Título del libro: _____ _____
N.º total de min. _____	SL más lento: _____ ppm.	L más lenta: _____ ppm.	Observaciones: _____ _____
Quinta sesión	SL más rápido:_____ ppm.	L más rápida: _____ ppm.	Título del libro: _____ _____
N.º total de min. _____	SL más lento: _____ ppm.	L más lenta: _____ ppm.	Observaciones: _____ _____
Sexta sesión	SL más rápido:_____ ppm.	L más rápida: _____ ppm.	Título del libro: _____ _____
N.º total de min. _____	SL más lento: _____ ppm.	L más lenta: _____ ppm.	Observaciones: _____ _____
Séptima sesión	SL más rápido:_____ ppm.	L más rápida: _____ ppm.	Título del libro: _____ _____
N.º total de min. _____	SL más lento: _____ ppm.	L más lenta: _____ ppm.	Observaciones: _____ _____
Octava sesión	SL más rápido:_____ ppm.	L más rápida: _____ ppm.	Título del libro: _____ _____
N.º total de min. _____	SL más lento: _____ ppm.	L más lenta: _____ ppm.	Observaciones: _____ _____

R
E
S
U
M
E
N

TIEMPO TOTAL	Simulacro de lectura más rápido: _____ ppm.	Lectura más rápida:_____ ppm.
	Simulacro de lectura más lento: _____ ppm.	Lectura más lenta: _____ ppm.
	Observaciones: _____ _____	

Capítulo 6

CÓMO DESARROLLAR SU MEMORIA

Este capítulo hace un examen de determinados puntos relativos a la recordación y expone algunos procedimientos para mejorar su capacidad de recordar. La recordación efectiva requiere un método lógico y sistemático de adquirir y almacenar información. Usted ha empezado a aplicar el procedimiento de estudio que se presentó en el capítulo 4. Ahora debe usted centrarse en el sistema de recuperación de información necesario para hacer salir la información almacenada, y utilizarla, siempre que lo desee.

¿Qué es la memoria?

Es fácil llegar a confundirse con las diferentes palabras relacionadas con el proceso de la memoria. Se usan unas por otras y también tienden a superponerse en las mismas definiciones. Los varios significados se diluyen todavía más porque representan un proceso complejo que no ha sido todavía comprendido del todo, ni siquiera por los expertos en el campo de la memoria.

Comprender y rememorar son aptitudes separadas. Se desarrollan separadamente y a diferentes velocidades. Por lo tanto, es posible (y probable, mientras esté usted adquiriendo estas nuevas aptitudes) el tener buena comprensión y, al mismo tiempo, una deficiente rememoración. Luego, esté prevenido; el simple hecho de que usted no pueda recordar el material inmediatamente después de que haya finalizado la lectura, no quiere decir que su comprensión haya sido deficiente. Recuerde que la comprensión es entender el material *mientras* lo está leyendo. Por ejemplo, unos resultados deficientes en las comprobaciones de progresos de este libro pueden haberse debido a una comprensión deficiente, pero también existe la posibilidad de que sus aptitudes de comprensión fueran adecuadas mientras que las de recordación no lo sean, siendo como son independientes.

La disparidad entre los niveles de comprensión y rememoración es posible si consideramos por un momento que se está produciendo en su sistema de proceso de la información uno de los cambios más significativos desde que usted estaba en la escuela elemental. Su cerebro está todavía tratando de hacer frente a los nuevos tipos y cantidades de «entrada» de información que llegan a él (comprensión de la lectura) y tratará de dar «salida» (rememorar), en diferentes momentos y a diferentes velocidades.

Si ha practicado diligentemente, habrá dado usted a su cerebro la oportunidad de acostumbrarse al flujo de información mayor, más significativo y más interesante que permite el procedimiento de estudio. Ahora ha llegado el momento de abordar más directamente el tema de cómo darle salida (rememorar). La situación ideal es desarrollar armónicamente ambas aptitudes, memoria y comprensión. Este capítulo le servirá de ayuda para organizar sus técnicas de lectura y recordación de tal manera que facilite una elevada comprensión sin que por ello tenga que experimentar un descenso espectacular la recordación.

Implícita en la definición de memoria está la asunción de que se ha producido el aprendizaje. Difícilmente podrá usted recordar algo que no haya aprendido anteriormente. Por lo tanto, la memoria tiene el significado dual del poder de recordar así como el de la capacidad de almacenar las cosas aprendidas. No hay objeto alguno en el cerebro que podamos llamar memoria (aunque mucha gente se queje de haberla perdido), sino que, más bien, determinadas actividades dan pruebas de la existencia de un almacén de información: su memoria.

A guisa de ilustración, definiremos las diversas actividades de la memoria en el siguiente ejemplo: Suponga que la tarea encomendada a su memoria es hacer una exposición que resuma el crecimiento de las ventas en su zona. Usted no desea hablar exclusivamente a partir de notas, ni limitarse a leer su informe ante los asistentes a la reunión. Por lo tanto, debe aprenderse de memoria una gran cantidad de los datos que usted organiza y conoce. Lo que sigue es una descripción de las actividades de la memoria que usted podría realizar con objeto de exponer el material a sus oyentes.

Tipos de memoria

Fase uno: Registro

El registro es el proceso inicial de entrada de información. Comprende la lectura, la reflexión, el tomar notas; es decir, todos los procesos descritos en el capítulo 4. Después de que usted haya seleccionado de la masa de información a la que usted tenga acceso aquellos puntos adecuados para la exposición que desea hacer ante los asistentes a la reunión, utilice para aprenderlos el proceso de estudio que hemos bosquejado anteriormente.

Fase dos: Retención

De acuerdo con el tratado sobre la memoria escrito por I.M.L. Hunter[*], la retención es el intervalo entre el aprendizaje y la recordación. No es un fenómeno observable, sino que más bien se infiere de las actividades de aprendizaje y recordación de una persona. Por lo tanto, no podemos darle un ejemplo concreto de retención.

Fase tres: Recuperación

La recuperación es el hacer salir a la información almacenada en los bancos de datos de su memoria. Si usted pudiera confiar exclusivamente en su sistema de estímulos internos de recuperación, hablaría sin notas en la reunión. Esto es *rememoración*. Por otra parte, el hablar con la ayuda de notas es utilizar un estímulo externo para recuperar la información almacenada en su memoria. Esto es *reconocimiento*.

El reconocimiento es una actividad mucho más fácil que la recordación pura. Otro ejemplo de reconocimiento sería que usted viera el típico pasquín de «Se busca a ...» en una estafeta de correos y que reconociera la cara como la de alguien que hubiera visto antes, pero sin poder recuperar más información. Usted no puede establecer dónde, o cuándo o en qué circunstancias vio esa cara. (Y de todas las maneras, ¿qué hace usted mezclándose con gente de ese pelo?). Otro aspecto del reconocimiento se nos hace evidente en este ejemplo. Usted no produjo el estímulo inicial para poner en marcha el proceso de recuperación de información; el pasquín lo hizo. El reconocimiento depende de los estímulos externos; por lo tanto, es una forma de recordación más limitada y dependiente.

La rememoración, por otra parte, es una actividad de recuperación más difícil porque es usted quien ha de aportar el estímulo inicial. Ésta es una de las razones por las que su léxico como oyente (una actividad de reconocimiento) es normalmente mucho mayor que su léxico como hablante (una actividad de recordación). En cada actividad de recordación, tanto si se trata de escribir como si se trata de hablar, el estímulo y la información iniciales procedían de su almacén personal de información. Esto es también la razón de que la información previa (aprendizaje y recordación anteriores) sea tan crítica para la calidad de sus actuales actividades de recordación. En la reunión informativa de ventas que usted ha de mantener, el simple reconocimiento de los datos que usted tuviera recogidos resultará, a todas

---

[*] I.M.L. Hunter, *Memory*, Pelican Books, pág. 18.

luces, insuficiente para su presentación. Este capítulo expone, analiza y comenta diversos métodos para la mejora del proceso de rememoración, mucho más riguroso pero esencial.

Considerando que este libro está centrado en el empeño de ahorrarle a usted tiempo y esfuerzo en la lectura, este capítulo es crucial en lo que atañe a la potenciación de su eficiencia en la lectura. Sea cual fuereel grado de diligencia que usted haya aplicado a sus técnicas de estudio, sea cual fuere el grado de elegancia de las notas que hubiera tomado, si usted no puede recordar el material objeto de su disertación mediante una afloración de datos y hechos propios del caso cuando sean necesarios, entonces y en tal caso, ha perdido usted miserablemente su tiempo de lectura.

Comprobación de progresos 1

1. La memoria tiene la definición dual de: _____
2. Una la palabra a la frase que le corresponde:

a)	Entrada	_____rememoración
b)	Salida	_____recuperación
c)	No hay forma de medir	_____reconocimiento
d)	La forma más fácil de recordar	_____registro
e)	La forma más difícil de recordar	_____retención

3. ¿Cuál es la distinción básica entre comprensión y recordación?

Ejercicios

Trace una línea en el gráfico de la página 162, de acuerdo con la cantidad de información que piense usted que retiene en un período de tiempo dado. A continuación se producirán preguntas y comentarios.

Lo que le dice el ejercicio. Dando por supuesto que el material sea bastante uniforme en lo que se refiere a su dificultad, la rememoración *no* tiende a funcionar exactamente de la misma manera que la comprensión. Si la comprensión y la rememoración fueran uniformes, la línea no se inclinaría y, sin embargo, lo hace.

El gráfico 1 ilustra las diferencias entre una deficiente rememoración y la función de comprensión y explica por qué hay tanta gente que no recuerda mucho después de horas de aprendizaje. La razón es que la rememoración tiende a irse haciendo peor conforme va pasando el tiempo, a menos que se dé a la mente un pequeño descanso. Considere lo que sucede a la rememoración cuando usted hace pausas planificadas, y recuerde cómo se estructuró el proceso de estudio en el capítulo 4.

El segundo gráfico de la página 163 ilustra la cantidad de información aprendida que parece evaporarse una vez que finaliza el período de aprendizaje. Si la información aprendida no está luego presente para que pueda usted utilizarla después de la lectura, bien podría usted haberse ahorrado la molestia de leerla.

Memoria a corto plazo

La memoria a corto plazo es retener la información procesada durante las 24 horas subsiguientes al aprendizaje, aproximadamente. *La memoria a largo plazo,* por otra parte, entra en escena poco tiempo después de que la memoria a corto plazo haya empezado a desvanecerse.

Del mismo modo que la rememoración y la comprensión son aptitudes separadas y diferentes, también lo son la memoria a corto plazo y la memoria a largo plazo, en el sentido de que usted puede desarrollarlas separadamente. Exactamente igual que una buena rememoración es muy dependiente de una buena comprensión, la memoria a largo plazo depende de los hábitos más o menos eficientes de memoria a corto plazo. Esto puede parecer obvio, pero son muchas las personas que hacen más difícil la tarea de la memoria a largo plazo al hacer caso omiso de la ayuda que representa el almacenar información en la memoria a corto plazo. No malgaste su tiempo volviendo a aprender material para su memoria a largo plazo, porque no se tomó después de la lectura los pocos minutos que hubiera necesitado para instalar firmemente en su memoria de corto plazo el material que acababa de leer.

Tal como hemos indicado anteriormente, la memoria a corto plazo es la capacidad para recuperar información poco tiempo después de que haya finalizado el proceso de aprendizaje. Se producen dos situaciones muy interesantes cuando se registran en un gráfico las tendencias de la memoria a corto plazo. En la primera, uno retiene una mayor parte de lo que aprendió si deja pasar unos minutos después del final del período de aprendizaje. En la segunda, cerca del 80 por ciento de la información que se aprendió se suele perder dentro de las 24 horas subsiguientes al aprendizaje. El primer fenómeno ocurre porque el cerebro está utilizando esos pocos minutos comprendidos entre el final del período de aprendizaje y la elevación apreciable de la memoria a corto plazo para asimilar y procesar la información aprendida. Durante ese período, el cerebro está buscando un hueco, dentro del sistema de archivo de información, donde archivar el nuevo material. El 80 por ciento de pérdida de información dentro de las primeras 24 horas supone que no se hizo nada después del período de aprendizaje para alojar firmemente la información en el sistema de la memoria.

ENTRADA

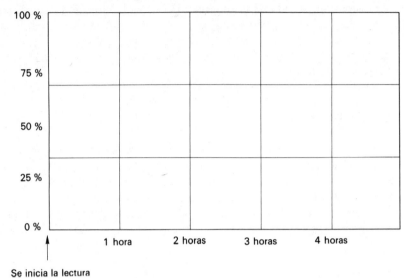

RECUPERACIÓN

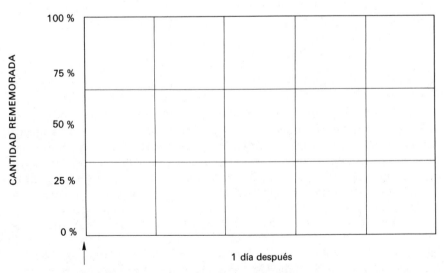

ENTRADA

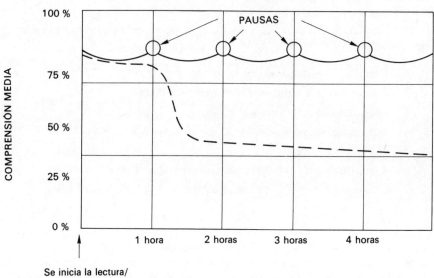

RECUPERACIÓN

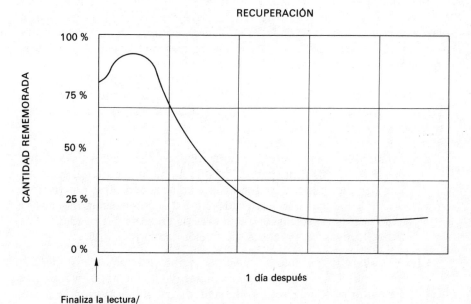

Sugerencias para contar con un sistema más eficiente de memoria a corto plazo

Para alojar firmemente la información en su memoria a corto plazo, siga los siete pasos que se enumeran a continuación:

1. Perciba correctamente el material.
2. Lea con una finalidad determinada y clara.
3. Meta en canción a su «yo».
4. Aprecie el «conjunto».
5. Asocie o enlace.
6. Comprenda las trampas inicial, central y final.
7. Haga algo con el material, después de que haya acabado.

Si usted se encuentra leyendo unos pasajes largos, complicados y de una materia que no le resulta familiar, no estará motivado para recordarlos, con lo que se resentirán sus sistemas de recuperación (memoria a corto y largo plazo). Para potenciar su capacidad de recuperar fácilmente la información, adquiera y desarrolle aptitudes de memoria a corto y a largo plazo.

La memoria a corto plazo se ve influenciada por las condiciones existentes antes, durante y después del período de lectura. Algunas de las condiciones pueden ser conformadas o modificadas en beneficio de su memoria a corto plazo. Las siguientes sugerencias para mejorar la memoria a corto plazo son condiciones o actividades para mejor recibir, retener y rememorar la información dentro de esas 24 horas críticas que siguen a la lectura, evitando una pérdida espectacular de información.

Sugerencia 1: *Perciba correctamente el material.* Algunas personas tienen dificultades al recordar el material sencillamente porque no lo percibieron correctamente, en primer lugar. Algunas razones de que no se perciba correctamente el material son:

a) *Dificultades físicas de percepción.* Algunos desarreglos físicos pueden hacer que la gente perciba incorrectamente el material impreso. Por ejemplo, pueden confundir una palabra con otras o invertir el orden de algunas letras cuando leen. Esta complicación requiere la ayuda de un especialista en esta materia antes de que puedan llegar a ser efectivas las prácticas y la mejora de la memoria.

b) *Descuido.* El descuido se suele pasar por alto como causa de una memoria deficiente. Un sistema inefectivo de memoria bien podría ser síntoma de una actitud descuidada hacia la lectura y la recordación. Los métodos de acumulación de información que sean precipitados, desorganizados, imprecisos o inadecuados, no le permitirán rememorar muy bien.

c) *Texto desorganizado o deficientemente escrito*. Si el material no tiene una presentación lógica, sus probabilidades de comprenderlo, y no digamos nada de las de recordarlo, se verán muy reducidas. Muchas personas se hacen o se sienten responsables de no entender o recordar un determinado material cuando, de hecho, el culpable principal es el individuo que lo redactó y presentó tan deficientemente. Naturalmente, lo escrito escrito está, y usted no puede hacer nada para modificar la desorganizada presentación del autor, salvo escribirle una carta que le ponga «como un trapo»; pero es ventajoso estar al tanto de que un texto desorganizado puede ser, además, defectuoso. Si éste fuera el caso, deberá usted imponer o diseñar su propia organización en el material, para comprenderlo y recordarlo.

d) *Leer a una velocidad inadecuada*. En ocasiones puede sacar usted la impresión de que el texto está deficientemente escrito, cuando en realidad lo que sucede es que usted lo está leyendo a una velocidad inadecuada, normalmente demasiado baja. Si le resultan indescifrables ya sea el concepto o el flujo de las ideas, acelere el ritmo de lectura y consiga así una diferente perspectiva del material.

Sugerencia 2: *Lea con una finalidad*. El leer y el recordar tienen tanto de procesos de selección cuanto que de procesos de comprensión. La información que, de manera consciente o accidental, eligió usted para recordar debe ser evaluada de acuerdo con las finalidades de tipo general que usted persiga. Usted no tiene por qué leer todas y cada una de las palabras de la página con la misma consideración, porque nuestro idioma no da el mismo valor a todas las palabras. Tampoco necesita usted prestar igual atención a todos y cada uno de los hechos o ideas para su posterior rememoración. Cualquier autor admite que algunas informaciones son menos importantes que otras en la explicación del tema central.

La objeción de que «todo lo que yo leo es importante», pierde la esencia de la tarea de leer... pensar, seleccionar, volver a pensar, evaluar, volver a pensar y volver a seleccionar. El proceso de eliminación de la información superflua comienza con la primera palabra que usted lea. Esclavizarse a la infructuosa tarea de tratar de recordar todo lo que leyó, no es necesario cuando se tiene una finalidad bien definida. El tener una finalidad así al afrontar la lectura del material estimula al máximo el proceso de selección, permitiéndole determinar lo que es significativo y consecuentemente útil. Para que se produzcan el adecuado almacenaje y retención de la información, el material ha de tener un significado y una utilidad acordes a la finalidad que usted persiga.

Tipos de recordación

¿Qué tipos de recordación tiene usted a su disposición y qué tipos de recordación satisfarán la finalidad que usted persigue al leer? A continuación se enumeran algunas opciones al elegir lo que se desea recordar:

— memorización palabra por palabra de todo;
— memorización, palabra por palabra, de partes elegidas de la pieza de lectura;
— memorización, palabra por palabra, o parafraseado de todos los puntos de tipo general que se haya presentado, con todos los hechos/ detalles inherentes;
— rememoración de los puntos generales exclusivamente con las mismas palabras de usted, en el orden presentado en el texto, con uno o dos detalles o hechos demostrativos;
— rememoración con sus propias palabras de las ideas generales o principales, solamente, sin que tenga que ser necesariamente en el mismo orden en que se expusieron;
— rememoración del tema general del texto y rememoración de dónde encontrar el texto para consultar su contenido;
— saber que existe;
— desconocedor de su existencia.

Las opciones precedentes tienen muchas variantes que, frecuentemente, se superponen unas a otras, pero esta lista deja bien en claro que usted dispone de muchas más opciones para recordar de las que posiblemente hubiera pensado que existían.

Si usted sabe lo que está buscando, ha incrementado sustancialmente sus probabilidades de encontrarlo. Sea realista en lo que se refiere a las exigencias de información que usted impone a su tiempo y sus esfuerzos. No hay posibilidad alguna de que pueda usted recordar todo, luego sea selectivo. Establezca objetivos alcanzables, sea cual sea su nivel. Contando con la motivación y la práctica diligente, podrá usted ampliar su repertorio de aptitudes memorísticas para adecuarlo a cualquier finalidad de lectura que desee.

La gente que más insegura se siente con su lectura y recordación normalmente elije el más amplio manto de la seguridad, la primera opción. Su justificación es que «dado que no sé lo que realmente deseo, recordaré todo y ya decidiré más adelante», o «los puntos importantes se 'pegarán" a mi memoria y los puntos innecesarios se disiparán». Sin embargo, su cerebro no es un prospecto. Si usted adopta esta actitud, se ha asignado a sí mismo una tarea muy difícil. Si usted siente que debe recordar *todo,* deténgase y evalúe su situación de lectura en términos de dificultad de texto, conocimiento del material, sus objetivos y sus finalidades a la hora de leer y recordar.

Establezca parámetros. El leer con una finalidad determinada establece también unos parámetros significativos que engloban su tarea de lectura. Algunos parámetros son físicos en tanto en cuanto le permiten ver un principio, centro y final lógicos de su tarea de lectura y recordación. Las personas que se aferran a una silla y juran que no se levantarán de ella hasta que recuerden «eso», se han asignado a sí mismas un trabajo de lo más dificultoso. ¿Recuerda el gráfico 1 que rellenó al principio del capítulo? ¿Recuerda la caída después de aproximadamente cuarenta minutos de finalizado el aprendizaje? ¿Recuerda también cómo esa curva continúa descendiendo según va pasando el tiempo, a menos que se dé al cerebro un breve período de descanso para procesar la entrada de información? Su trabajo siempre es más sencillo cuando usted conoce sus parámetros. Cuando usted determina su finalidad antes de la lectura, conoce los parámetros del trabajo y ha hecho que su tarea sea mucho más fácil.

Comprobación de progresos 2

1. ¿Cuánto tiempo ha de pasar para advertir una caída en la comprensión cuando se está estudiando? Una forma de resolver esta caída es:

2. Veinticuatro horas después del aprendizaje, ¿qué porcentaje de la información se conserva?

3. Compruebe aquellos factores que afectan a su perfecta percepción de material:

    _____ *a)*   El libro está deficientemente escrito o compuesto;
    _____ *b)*   Usted es descuidado;
    _____ *c)*   Usted está leyendo a una velocidad inadecuada;
    _____ *d)*   Usted tiene problemas de percepción.

4. Establezca acertadamente su finalidad porque:

    _____ *a)*   Le brinda unos parámetros significativos que engloban su tarea de aprendizaje y recordación;
    _____ *b)*   Le ayuda a ver la estructura general;
    _____ *c)*   Le da una definición de la tarea;
    _____ *d)*   Nada de lo anterior es cierto;
    _____ *e)*   Los puntos *a, b* y *c* son ciertos.

5. Sea selectivo con su recordación. ¿Por qué?

Sugerencia 3: Meta en canción a su «yo». Leer con una finalidad bien definida mejora también la tarea de la memoria al proporcionar una tarea razonable y alcanzable a su mente, lo que es esencial para mantener alta la motivación. La gente pierde rápidamente la motivación si cree que la tarea es irrazonable o la meta inalcanzable. Por tanto, si usted tiene que empezar muy abajo en su tarea de recordación, hágalo así. Establezca un nivel de recordación que pueda alcanzar con relativa facilidad y luego márquese unas metas suficientemente altas para elevar su nivel de aptitud; pero asegúrese de que están dentro de lo razonable para mantener su motivación elevada al mismo tiempo.

La motivación, o el meter en canción al «yo», es vital para la recordación. Dejando aparte el fastidio con el que usted haya seguido todos los otros pasos que se han descrito en este capítulo, si usted llega a la conclusión de que realmente no quiere recordar, usted no recordará. Dejando aparte lo poderosas que sean las fuerzas externas que le están empujando a recordar, si usted ha analizado su tarea memorística y ha decidido que realmente no quiere recordar, deténgase inmediatamente. Está usted malgastando su tiempo. Es mejor que dedique el tiempo a analizar por qué no desea recordar, en lugar de que lo malgaste en realizar tareas memorísticas carentes de significado práctico para usted. Sopese las consecuencias de que recuerde las cosas y vea si puede crear algún tipo de motivación personal que le anime a recordar. Si usted no puede dar con algunas buenas razones motivadoras que sean propias de usted, puede intentarlo con las razones motivadoras negativas del miedo o del castigo. Éstas suelen ser razones bastante motivadoras.

Sugerencia 4: *Aprecie el «conjunto»*. Apreciar visualmente la estructura general de la información es crítico para organizar significativamente la información. Es de esperar que el autor haya empezado por presentar lógicamente los conceptos generales porque su tarea ahora es descubrir esa estructura general. La información contenida en la mayoría de las selecciones de lectura está estructurada de tal forma que inicialmente se exponga el tema general o la premisa básica. Seguidamente se usan las ideas principales para desarrollar el tema o premisa.

Si usted ha percibido con precisión la información de entrada y ha definido su finalidad para leer y recordar, el siguiente paso es integrar la información en sus bancos de memoria a corto plazo.

Percibir la estructura en la información implica la capacidad de pasar efectivamente de los hechos y detalles específicos de su material a las ideas o conceptos generales. Esto es por lo que la flexibilidad en la técnica y velocidad de lectura es una ayuda valiosa para su capacidad de aprender y recordar.

Si usted pudiera sentarse junto al autor y comentar la información con él, probablemente la recordaría bien porque la información se personalizaría de una forma significativa y directa. Pero como esto es imposible, usted ha de recurrir a otras tácticas para propiciar la plena comprensión del mensaje del autor. Para recordar acertadamente, ajuste la información de tal modo que encaje en su almacén de información. Ajustar la información significa empezar por ver el desarrollo general de la información.

Los lectores más ineficientes o bien se saltan este paso fundamental o tratan de deducir la estructura general de las ideas a partir de un ramillete de hechos y detalles aislados. Esto es una equivocación natural en el lector lento porque la cosa más aparente sobre la página es, para él, palabras... palabras... palabras. Se ha perdido la objetividad y el lector lento no ve el bosque porque se lo tapan los árboles, cada vez que utiliza su antiguo, lento y molesto método de lectura. El leer de esa manera no es que sea molesto, solamente, sino que además es difícil. La dificultad arranca de tratar de memorizar hechos y detalles sin haber considerado primero la estructura general de las ideas.

La importancia de ver el conjunto se ilustra muy bien con el proceso que seguimos la mayoría de nosotros cuando buscamos una calle en un plano del centro de Manhattan. El plano no tiene índice ni retícula de orientación. Usted puede avanzar, manzana por manzana, por el extremo superior de la izquierda del plano (al igual que empieza a leer una página) en busca de la calle que le interesa, o usted puede preguntar a alguien qué cruce de calles importantes queda cerca de la calle que usted busca. Cuando usted localiza el cruce de calles importantes, ya tiene una mejor orientación de dónde se encuentra la calle en cuestión y, lo que es igualmente importante, de *dónde no está*. Esta técnica de localizar el cruce de calles importantes es un paso sencillo y obvio para ahorrar tiempo y esfuerzos a la hora de localizar la calle.

Descubrir las principales ideas del autor antes de prestar atención a los diversos detalles debe ser un paso inicial obvio en su tarea de lectura y recordación. La comprensión de las principales ideas del autor y el conocimiento del orden en que se exponen es una gran ayuda para la comprensión y la retención. Dedique unos minutos al examen superficial del material que deba aprender y recordar. Esos pocos minutos están muy bien invertidos.

Sugerencia 5: *Asocie*. Toda lectura y recordación es un proceso de enlace o asociación. Usted comprende la nueva información a la luz de la información previamente almacenada. Por lo tanto, usted no puede aprender algo si no cuenta con información o experiencia previas con las que asociarlo.

Por ejemplo, un ser humano perteneciente a una antigua cultura, si de repente se viera «trasplantado» al siglo XX, probablemente no entendería nada de ordenadores, por más que esa persona pudiera ser «muy inteligente». La razón es que nuestra hipotética persona primitiva no tiene una base de experiencias de las que pueda extraerse una comprensión de los modernos ordenadores.

Preguntas a uno mismo. Dado que el aprender (entrada) y el recordar (recuperación) son procesos de asociación, es útil comprender cómo funcionan estos procesos de asociación. Cuando lee también es necesario que comprenda que está participando activamente en un proceso de asociación. Esto requiere que dedique tiempo a pensar y reflexionar durante sus períodos de lectura. Un ejemplo de pensamiento reflexivo es formularse preguntas a uno mismo. Plantearse preguntas como: «¿Qué trata de decir esta persona?» «¿Guarda esto alguna relación con lo que yo ya sé acerca de este tema?» y «En caso afirmativo, ¿qué relación guarda con lo que ya sé?» Formúlese preguntas a sí mismo al final de cada unidad separada de información, de la información contenida bajo el subepígrafe de un capítulo, al final de un capítulo completo, o al final de un informe que trate de un tema específico. El quid estriba en que, antes de pasar a una nueva serie de temas, mejore todavía más sus procesos de memoria a corto plazo mediante uno de estos «autointerrogatorios». Es un método de reforzar el proceso de asociación.

Póngalo con sus mismas palabras para personalizarlo. Otra actividad que ayuda a hacer asociaciones más efectivas es traducir la información a las palabras que son propias de usted. La mayoría de la información almacenada en su memoria que usted puede recordar con alguna facilidad ha sido traducida a sus propias palabras, desde los recuerdos de la infancia hasta los complicados problemas de su vida profesional. Usted ha hecho suya esa información acuñándola en términos que son significativos e importantes para usted. Haga más fructíferos y fáciles sus esfuerzos de lectura y recordación haciendo lo mismo con la nueva información que desee recordar.

Ahora que usted ha asociado la nueva información con el material previamente aprendido y que también ha utilizado sus propias palabras para almacenarla, puede utilizar el enlace o la asociación para recuperar la información. Si usted no puede hacer salir a la superficie la información exacta que necesita inmediatamente, es posible utilizar la asociación para tratar de hacer salir a la luz la información deseada. En lugar de sentirse frustrado porque no puede rememorar la información que necesita, use cualquier cosa que pueda recordar para acabar por sacar de sus bancos de memoria lo que necesita. Considere que la información que tiene es una oportunidad para descubrir la información que necesita. Una actitud positiva desempeña un papel importante en la forma en que usted podrá utilizar efectivamente esta técnica.

Recuerde que las PVIs (presentación visual de la información) que se comentaron en el capítulo 4 estaban estructuradas de tal manera que se pudiera sacar provecho del proceso de asociación. La PVI puede adaptarse también a la información que no sale de sus bancos de memoria precisamente en el orden que usted desea a veces. La información se recupera en algunas ocasiones fuera del orden en que se produjo su entrada. Esto no debe ser un impedimento si utiliza usted la PVI. La PVI está estructurada para permitirle encontrar los enlaces con cualquier fragmento de información que desee, con independencia del orden de entrada o salida.

Comprobación de progresos 3

1. Enumere tres motivadores externos que ayudan a hacer la tarea de recordación.
2. ¿Por qué encuentran difícil los lectores lentos la visión del conjunto?
3. La flexibilidad en la velocidad y la técnica le permitirá pasar y retornar de lo específico a lo general. La capacidad de pasar de hechos/detalles específicos a las ideas/conceptos generales depende de su _____.
4. Identifique de cuáles de las siguientes formas puede usted utilizar la asociación para recordar el material.

   _____ *a*) formularse preguntas a sí mismo;
   _____ *b*) hacer una PVI;
   _____ *c*) comparar con información previa;
   _____ *d*) poner la información en palabras propias de usted.

Sugerencia 6: *Las trampas del principio, centro y final.* Cuando usted está ocupado en la tarea de leer y recordar, comprobará que a veces se producen lagunas en su captación y recordación. Algunas de estas lagunas de información se producen por una pérdida de concentración, mientras que otras están causadas por una súbita elevación del nivel de dificultad del material. Otra razón de las lagunas de recordación guarda relación con su cerebro: la forma en que éste procesa y recuerda la información, y el orden en que recupera esa información. Para la mayoría de los lectores, cuando tienen una considerable cantidad de material que leer y recordar, el principio, centro y final del material no los recuerdan en orden consecutivo, o con igual facilidad.

La mayoría de las personas tienden a olvidar en primer lugar la parte central, luego el principio y, en último lugar, el final. Si usted ya es consciente de este fenómeno, puede prevenirse contra esta tendencia a olvidar la parte central intensificando sus esfuerzos durante la parte central de su lectura, o comenzando sus sesiones de revisión con una atención especial a la parte central. Esto es igualmente válido para la información que se recibe durante las reuniones de negocios, lecciones en clase, y conversaciones. Además, puede ser necesario hacer algo especial que la enfatice si toda la pieza de información ha de quedarse alojada en su memoria. Este énfasis especial puede ponerse mediante una técnica creativa de toma de notas o mediante procedimientos nemotécnicos.

Sugerencia 7: *Hacer algo con el material.* Para retener la información en sus bancos de memoria a corto plazo, fortalézcala activamente. El fortalecimiento contrarresta al «olvido inmediato» (consulte el gráfico 1 al principio de este capítulo).

El «olvido inmediato» puede describirse como sigue: Cuando su cerebro recibe información que ha de recordar, pone en marcha una serie compleja de acontecimientos. Las palabras percibidas desencadenan una reacción química en su nervio óptico y envían impulsos eléctricos a su cerebro que, a su vez, dan origen a determinadas formas de actividad en él. La actividad persiste brevemente y luego o bien se extingue o bien es suplantada por nuevas formas de actividad. Esta reducción de actividad cerebral es la responsable del olvido inmediato. Si no quiere que la información se pierda, deberá mantener y fortalecer selectivamente aquellas partes de la información que desee retener, haciendo algo con ellas una vez que las haya leído.

No hacer nada. Una vez que haya finalizado la lectura del material, dispone usted de varias opciones respecto a lo que pueda hacer con él: escribir algo que guarde relación con él, pensar en él, hablar de él, o cerrar el libro, cerrar su boca y cerrar su mente. Si opta por no hacer nada con el material después de haberlo leído, ha reducido usted sustancialmente las probabilidades de que la información permanezca en su memoria a corto plazo.

Pensar en él. Una vez que haya eliminado usted la opción de no hacer nada con el material, todavía le quedan otras tres opciones fundamentales. Pensar en el material después de que haya concluido usted la lectura es la más fácil, pero al mismo tiempo la menos efectiva de las actividades. Es muy fácil convencerse a uno mismo de que se recuerda el material mediante una pasiva sesión de pensar en él después de la lectura. No lo confunda con la reflexión que debe tener lugar durante toda sesión de lectura. El pensar de forma pasiva no es algo que satisfaga adecuadamente el requisito de «hacer algo con él» *después* de que usted termina de leer el material. Normalmente, uno es demasiado indulgente consigo mismo cuando se trata de un test serio del aprendizaje y la memoria.

Hablar de él. En ocasiones, el hablar con alguien después de haber leído algo ayuda a mejorar sus probabilidades de recordarlo. Este tipo de actividad posterior a la lectura puede que no sea práctica, pero puede ayudarle a comprobar por sí mismo si ha captado los puntos principales y los datos fundamentales del material, así como a identificar cualesquiera lagunas que pueda haber en la información. Toda ocasión en que usted sitúe en más de un contexto la información recibida, por ejemplo, pasándola del contexto visual de la lectura al contexto hablante y auditivo, servirá para mejorar sus probabilidades de recordación. El inconveniente es que la «víctima» de su técnica memorística acaso no esté en situación de comentarle adecuadamente la validez de su rememoración del material. Del mismo modo, cuando las pronuncia, sus palabras son completamente pasajeras y puede que no indiquen su capacidad de rememoración a largo plazo. Por lo tanto, hablar de la información no proporciona un registro permanente para posteriores revisiones, y no ilustra la estructura particular que puede estar desplegándose visualmente para usted sobre el papel.

Cuanto más practique la actividad postlectura y cuanto más vívidas sean las asociaciones, tanto mejores serán sus probabilidades de recordar la información. Por ejemplo, si usted es lo suficientemente mayor para recordar el día en que fue asesinado el presidente John F. Kennedy, podrá hablar con mucha claridad acerca de muchos detalles nacionales y personales asociados con aquel nefasto día. Acaso recuerde lo que almorzó, quién estaba con usted, qué ropa llevaba puesta, etc., aparentemente detalles sin importancia que incluso ahora puede traer al pensamiento. Usted recordará aquel trágico día mucho mejor que otros días más felices, porque lo vivido de aquellos acontecimientos le hace asociarlos con otros detalles, aparentemente sin importancia.

Escribir algo acerca de él. La actividad posterior a la lectura que le permite establecer la representación más vívida de su lectura, es diseñar una PVI. En ocasiones, el material presta su propia vitalidad para hacer que las notas de usted sean interesantes y vívidas, como en el anterior ejemplo del presidente Kennedy. Sin embargo, en otras ocasiones, tendrá que ser usted creativo en el diseño de una PVI que le ayude a recordar efectivamente.

El escribir algo acerca del material no debe ser un volver a escribir, palabra por palabra, el texto, en el 99 % de las notas que tome usted. A veces resulta esencial una cita directa, pero entonces usted ha de estar preparado para memorizar y repetir esa cita en posteriores autoevaluaciones. Si usted descubre que no tiene que memorizar la cita, póngala entonces entre sus notas con sus propias palabras. Sus notas también deberán ser breves. No se dedique a escribir el libro de nuevo. Un deseo acuciante de volver a escribir el libro es reflejo de inseguridad con el material. Acaso necesite usted estudiar el material de una forma completamente diferente. Compruebe la lista de posibilidades de estudio del capítulo 4. Si usted todavía sigue con ganas de volver a escribir el libro, hágalo con palabras que sean propias de usted y vea que le paguen bien el trabajo.

La creación de una PVI refuerza la información para su sistema memorístico mediante la repetición, así como mediante la ubicación de la información en un diferente contexto (las palabras que son propias de usted) y en otro papel. La creación de una PVI puede mostrarle a usted dónde se le producen lagunas de información al tiempo que sirve de registro personal y permanente del material que ha leído usted. Si su PVI es buena, se torna más importante para usted que el texto original. Consecuentemente, hacer una PVI es la actividad postlectura más efectiva que puede usted llevar a cabo.

Comprobación de progresos 4

1. La trampa del principio, centro y final dice que:

   Usted olvida _____ *lo primero.*

   Usted olvida _____ *lo último.*

2. ¿Cómo puede evitar las trampas del principio, centro y final?
3. «Hacer algo con él» es sinónimo de _____, que combate el olvido inmediato.
4. ¿Cuál de las anteriores opciones es la menos efectiva para recordar?
5. ¿Cuál de las anteriores opciones es la más efectiva para recordar?

Memoria a largo plazo: La clave está en la revisión

Si usted ha decidido que la finalidad que persigue al leer es recordar la información mucho más tarde, deberá alojar la información en su sistema de memoria a largo plazo.

El factor tiempo cobra ahora gran importancia con objeto de hacer aflorar la información adecuada. Según usted va incorporando más y más información a su almacén memorístico, más y más elementos de información serán desplazados, reinsertados o reorganizados a la vista de la importancia y volumen de la nueva información. Cuando mayor sea el tiempo transcurrido desde la experiencia original de entrada de la información, tanto mayor será la probabilidad de que la información se «traspapele» o se «pierda» en el «sistema de archivo» de su cerebro, porque el tiempo tiende a deteriorar la información, a menos que cuente usted con un sistema efectivo de almacenamiento y recuperación.

La clave para recordar acertadamente una masa considerable de información difícil después de un largo período de tiempo, está en la revisión periódica y efectiva.

La revisión no es una descuidada repetición

Es importante que comprenda usted la diferencia existente entre revisión y repetición. Repetir la información una y otra vez en su cabeza no es garantía alguna de que usted vaya a recordarla. La buena revisión entraña algo de repetición, pero el aspecto más importante de la revisión es pensar activamente en el material, de nuevo y en diferentes contextos. Una forma de crear artificialmente nuevos contextos es revisar sus notas. Otra forma de contemplar el material desde otro punto de vista es cambiar el orden cronológico en el que se presentó. Por ejemplo, usted puede empezar una sesión de revisión viendo en primer lugar la parte central de sus notas.

Otra actividad de gran importancia que sirve para asegurar que la memoria a largo plazo sea efectiva, es fijarse y pensar en la antigua información a la luz de la nueva y subsiguiente información. ¿Guardan relación la nueva y la antigua información? ¿De qué manera lo hacen? Pensar en las relaciones existentes entre la información nueva y la antigua es uno de los métodos más fáciles, al tiempo que más agradables, de potenciar la memoria a largo plazo. Si usted ha cumplido los requisitos para la mejora de su memoria a corto plazo, tiene avanzado un trecho sustancial del camino que le llevará a potenciar su memoria a largo plazo igualmente. Todo lo que usted necesita ahora es un esquema programado de revisión, el mortero que unirá y fijará la información en su mente con toda firmeza y durante tanto tiempo como usted desee.

Cuándo revisar

El primer paso para establecer un esquema programado de revisión es conocer en qué momentos en particular tiende a decaer la rememoración. Consulte los gráficos del principio del capítulo e identifique las secuencias temporales que son comunes a la mayor parte de los educandos. La experimentación excesiva, tal como se representa en los gráficos de las páginas 162-163, tiende a confirmar cuándo se producen esos momentos críticos de pérdida de información. Sabiendo cuándo ocurren esos momentos críticos, dicho tiene usted cuándo necesita proceder a una revisión. Esto puede ahorrarle tiempo porque le evita que ande revisando información cuando realmente no lo necesite. Puede ahorrarle esfuerzos porque puede prevenirle de que ha pasado una etapa importante de revisión y tendrá que ser especialmente diligente en su próxima sesión de revisión.

Cuatro etapas de la revisión

Primera sesión de revisión. Esta sesión deberá tener lugar 10 minutos después de un período de aprendizaje de 50 minutos (utilizando el procedimiento de estudio). La sesión en sí deberá consumir unos 10 minutos y servirá para conservar la información hasta el segundo período de pérdida de información.

Segunda sesión de revisión. Esta sesión tendrá lugar 24 horas después del primer período de aprendizaje y deberá durar de dos a cuatro minutos. Esto retendrá la información hasta el tercer período de pérdida de información.

Tercera sesión de revisión. Esta sesión deberá tener lugar aproximadamente una semana después de la sesión inicial de aprendizaje y deberá durar entre dos y cuatro minutos. Esto retendrá la información hasta el cuarto período de pérdida de información.

Cuarta sesión de revisión. Esta última sesión ocurre aproximadamente un mes después de la sesión inicial de aprendizaje y deberá durar entre dos y cuatro minutos. Después de la sesión final, dependiendo de sus necesidades de información y de la frecuencia con que extraiga usted de la memoria esta información, será capaz de recordar la información siempre que usted quiera.

Naturaleza de la sesión de revisión

Las sesiones de revisión deben ser esfuerzos intensivos y concentrados para recordar de acuerdo con sus necesidades. La primera sesión de revisión habrá de ser la más rigurosa y deberá incluir una revisión de su PVI que visualmente rediseñe la información en la forma más significativa, personalmente. Esto puede incluir un énfasis especial en áreas problemáticas, reorganización de las principales ideas en un orden diferente, y/o asociaciones con información previa. En la primera sesión, tenga presentes en todo momento, mientras revise, las leyes de la trampa del principio, centro y final. Cuanto mayor sea el número de contextos y perspectivas desde las que pueda contemplar su información, tanto mejores serán sus probabilidades de recordarla. Utilice sus palabras clave en los márgenes para pasar de lo general a lo específico y viceversa. Igualmente deberá construir PVIs de memoria y hacerse controles a sí mismo, pero sin notas, si su finalidad es rememorar sin la ayuda de estímulos exteriores, lo que constituye un riguroso pero provechoso método de revisión.

Las sesiones de revisión 2, 3 y 4 también deben ser esfuerzos concentrados en pensar en el material, y recordarle. Puede que no necesite revisar totalmente sus notas. Autocontrolarse creando nuevas PVIs es muy efectivo para las sesiones cortas de dos a cuatro minutos. Igualmente, el uso de las palabras clave para sacar a la luz los detalles y datos de apoyo puede resultar útil en estas últimas sesiones. El mirar el lado de hechos y detalles de su PVI habrá de hacerle visualizar la progresión de ideas que se produce en el material. Compruebe todas las nuevas PVIs que cree usted en estas sesiones de revisión con sus notas originales. No revise información incorrecta, pero vea la manera de profundizar cada vez más en el material original. Observe cómo la información se desplaza y cambia, crece o desaparece, de acuerdo a su perfeccionamiento como lector/educando eficiente.

Comprobación de progresos 5

Case cada palabra con su definición:

1. Memoria
2. Memoria a corto plazo
3. Registrar
4. Retener
5. Reconocer
6. Rememorar
7. Base de experiencias

a) El tipo más riguroso de memoria.

b) La forma más fácil de recuperación de información de la memoria.

c) Su sistema de memoria.

d) La suma de sus conocimientos que usted utiliza para aprender y recordar.

e) La facultad de recordar lo que está almacenado.

f) La fase desconocida en su sistema de memoria.

g) Recuperación de la información en las primeras 24 horas.

h) Entrada de información.

Selección de lectura

Lea la siguiente selección a un mínimo de 750 palabras por minuto. Su finalidad es descubrir las principales ideas y leer a la velocidad mínima establecida.

1. Busque las palabras clave para ver el conjunto.
2. Ponga las principales ideas en palabras que sean propias de usted.
3. Asocie las principales ideas con información contenida en su sistema personal de memoria.
4. ¿Qué ideas principales tenderá a olvidar en primer lugar?

¿Qué es eso de la escritura técnica?

W. Earl Britton

El profesor Britton clasifica las principales definiciones de escritura técnica para, seguidamente, estudiar con todo detalle la definición que encuentra más aceptable. Aunque la selección está escrita para profesores, pocas dificultades planteará al lector/educando.

A pesar de que el decano de una facultad de ingeniería negara en cierta ocasión la misma existencia en sí de la escritura técnica, muchos de nosotros estamos plenamente convencidos de su existencia real. Pero no estamos seguros de que seamos capaces de convencer a otros de su singularidad. Esta incertidumbre se acentúa cuando observamos la gran variedad de actividades que se han incorporado bajo este cuño, así como todas aquellas que apuradamente eluden su alcance. Nuestros centros de enseñanza poco hacen para clarificar la situación con ofrecer cursos pomposamente denominados «escritura técnica», «escritura ingenieril», «inglés para ingenieros», «inglés científico», «comunicaciones científicas» y «escritura de informes». Tampoco hacen mucho las sociedades culturales o profesionales con todo el énfasis que ponen en la «escritura médica», la «escritura biológica», la «escritura científica», y el «inglés comercial». Aplicar el término general de *escritura técnica* a un universo de actividades tan diversificadas resulta cómodo, pero igualmente equívoco, pese a lo cual es práctica habitual. En vista de esta confusión, nadie debe maravillarse de que a un profesor de esta especialidad se le pregunte con harta frecuencia, incluso por parte de colegas suyos: «¿Qué clase de escritura técnica enseñas tú, y en qué se diferencia de cualquier otra?».

Además de dar satisfacción a esta consulta, una definición auténticamente válida iría mucho más allá e iluminaría las tareas tanto de los profesores como de los autores de la escritura técnica. Esta necesidad ha sido satisfecha en grados variables de completud por un número de definiciones que ya se han presentado, las más significativas de las cuales forman cuatro categorías.

La escritura técnica suele definirse más comúnmente por el tema que trata. Blickle y Passe dicen:

> Cualquier intento ... conducente a definir la escritura técnica se ve complicado por el reconocimiento de que la exposición frecuentemente es creativa. Dado que la escritura técnica frecuentemente emplea alguno de los recursos de la escritura imaginativa, se hace necesaria una definición amplia. Definiéndola dentro de este sentido de amplitud, podemos decir que la escritura técnica es aquella escritura que trata de temas pertenecientes a la ciencia, la ingeniería y la empresa[1].

Mills y Walter advierten igualmente que la escritura técnica «se centra en temas técnicos», pero admiten la dificultad de decir precisamente lo que es un tema técnico. Para su propia finalidad al escribir un libro de texto, denominan un tema técnico aquel que queda dentro del campo de la ciencia y la ingeniería. Se extienden sobre su punto de vista añadiendo cuatro características primordiales de la forma: a saber, su dedicación a materias científicas y técnicas, su uso de un vocabulario científico y formatos convencionales de informe, su compromiso con la objetividad y la exactitud, y la complejidad de su tarea, que entraña descripciones, clasificaciones, e incluso problemas más intrincados[2].

El segundo enfoque es lingüístico, tal como se ejemplifica en un artículo de Robert Hays quien, admitiendo la existencia de la escritura técnica sin entrar a definirla realmente, apostilla respecto a su conservadurismo, su sintaxis sujeto-verbo-objeto, y el hecho de que comparte con otras formas de la escritura el vocabulario del inglés «común». No obstante, cita dos diferencias fundamentales entre la prosa técnica y las otras. La diferencia psicológica es la «actitud de extrema seriedad» del escritor hacia el tema, y su dedicación a los hechos y una estricta objetividad. Pero la gran diferencia, al menos para «profesores y estudiantes de escritura técnica, es lingüística», en el sentido de que el estilo técnico exige «un vocabulario especializado, sobre todo en lo que concierne a sus adjetivos y sustantivos»[3].

La tercera definición se centra en el tipo de proceso intelectual que sea al caso. Este enfoque es la razón fundamental de parte de la investigación que está llevando a cabo A. J. Kirkman del Welsh College of Adavanced Technology, de Cardiff, que ha estado investigando las causas de una escritura científica y técnica insatisfactoria. Su grupo está investigando en particular la su-

---

[1] *Readings for Technical Writers,* ed. Margaret D. Blickle y Martha E. Passe (New York, 1963), pág. 3.
[2] Gordon H. Mills y John E. Walter, *Technical Writing* (Nueva York, 1954), págs. 3-5.
[3] Robert Hays, «What is Technical Writing?», *Word Study,* abril 1961, pág. 2.

gerencia de que existe una distinción entre las formas de pensar y escribir acerca de temas literarios y científicos. La teoría postula dos tipos de pensamiento, cada uno de ellos con su propio modo de expresión. El pensamiento asociativo es propio de la historia, la literatura y las artes. Las expresiones se enlazan entre sí mediante conjuntivos como *luego* y *antes bien* que indican relaciones cronológicas, espaciales o emocionales. El pensamiento secuencial pertenece al mundo de las matemáticas y la ciencia. Las expresiones se enlazan con palabras como *porque* y *por lo tanto,* que revelan una estrecha secuencia lógica. El profesor Kirkman sugiere que la debilidad de mucha escritura científica es el resultado de forzar el uso en el material científico de la forma de expresión propia de las artes. Añade:

> La distinción más importante es que los contextos secuenciales requieren líneas de pensamiento comparativamente inflexibles y formas de expresión rígidas e impersonales, mientras que los contextos asociativos permiten esquemas de pensamiento aleatorios y diversos, que pueden expresarse de varias formas[4].

Finalmente, la escritura técnica se define a veces según la finalidad que persigue. Este enfoque se basa en la conocida diferenciación entre prosa imaginativa y expositiva, entre la literatura de poder de DeQuincey y la literatura del conocimiento. Brooks y Warren encuentran que la ventaja primordial de la expresión científica es la de «la absoluta precisión». Ellos sostienen que la literatura en general también representa «una especialización del lenguaje a efectos de precisión», pero añaden que «pretenden tratar otras clases de material diferentes de aquéllas asociadas con la ciencia», particularmente actitudes, sentimientos e interpretaciones[5].

Reginald Kapp persigue una línea similar al dividir la escritura en literatura imaginativa y literatura funcional. La literatura imaginativa entraña una reacción personal y es evocativa, mientras que la literatura funcional se centra en el mundo exterior que todos nosotros podemos ver. El idioma funcional, dice, presenta «toda clase de hechos, de inferencias, razonamientos, ideas, líneas de razonamiento. Su característica esencial es que son nuevos para la persona a quien van dirigidos». Si la literatura imaginativa trata de controlar el alma del hombre, el idioma funcional controlaría su mente. Tal como Kapp escribe, el autor técnico y científico «confiere a las palabras el poder de hacer que quienes las lean piensen como él quiere que lo hagan[6].

Todos estos enfoques son significativos y útiles. Las sugerencias de Kirkman son en verdad intrigantes, pero personalmente encuentro particularmente útil la clasificación de Kapp y quiero extenderme un poco sobre ella.

Me gustaría proponer que la característica primaria, aunque ciertamente no la única, de la escritura técnica y científica radica en el esfuerzo del autor para dotar de un significado, de un solo significado, a lo que dice. Y ese único

---

[4] A. J. Kirkman, «The Communication of Technical Thought», *The Chartered Mechanical Engineer,* diciembre 1963, pág. 2.

[5] Cleanth Brooks and Robert Penn Warren, *Understanding Poetry,* 3.ª edición, (Nueva York, 1960), págs. 4-5.

[6] Reginald O. Kapp, *The Presentation of Technical Information,* (Nueva York, 1957), caps. I-II.

significado ha de ser oportuno, claro y preciso. Y no han de darse al lector opciones de ningún tipo respecto al significado; no se le debe permitir que interprete un pasaje de forma alguna que no sea la que el autor se proponga. En tanto en cuanto el lector pueda derivar más de un significado de un pasaje, la escritura técnica es mala; en tanto en cuanto solamente pueda derivar un significado de la escritura, ésta es buena.

La escritura imaginativa —y si la elijo es por el muy marcado contraste que ofrece— puede ser precisamente lo opuesto. No hay necesidad de que un poema o una comedia transmita el mismo significado a todos sus lectores, aunque pudiera. Ni tampoco necesita un poema o una comedia tener varios significados. No obstante, el hecho sigue siendo que una obra literaria puede significar diferentes cosas a diferentes lectores, incluso en momentos diferentes. *Madame Bovary,* de Flaubert, ha sido interpretado por algunos como un ataque al romanticismo, y de forma totalmente contraria por otros que ven en ella un ataque al realismo. No obstante, parece que ninguno piensa mal de la obra. Los realizadores de la película *Tom Jones* vieron en la novela una farsa de alcoba, mientras que los estudiosos más serios de la obra de Fielding siempre han considerado ésta como un esfuerzo por hacer atractiva la bondad. Las diversas interpretaciones de una obra literaria pueden ampliar su universalidad, mientras que más de una interpretación de un escrito científico o técnico lo tornarían inútil.

Cuando penetramos el universo del símbolo puro, la diferencia entre las dos clases de comunicación —científica y estética— se hace más pronunciada. La escritura científica y técnica puede asimilarse a un toque de corneta, la literatura imaginativa a una sinfonía. El toque de corneta transmite un mensaje preciso: hay que levantarse, hay que ir a comer, hay que batirse en retirada. Y todos aquellos para quienes se toca derivan un significado idéntico de él. Pero una sinfonía, sea cual fuere la intención del compositor, significará cosas harto diferentes para diferentes oyentes, en diferentes momentos, especialmente según qué director lleve la batuta. Un significado exacto y preciso resulta esencial en el toque de corneta; no es necesario, ni siquiera deseable, que sea así en una sinfonía.

Podría ampliarse la analogía. Aun cuando el toque de corneta es una comunicación muy precisa, puede tocarse de varias formas. Un músico competente puede tocar *silencio* con tal sentimiento que haga saltar las lágrimas a más de uno, y este mismo genio de la corneta podría tocar *diana* tan sugerentemente como para que todo el regimiento se levantara con una sonrisa en los labios. El hecho de que la escritura científica esté destinada a transmitir precisa y económicamente un solo significado no requiere que su estilo sea monocorde y apagado. Incluso la objetividad y la imparcialidad pueden hacerse atractivas.

Dado que la escritura técnica trata de transmitir exclusivamente un significado, su éxito, al contrario que el de la literatura imaginativa, es mensurable. Por lo que yo sé, no hay manera de determinar con precisión los efectos de un poema o una sinfonía; pero los análisis y descripciones científicos, las instrucciones y los informes de las investigaciones rápidamente revelan cualesquiera faltas de comunicación mediante la incapacidad del lector de comprenderlos y/o aplicarlos.

Se pueden plantear objeciones a esta distinción entre las dos clases de escritura, desde el momento en que dan lugar a unas divisiones tan grandes y amplias. Lo admito de buen grado, al mismo tiempo que mantengo que esta característica es una ventaja decisiva, considerando que elimina la dificultad que normalmente surge cuando la escritura técnica se define por la materia de que trata.

El énfasis que se ha puesto en los temas de ingeniería dentro del campo de la escritura técnica, por ejemplo, parece como si quisiera dar a entender que la ingeniería tiene el monopolio de esta forma de escribir, y que la disertación sobre lingüística de un licenciado en filosofía y letras o incluso determinados tipos de crítica literaria y un estudio sobre la política económica federal, fueran otra clase de escritura. Cuando todos estos trabajos, que individualmente transmiten un solo significado, se agrupan bajo el cuño de escritura científica y técnica, o alguno otro similar que para el caso es lo mismo, la posterior división de ellos en áreas temáticas, en lugar de crear confusión, resulta significativa. Algunos temas serán mucho más tecnológicos que otros, según que traten de dietética o fisión nuclear, y en algunos casos solamente guardarán relación con la ciencia por el método de enfoque; algunos temas ofrecerán mayor dificultad lingüística que otros; algunos requerirán una línea de pensamiento más ajustada y secuencial; pero todos tendrán en común el esfuerzo esencial de limitar al lector a una sola y exclusiva interpretación.

Se me antoja que este modo de ver las cosas no solamente aclara la naturaleza de la escritura técnica sino que también pone de relieve la clase de formación que se necesita en nuestros centros educacionales. Desgraciadamente, pocas instituciones docentes están dando respuesta a las necesidades de este campo. El profesor Kirkman menciona el fracaso de los profesores tradicionales a la hora de incluir suficientes ejercicios de escritura sobre temas prácticos. El profesor Kapp ha insistido en que la instrucción convencional en los cursos formales de inglés no prepara a nadie para que enseñe o practique la escritura científica y técnica. El estudioso de temas shakespearianos G. B. Harrison, al comentar sus cursos formales de escritura en Inglaterra, dice:

> La formación elemental más efectiva que he recibido en toda mi vida no la recibí de mis maestros en la escuela, sino en la composición de las instrucciones y órdenes diarias como capitán de oficinas a cargo de la administración de setenta y dos unidades militares de lo más variopinto. Es mucho más sencillo analizar y comentar los complejos de Hamlet que escribir órdenes que garanticen que cinco cuadrillas de trabajo, procedentes de cinco unidades distintas, van a llegar al sitio que se les dice, a la hora que se les dice y equipados con las herramientas necesarias para hacer el trabajo que se les dice que tienen que hacer. *Uno acaba por aprender que la expresión aparentemente más sencilla puede tener dos significados* y que cuando se malinterpretan las instrucciones, normalmente el fallo está en la terminología de la orden original[7] (Las cursivas las he puesto yo).

Pero estas críticas severas no debemos limitarlas a los profesores ingleses. Todos los que de una u otra manera pertenecemos al mundo de la enseñanza debemos compartir la responsabilidad de que las cosas estén como están. De hecho, estoy convencido de que en muchos, lamentablemente mejor será decir

---

[7] G. B. Harrison, *Profession of English* (Nueva York, 1962), pág. 149.

en muchísimos casos —al menos en los institutos— el estudiante escribe sobre algo que no viene al caso, por una razón igualmente improcedente, para una persona que corre parejas con el tema y la razón antedichas y que además va a evaluar los trabajos sobre una base acorde al tema, razón y procedencia ya expuestas. Esto es, el estudiante escribe sobre un tema del que no se le ha informado suficientemente, con objeto de demostrar sus conocimientos en vez de tratar de explicar algo que el lector no comprenda, y escribe para un profesor que sabe más de la materia que el estudiante y que evalúa el trabajo de éste, no en términos de lo que ha derivado, sino en términos de lo que él supone que sabe el autor del trabajo. En todo y por todo, esto es lo contrario de lo que sucede en la vida profesional, en la que el autor del trabajo es la autoridad en la materia; escribe para transmitir información nueva o poco conocida a alguien que no la conoce pero que necesita hacerlo, y que evalúa el trabajo basándose en lo que puede derivar o comprender de él.

B.C. Brookes adopta una postura similar cuando sugiere que los profesores ingleses encargados de estudiantes de ciencias deberían pedirles de vez en cuando que explicaran aspectos de su trabajo que conocieran a fondo de tal manera que el profesor que está familiarizado con él, llegara a comprenderlo. Una tarea de este tipo no sólo es un auténtico ejercicio de composición sino que también fuerza la imaginación del estudiante en búsqueda de analogías ilustrativas que propicien una comunicación efectiva. El lema del profesor sería: «Si tu trabajo no resulta claro y lógico para mí, no es buena *ciencia*».

Tanto Harrison como Brookes recomiendan el tipo de ejercicios que con harta frecuencia son blancos del escepticismo en la mayoría de los institutos. Esto es una actitud lamentable, especialmente si consideramos que suele derivarse de una falta de familiaridad con la naturaleza y necesidad de ese tipo de trabajo y de la ignorancia de su dificultad y efecto estimulante. Los profesores orientados básicamente hacia la literatura ven pocas cosas interesantes en este campo, pero aquellos que disfrutan con la composición —especialmente con su aspecto comunicativo— pueden encontrar considerables satisfacciones aquí. De una cosa pueden estar seguros en todo momento: de la más profunda gratitud de todos aquellos a quienes ayuden en este empeño.

Reproducido de *College Compositions and Communication,* mayo de 1965, págs. 113-116.

Preguntas sobre comprensión del artículo de Britton

1. ¿Cuáles son las cuatro definiciones básicas de la escritura técnica analizadas por Britton?
2. ¿Cuál es la definición que prefiere este autor, y por qué?
3. ¿Por qué analiza el autor la definición de escritura imaginativa? ¿Cómo le ayuda esta definición a establecer precisamente la de escritura técnica?
4. Los análisis científicos, las instrucciones y los informes de investi-

gaciones son algunos de los medios que se utilizan para medir un importante aspecto de la escritura técnica. ¿Cuál es este aspecto?
5. ¿Cuál es el tema apropiado para la escritura técnica, de acuerdo con la definición de Britton?

Conclusiones

Recordar lo que usted leyó es una aptitud que *usted* puede adquirir y potenciar con conocimientos y práctica. El conocimiento proporciona una comprensión del proceso y una justificación para cambiar sus antiguos hábitos memorísticos por unas aptitudes nuevas y más efectivas. Al principio los pasos que hay que dar pueden parecer complicados o molestos, al igual que en el procedimiento de estudio, pero si usted aplica las técnicas memorísticas a la sesión semanal de prácticas, pronto comprobará que no lo son. Muchos estudiantes han adquirido las aptitudes de recordación mejor y más deprisa desde que han seguido este método. La práctica y la motivación son necesarias para familiarizarse con las técnicas. Con la práctica, las técnicas se convertirán en su segunda piel. No necesitará detenerse en pensar en lo que debe hacer a continuación. Una vez que este proceso memorístico llegue a formar parte de su sistema global de aprendizaje, podrá usted centrarse con mayor plenitud en el contenido del material que esté leyendo. *Después* de que haya aprendido bien todo cuanto se expone en el capítulo, usted modificará esta información de acuerdo con sus necesidades. El uso continuado de las técnicas memorísticas y de otro tipo aprendidas hasta ahora es el mejor medio de validación personal.

Sesión de prácticas del capítulo 6 para esta semana

Nota:

1. Use la mano en *todo* lo que lea.
2. Practique una hora cada día, por lo menos.
3. Márquese un objetivo para la semana y comprométase seriamente a alcanzarlo. Mínimo 1.000 ppm.

Antes de empezar su ejercicio, acuérdese de «domar» su libro y practicar el paso de hojas durante unos cuantos minutos.

Prácticas:

1. Delimite una sección de 5.000 palabras.
2. Haga un examen previo durante 2 minutos usando el método de la «S». Confeccione una PVI.

3. Lea esta sección en un máximo de 5 minutos. Calcule su velocidad en ppm y rodee este número con un círculo. Añada a la PVI.

Repita este ejercicio con nuevas secciones durante al menos 50 minutos por día durante 6 días.

Ejercicio

1. Enumere los requisitos memorísticos que le molesta hacer. Enumere los motivadores para animarse a recordarlos.
2. ¿Por qué está tan indicada la PVI para potenciar la memoria a corto y largo plazo?
3. Utilice la lista de comprobación de la página 166 «Tipos de recordación» para decidir qué nivel necesita usted, de acuerdo con sus finalidades, para su próxima sesión de lectura en el centro de estudios al que asiste o en el trabajo.

Respuestas

Comprobación de progresos 1

1. Significado dual de las facultades de recordación y del almacenamiento de las cosas aprendidas.
2. *e, b, d, a, c.*
3. La comprensión significa entender algo *mientras* se lee. Recordar significa sacarlo a la luz y entenderlo *después* de haberlo leído.

Comprobación de progresos 2

1. 50 minutos ... tómese un descanso de 10 minutos después de cada 50 minutos de trabajo.
2. Aproximadamente el 20 por ciento.
3. *a, b, c, d.*
4. *e.*
5. Usted no puede recordar absolutamente todo y si lo intenta, normalmente fracasará.

Comprobación de progresos 3

1. Miedo, gratificación, castigo.
2. Porque sólo se hacen aparentes algunas palabras aisladas.
3. Flexibilidad en la velocidad de lectura.
4. *a, b, c, d.*

Comprobación de progresos 4

1. El centro primero, el final lo último.
2. Siendo consciente de su existencia y prestando una dedicación especial a aquellas selecciones que tenderá a olvidar.
3. Fortalecimiento.
4. Pensar ... hablar del material.
5. Escribir.

Comprobación de progresos 5

1. *e.*
2. *g.*
3. *c.*
4. *f.*
5. *b.*
6. *a.*
7. *d.*

Respuestas: *Artículo de Britton*

1. A) Ciencia e ingeniería.
   B) La actitud de extrema seriedad del escritor, pero más importante en un sentido lingüístico, un vocabulario especializado.
   C) El tipo de proceso intelectual ejemplificado por *«porque* y *por lo tanto»* en oposición a *«luego* y *antes bien»* que indican relaciones especiales o emocionales.
   D) Definida por su finalidad: ser precisa.
2. La de Kapp, en lo que se refiere a que el entorno científico requiere que el autor se esfuerce para dotar a su escritura de un único y exclusivo significado.
3. Porque ofrece el contraste más marcado.
4. El éxito en la comunicación.
5. Cualquier tema que haga un esfuerzo para limitar a una la interpretación del lector.

Registro de las prácticas de una semana

Desde el _____ hasta el _____
fecha fecha

Primera sesión	SL más rápido:_____ ppm.	L más rápida: _____ ppm.	Título del libro: _____
N.º total de min. _____	SL más lento: _____ ppm.	L más lenta: _____ ppm.	Observaciones: _____
Segunda sesión	SL más rápido:_____ ppm.	L más rápida: _____ ppm.	Título del libro: _____
N.º total de min. _____	SL más lento: _____ ppm.	L más lenta: _____ ppm.	Observaciones: _____
Tercera sesión	SL más rápido:_____ ppm.	L más rápida: _____ ppm.	Título del libro: _____
N.º total de min. _____	SL más lento: _____ ppm.	L más lenta: _____ ppm.	Observaciones: _____
Cuarta sesión	SL más rápido:_____ ppm.	L más rápida: _____ ppm.	Título del libro: ___ __
N.º total de min. _____	SL más lento: _____ ppm.	L más lenta: _____ ppm.	Observaciones: _____
Quinta sesión	SL más rápido:_____ ppm.	L más rápida: _____ ppm.	Título del libro: _____
N.º total de min. _____	SL más lento: _____ ppm.	L más lenta: _____ ppm.	Observaciones: _____
Sexta sesión	SL más rápido:_____ ppm.	L más rápida: _____ ppm.	Título del libro: _____
N.º total de min. _____	SL más lento: _____ ppm.	L más lenta: _____ ppm.	Observaciones: _____
Séptima sesión	SL más rápido:_____ ppm.	L más rápida: _____ ppm.	Título del libro: _____
N.º total de min. _____	SL más lento: _____ ppm.	L más lenta: _____ ppm.	Observaciones: _____
Octava sesión	SL más rápido:_____ ppm.	L más rápida: _____ ppm.	Título del libro: _____
N.º total de min. _____	SL más lento: _____ ppm.	L más lenta: _____ ppm.	Observaciones: _____

R
E
S
U
M
E
N

TIEMPO TOTAL	Simulacro de lectura más rápido: _____ ppm.	Lectura más rápida:_____ ppm.
	Simulacro de lectura más lento: _____ ppm.	Lectura más lenta: _____ ppm.
	Observaciones: _____ _____	

Capítulo 7

CÓMO CONJUNTAR TODO LO ANTERIOR

Resumen y prueba final

Acaba usted de completar la etapa básica del curso de lectura rápida. Tiene ahora a su disposición la teoría y las técnicas de una lectura rápida y más eficiente de cualquier tipo de material de lectura. Si ha sido usted diligente en seguir los requisitos del curso que se explicaron en el capítulo 1, si ha practicado correcta y asiduamente, estará usted empezando a encontrar cada vez más cómodas sus nuevas aptitudes.

Aquellos de ustedes que hayan sido remisos en sus prácticas, puede que no se sientan tan cómodos con todas las técnicas, no obstante lo cual probablemente pueden aplicarlas con razonable capacidad. Si las nuevas aptitudes han de fructificar en hábitos todavía más confortables, hay que pensar en la necesidad de dedicarles tiempo y práctica persistente. Usted tiene ahora todas las aptitudes esenciales que son necesarias para llevar a cabo cualquier tarea de lectura con la que pueda enfrentarse, pero para que estas aptitudes nuevas lleguen a ser tan confortables como sus antiguos hábitos de lectura, tiene que usarlas. Recuerde que los viejos hábitos eran producto de muchos años de práctica y, por ello, dése a sí mismo y dé a sus aptitudes toda clase de oportunidades mediante su aplicación práctica en toda ocasión que se presente.

Antes de llegar a la prueba final que le demostrará sus progresos generales, reflexione sobre todo el curso. Son muchos los estudiantes que se hacen un pequeño lío con sus velocidades y progresos conforme van avanzando en el curso, porque se han centrado casi exclusivamente en lo que les espera dentro de sus tareas de lectura. Es útil reflexionar y ver «de dónde ha arrancado uno» en términos de velocidad y comprensión. Tómese unos momentos para revisar las metas que se marcó usted para el curso, allá por el capítulo 1. ¿Alcanzó o rebasó usted aquellas metas? En caso afirmativo, ¿qué opina de ampliarlas? ¿Qué ha aprendido de sí mismo como estudiante de lectura rápida? ¿Puede valer algo de esta información sobre usted y su forma de aprender para aplicarlo a otras necesidades de aprendizaje que pueda tener en su trabajo o colegio?

Tal como indicábamos en el capítulo 1, el arte de la lectura se compone de muchas técnicas que pueden tratarse individualmente, pero la auténtica lectura es la mezcla elegante de todas las técnicas. De la misma manera que la repetición de la lectura en el proceso de estudio sintetiza la información para usted, así debe ver este curso desde una amplia perspectiva. Lo que sigue es una recopilación de los resúmenes de cada capítulo, con objeto de que pueda usted revisar la síntesis de sus nuevas aptitudes.

El capítulo 1 dio inicio a su curso de lectura rápida poniendo de relieve su actual nivel de velocidad y comprensión, estableciendo unas expectativas en lo que se refiere a las exigencias que le plantearía el curso, así como a lo que podía esperar al finalizarlo.

El capítulo 2 explicaba que la forma de leer más deprisa y más inteligentemente era adquirir un nuevo conjunto de aptitudes que sustituyera a sus antiguos e ineficientes hábitos de lectura. Se comentó lo que eran los hábitos de los lectores eficientes, junto con los hábitos que propiciaban esas aptitudes eficientes de lectura. El factor más importante para la adquisición de hábitos más eficientes era la motivación, por cuanto que según ésta se potencia, tanto más rápida y firmemente se aprenden y se arraigan las técnicas. El segundo factor en orden de importancia era el conocimiento o un método sistemático de aplicación de las nuevas técnicas. El conocimiento era esencial porque la motivación sin el conocimiento y la orientación, hubiera conducido a la frustración. Pero el conocimiento no puede servirle de mucha ayuda a menos que incorpore usted estas nuevas técnicas de lectura, más eficientes, a sus necesidades cotidianas de lectura. Sus nuevas aptitudes se convertirán en hábitos confortables mediante una aplicación paciente y diligente de las técnicas. La práctica fue el tercer factor que hacía falta para que usted llegase a ser un consumado lector rápido.

El capítulo 3 empezaba su proceso de mejora en la lectura indicándole cómo usar su mano a guisa de marcador del ritmo, desplazándola sobre la página. Los viejos hábitos que ralentizaban su forma de leer eran directamente acometidos por el uso de su mano, y usted advirtió el efecto de unos mejores hábitos de lectura al poder alcanzar una mayor velocidad. Su mano eliminó rápidamente las regresiones y otros movimientos ineficientes de los ojos. Su campo de enfoque se amplió, las subvocalizaciones se redujeron gracias a su Paso Básico y «S», y la noción de escribir después de leer dio a su tiempo de lectura nueva eficiencia y potencial. El concepto de práctica para sustituir a los viejos hábitos, junto con las adecuadas técnicas de práctica, definitivamente le situaron a usted en la senda de la lectura más rápida e inteligente.

Las técnicas de comprensión del capítulo 4 no pasaron de ser, durante algo de tiempo, meros conceptos, pero con la práctica llegaron a ser notablemente útiles. Se le presentó un método lógico, sistemático y flexible para la captación de información, que le dotaba de los medios necesarios para un almacenamiento prácticamente ilimitado de conocimientos. No había secreto alguno respecto a cómo dominarlo de una manera eficiente, agradable e interesante. Sencillamente exigía comprensión, motivación y práctica para llegar a ser un lector/alumno de primera categoría. Las técnicas expuestas en este capítulo fueron contrastadas con sus experiencias personales de lectura. Pasarán con todos los honores cualesquiera pruebas de aplicación a que quieran someterse y darán al lector un medio de lo más efectivo si dedica tiempo y esfuerzo a pulir las técnicas.

Tal como se comentaba en el capítulo 5, hay muchas personas que necesitan altísimos niveles de concentración en sesiones esporádicas de lectura. Al igual que sucede con cualquier otra técnica, la concentración puede mejorarse con la práctica, pero también es necesario que desarrolle usted el período de tiempo durante el que puede mantener su concentración. Se ha venido especulando que el período medio de concentración en una clase a nivel de instituto es de diecisiete segundos. Esto significa que las personas que se exigen horas y horas de altísima concentración no tienen sentido de la realidad. Recuerde que ha de prepararse para concentrarse, evitar las distracciones externas, reducir las distracciones internas y potenciar su capacidad de concentración. Amplíe poco a poco el período durante el que se exige concentración, hasta que pueda confiar en que centrará su atención sobre su material de lectura durante tanto tiempo como sea necesario.

El capítulo 6 analizaba las diferencias existentes entre recordación y comprensión y manifestaba que una mejor memoria es una aptitud que puede usted mejorar con conocimiento y práctica. Este capítulo le hizo comprender el proceso y le dio una justificación del cambio de sus antiguos hábitos memorísticos por unas aptitudes nuevas y más eficientes. Al igual que con el procedimiento de estudio, las diferentes etapas puede que parecieran complicadas al principio, pero pronto tuvo usted ocasión de comprobar que no lo eran. Muchos estudiantes adquirieron aptitudes memorísticas verdaderamente notables con estos métodos, pero fue necesaria mucha práctica y motivación para familiarizarse plenamente con las técnicas. Una vez que las técnicas memorísticas llegaron a formar parte de su sistema general de aprendizaje, usted se pudo centrar con mayor plenitud en el contenido del material de lectura y fue capaz de modificar las técnicas de acuerdo con sus necesidades. El uso continuado de las técnicas memorísticas y de otros tipos aprendidas hasta ahora es el mejor medio de validación personal.

Selección de lectura y prueba final

Utilice esta última selección para determinar los progresos en sus aptitudes. Recurra a todas y cada una de las técnicas que ha aprendido en este libro para hacer un buen trabajo. La finalidad que se persigue en esta ocasión es la de responder a las preguntas que aparecen al final de la selección, y que usted lea tan deprisa como considere necesario para satisfacer dicha finalidad. Y recuerde que para alcanzar todos los resultados que desea, tiene usted que haber practicado el número requerido de horas. Si no fue así, atempere sus expectativas.

Esta selección de lectura contiene un total de 4.542 palabras. Tal vez desee desglosarla en secciones menores, leerlas y luego tomar algunas notas. Acuérdese de controlar cuánto tiempo necesitó para leer completa la selección.

Análisis de los lectores

Thomas Pearsall

Thomas Pearsall, que imparte cursos de escritura técnica en la Universidad de Minnesota, EE.UU. ha escrito varios libros de texto sobre la escritura técnica, todos los cuales han sido considerados auténticas obras maestras dentro de la especialidad. Esta selección sobre análisis de grupos de lectores que reproducimos aquí, es típica de la contribución de Pearsall al estudio de la escritura técnica. Es uno de los ensayos más importantes de este texto.

Los grupos de lectores en la escritura técnica

Probablemente no haya otro tipo de escritura que iguale a la escritura técnica en lo que se refiere a la importancia —y de alguna manera a la facilidad— de emparejar un determinado escrito con un determinado grupo de lectores. Cualquiera que haya tenido en sus manos un escrito técnico sabe que un informe escrito por un experto para otro experto es como si estuviera escrito en un idioma extranjero, por lo que al profano se refiere. O, por decirlo al revés, que un experto se sentiría «incómodo» ante un artículo que, redactado en lenguaje popular, versara sobre alguna de sus especialidades. Puede que incluso llegara a formarse una opinión no muy halagüeña de él. La necesidad de emparejar a los presuntos lectores con el informe, es algo que ya se reconoció hace mucho tiempo...

Pero quizás nunca le hayan dicho que piense en *la finalidad con que sus lectores van a acometer la lectura de su escrito.* Bien pudiera ser el caso que, hasta ahora, su único lector haya sido un profesor cuya finalidad, por lo que a usted se le alcanza, era llenar de marcas en rojo el fruto de sus desvelos y ponerle una nota. Pero, fuera de los límites del aula, usted tendrá que sopesar las razones por las que sus lectores desean leer su escrito y el caudal de conocimientos que aportan a la lectura.

Tiene usted que meditar en lo que el lector va a *hacer* con la información que usted le brinda.

— *¿Es un profano?* En tal caso, es probable que todo lo que desee sea leer su escrito y extractar algunos hechos interesantes que añadir a su conocimiento del mundo que le rodea.

— *¿Es un ejecutivo?* Tiene un motivo económico. Puede que utilice su escrito para tomar una decisión de compra o de penetración de nuevos mercados por parte de su empresa.

— *¿Es un experto en la materia?* En tal caso desea nueva información que añadir al considerable caudal de ella que ya posee. La información que usted pone a su disposición puede animarle a realizar ulteriores investigaciones o a diseñar un nuevo elemento de equipamiento, o puede ayudarle a hacer todavía mejor un trabajo que ya le fuera conocido.

— *¿Es un técnico?* Entonces desea información que le ayude a comprender y a conservar en buen estado de funcionamiento el equipo que el ingeniero o el científico le han dado para que trabaje con él.

— *¿Es un operario que maneja elementos de equipamiento?* De serlo, todo lo que desea son instrucciones claras e inequívocas, paso por paso, de cómo sacar el mayor partido del equipo que maneja.

El auténtico experto en una materia está en una posición envidiable, aunque difícil, cuando se sienta a escribir. Teniendo como tiene a su disposición una considerable masa de información sobre una materia específica, ¿dónde está la dificultad? Pues en extraer de esa masa algo que interese, informe y satisfaga a un grupo de leyentes en particular...

Al igual que debe comprender la finalidad de sus lectores, el escritor debe comprender el alcance de los conocimientos de estas mismas personas. El escritor debe saber quién es su lector, qué sabe y qué no sabe en los momentos actuales. Debe saber lo que el lector comprenderá sin tener que recurrir a consultas y definiciones. Debe saber qué información debe pormenorizar, acaso con sencillas analogías. Debe saber cuándo puede utilizar una palabra o expresión especializadas y cuándo no. Debe saber cuándo y cómo definir aquellas palabras especializadas cuyo uso no pueda eludir. Todo esto es mucho pedir, sea quien sea el escritor. Pero el buen escritor sabe que cada lector aporta a la lectura única y exclusivamente *sus propias experiencias y nada más.* El no querer comprender esto representa perder el norte de cualquier razón por la que escribir.

Para ser un buen escritor usted debe conocer a sus lectores, su finalidad y sus conocimientos.

Una advertencia

Antes de entrar en pormenores respecto a los cinco tipos de lectores, permítame que le haga una advertencia. Ningún grupo de lectores es uniforme y puede encasillarse, sin más, en una categoría definitiva. Hablo de unos lectores profanos o de unos lectores ejecutivos, pues estos grupos de lectores no son, en forma alguna, unidades totalmente homogéneas. Un grupo o parque de lectores se parece más a un agregado de piedras duras, afiladas y diversas en tamaño que a un bloque homogéneo de mármol.

Porque profanos los hay de todos los pelos. Un físico que lea un escrito sobre biología es, de alguna manera, un profano porque está fuera de su especialidad. Sin embargo, debido a su comprensión del proceso científico, es mucho menos profano que un músico que leyera el mismo escrito. Hay ejecutivos dedicados exclusivamente a la investigación de mercados. Y hay otros ejecutivos que son expertos en gestión de recursos humanos. El primero puede estar interesado en un elemento de maquinaria o utillaje porque gracias a ella acaso pueda abrirse un nuevo mercado. El segundo puede interesarse en el mismo elemento porque puede modificar la dotación de personal de una factoría.

Incluso a nivel de operarios tampoco encontrará el escritor un grupo de lectores cómodamente monocorde. Puesto que en estos casos el nivel educacional puede variar tremendamente. El operario puede que no hubiera terminado la enseñanza media y que sólo sepa manejar su torno, o poco más. O puede que sea un astronauta con un doctorado en ingeniería mecánica, al que haya que informar de cómo manejar un equipo portátil de maniobra cuando salga al espacio exterior.

No se olvide de estas generalizaciones y redúzcalas todo cuanto pueda para acomodarse al grupo de personas que va a leer su escrito. Afortunadamente, esto puede hacerse con bastante frecuencia y precisión en la escritura técnica.

Cuando hablo de escribir para *el ejecutivo,* lo hago pensando que el término sea representativo de la *mayoría* de los ejecutivos. Ocasiones habrá en las que usted escribirá para *un* ejecutivo. Haga todo cuanto pueda por conocerle a fondo. Hable con él. Entérese de cuál es su nivel de formación, su experiencia profesional. Si se lo propone puede usted conocer los antecedentes de esa persona prácticamente con el mismo detalle que los suyos propios...

El profano

¿Quién es el profano? Es el muchacho de cuarto de enseñanza general básica que está leyendo una explicación simplificada de la fisión atómica, planteada a base de una analogía entre ratoneras y pelotas de ping-pong. Es el empleado de banco que lee en el suplemento dominical de su periódico un artículo sobre desalinización. Es el doctor en biología que lee en el *Scientific American* un artículo titulado: «La naturaleza de los metales». En resumen, el profano es todo hombre (y toda mujer) una vez que lo saquemos de su particular campo de especialización.

Sólo podemos hacer unas pocas generalizaciones acerca de él. Está leyendo por interés. Está leyendo para sintonizar más precisamente con el universo. No es muy experto en la materia (de otro modo no estaría leyendo un escrito dirigido a profanos). Probablemente, su principal interés es fundamentalmente práctico. Le atrae mucho más saber lo que hacen las cosas que saber cómo funcionan. Está mucho más interesado en cómo van a afectar los ordenadores a su vida cotidiana que en el hecho de que funcionen a base de un sistema numérico binario. Probablemente está más acostumbrado a la ficción y la televisión que a la exposición científica. Le gusta lo espectacular. Por esa razón, el uso de la narrativa, cuando sea factible, suele ser un recurso eficaz cuando se escribe para el profano. Relate anécdotas e incidencias para ilustrar lo que es alguna cosa y lo que esa cosa hace.

Más allá de estas simples afirmaciones, el profano presenta una impresionante complejidad de intereses, aptitudes, niveles educacionales y prejuicios. ¿Cómo podemos, pues, definir exactamente la forma de escribir para él? La verdad es que no podemos hacerlo, al menos completamente. Pero podemos hacer algunas manifestaciones de carácter general acerca de sus necesidades, intereses, filias y fobias, que, por parafrasear a Lincoln, son aplicables a todos los profanos en algunas ocasiones y a algunos profanos en todas las ocasiones, pero nunca a todos los profanos en todas las ocasiones.

Para simplificar un poco las cosas, formémonos una imagen mental de lo que pudiera ser el profano medio: es una persona bastante inteligente e interesado en la ciencia y la tecnología. Tiene, como mínimo, terminados los estudios de enseñanza media. Lee bastante bien, y tiene un conocimiento superficial de matemáticas y ciencias, pero todo ello de una manera bastante vaga. ¿Cómo podemos tratarle? ¿Qué enfoques son mejores cuando hayamos de escribir para él?

Principios básicos

Para empezar, el profano necesita que se le informe de los principios básicos de la materia que se vaya a abordar en el escrito. Debemos suponer que sus conocimientos de la especialidad son pequeños o nulos. En un opúsculo de la AEC titulado *Atomic Energy in Use* se brinda una explicación para los profanos de cómo funciona un reactor nuclear. El capítulo I narra la historia de uranio y el capítulo II explica la radiación nuclear. El principio del capítulo II resulta muy instructivo en lo que se refiere a la forma de presentar al profano los principios básicos. Empieza así:

> La luz es una forma de radiación que podemos ver. El calor es una forma de radiación que podemos sentir. Las ondas de radio y televisión y los rayos X son ondas electromagnéticas de radiación que no podemos ver ni sentir, pero de cuya utilidad todos somos conscientes.
>
> En los tiempos actuales cada vez oímos más comentarios acerca de otra clase de radiación que es consecuencia de los continuos logros del hombre en los campos de la ciencia y la ingeniería.
>
> Ésta es la radiación nuclear.
>
> La radiación nuclear consiste en una corriente de partículas que se desplazan a gran velocidad, u ondas, que se originan y parten del núcleo, o corazón, de un átomo. Es una forma de energía que hemos convenido en denominar atómica, o energía nuclear[1].

---

[1] *Atomic Energy in Use*. Washington, D.C.: Comisión Estadounidense de la Energía Atómica, 1967, pág. 11.

El autor empieza con lo conocido: la radiación lumínica y la radiación tér-
mica. No se supone que el lector sabe todo lo que hay que saber de estas dos
formas de radiación o que pueda, por ejemplo, construir modelos matemáticos
de tales fenómenos de la misma manera que podría hacerlo un físico. Ni tampoco trató el escritor de explicar al lector unas teorías tan complicadas. El escritor sabe que el profano medio comprende superficialmente que las ondas
lumínicas, térmicas y electromagnéticas son formas de energía que de alguna
manera se desplaza del punto A al punto B y que, por lo tanto, puede ser *uti-
lizada* de diversas formas en la práctica. La radiación nuclear es una forma similar
de radiación y éste es el único extremo que el escritor pretende dejar en claro
inmediatamente.

Para conseguirlo el escritor ha confiado en la analogía, es decir en una comparación de lo desconocido con lo conocido. No hay mejor recurso para ayudar
al lector profano. En el mundo cotidiano que nos rodea —en las bombillas, las
radios, las mangueras para regar el jardín, los grifos, las ventanas, los espejos,
los árboles, las raquetas de tenis, los balones de fútbol, los contadores de gas,
en el yeso, en el barro, en el granito, en las olas del mar— hay incontables cosas
conocidas y de alguna manera comprendidas por el profano y que el escritor
puede usar para explicar algo de toda ley de la ciencia. Es cuestión de imaginación y de estar dispuesto a hablar en términos sencillos sin caer en ligerezas
o inexactitudes.

Por cuanto antecede, dé al profano una base en el tema de su escrito, utilizando como puntos de comparación cosas que le resulten familiares.

Definiciones

Los profanos necesitan que se les definan las palabras y términos especializados. Dos razones hay, por lo menos, para que no obligue usted al lector a
consultar el diccionario mientras está leyendo su escrito.

La primera es que usted es el anfitrión. Usted ha invitado al lector a que
acuda a usted. Usted le debe toda clase de atenciones, y definir los términos
difíciles no deja de ser una de ellas. Recuerde que el profano lee fundamentalmente por interés. Si le obliga usted a echar mano del diccionario cada cuatro
líneas, su interés va a desaparecer bastante pronto.

La segunda es que si usted le da la definición, podrá limitar o ampliar el
término en la forma que más le convenga. En el capítulo II de *Atomic Energy
in Use,* el autor pone un énfasis especial en la segunda mitad del capítulo al
tratar del control de la radiación y de las medidas de seguridad contra la radiación. Su definición de una partícula alfa es reflejo de este énfasis: «Las partículas alfa son partículas comparativamente pesadas despedidas por el núcleo
de materiales radiactivos pesados, tales como el uranio, el torio y el radio. Pueden desplazarse cosa de tres centímetros en el aire y pueden ser detenidas fácilmente por la piel o por una fina lámina de papel[2].

Si el escritor hubiera dejado al lector la tarea de buscar por sí mismo el
significado de la palabra, el énfasis que deseaba se hubiera perdido. Compare

---

[2]   *Ibid.,* págs. 11-12.

la anterior definición con la que reproducimos a continuación, extraída del *Webster's Seventh New Collegiate Dictionary*, y la diferencia saltará a la vista: «Partícula alfa: una partícula nuclear de carga positiva idéntica al núcleo de un átomo de helio que consta de 2 protones y 2 neutrones y es expelida a gran velocidad en algunas transformaciones radioactivas». Nada se dice de la relativa facilidad con que pueden detenerse las partículas alfa, un hecho importante para la posterior exposición del control de la radiación.

Así pues, defina los términos, tanto por razones de cortesía y de comprensión, como para ayudar a su propia exposición.

Sencillez

Hay varias formas de hacer que un escrito resulte sencillo para el profano. Dos de ellas acabo de comentarlas: déle a conocer los principios básicos que sean necesarios de una forma que pueda entenderlos, y defina aquellos términos especializados que tenga que utilizar usted. En la mayoría de los casos evite el uso de palabras especializadas si puede encontrar sustitutivos más sencillos. El experto puede captar ciertos significados en la palabra *homeostasia* y puede usted usarla perfectamente para él, pero para el profano las expresiones *estado estable* o *equilibrio* servirán mejor. Pero, atención a otra advertencia. La mayoría de los profanos disfrutan enriqueciendo su léxico. Por lo tanto, no elimine del todo los términos técnicos. Limítese a no amontonarlos en sartas incomprensibles, con una actitud de total desconsideración hacia el lector.

Algunas especialidades científicas están plagadas de matemáticas. Otras, como la bioquímica, están llenas de fórmulas y complicados gráficos y diagramas, incomprensibles para el profano. Las matemáticas, las fórmulas y los diagramas son útiles expresiones «taquigráficas» para el experto. Él sabe que con ellas puede obtener una precisión que no podría obtener de ninguna otra forma. Pero lo que el experto suele olvidar con harta frecuencia es el número de años que se pasó estudiándolas y aprendiendo a utilizarlas. Sin embargo, el profano es más que probable que no pueda utilizarlas para nada, porque o bien no las estudió jamás o bien lo hizo en tiempos harto remotos y, en los actuales, las tiene completamente olvidadas.

Conclusión

Los profanos son el grupo de lectores para el que más difícil resulta escribir sobre temas técnicos, dadas las peculiaridades que concurren en ellos. Podemos decir a grandes rasgos que debemos proporcionarles todos los datos básicos que podamos —sin matemáticas ni fórmulas complicadas— acompañados de definiciones de los términos especializados, fotografías y gráficos sencillos siempre que sea factible y oportuno. Recuerde que leen fundamentalmente por interés y que sus intereses son básicamente prácticos: ¿Qué efecto tendrá sobre mí este descubrimiento científico? Las reglas cardinales a la hora de escribir para el profano son hacer que las cosas resulten sencillas, interesantes, prácticas, y, si es posible, un poco espectaculares.

El ejecutivo

Mucho de lo que dije acerca del profano es aplicable directamente al ejecutivo. Usted no puede asumir que posea muchos conocimientos de la materia sobre la que está usted escribiendo. Si bien la mayoría de los ejecutivos están en posesión de algún título académico e incluso algunos tienen experiencia técnica, forman un universo que agrupa las más diversas disciplinas, y no necesariamente aquella de la que está usted escribiendo. Otros pueden tener poca base técnica y ser, a cambio, expertos en gestión, psicología, ciencias sociales o humanidades.

Al igual que el profano, la principal preocupación del ejecutivo está en las cuestiones prácticas. Le interesa más lo que las cosas hacen que cómo funcionan. Desea saber qué efectos producirá un descubrimiento tecnológico. Necesita unos datos básicos sencillos. Sin embargo, es probable que pueda y desee manejar un conjunto de datos algo más complicados que los del profano. James W. Souther, que ha hecho un estudio extensivo del ejecutivo y sus necesidades, sugiere que la escritura destinada a él se encuentre aproximadamente en el nivel de los artículos del *Scientific American*[3]. El ejecutivo necesitará que se le definan los términos técnicos más genuinos. Deberá usted evitar la jerga de taller cuando se dirija a él. Es un hombre ocupado; no le obligue a consultar el diccionario con más frecuencia que lo haría en el caso del profano.

Cuando escribe para el ejecutivo, escrita con un lenguaje liso y llano y sin frases prolongadas. Evite las matemáticas. Utilice gráficos sencillos similares a los que usaría para un profano: gráficos de barras, ciclogramas y pictogramas.

Pero por más que el ejecutivo se parezca al profano en muchos aspectos, hay una notable diferencia. El profano lee fundamentalmente por interés. El ejecutivo está interesado también, pero tiene una preocupación mucho más vital. En su condición de ejecutivo, *debe tomar decisiones basándose en lo que lee.* Y sus decisiones giran en torno a dos polos: *beneficios y personas.*

¿Cuántos fondos habrá que asignar a esa novedad tecnológica? ¿Cuántos mercados nuevos podrán penetrarse con ella? ¿Cuántos beneficios generará la implantación de esa novedad tecnológica? ¿Exigirá esa novedad una reestructuración de la plantilla de la factoría? ¿Será necesario contratar personal especializado o enseñar nuevas técnicas al personal existente? Hay otras muchas ramificaciones en el proceso de toma de decisiones del ejecutivo, pero los beneficios y las personas son los dos polos en cuyo derredor girarán todas las decisiones.

Las necesidades del ejecutivo

¿En qué está interesado el ejecutivo? ¿A qué preguntas desea que dé usted respuesta en un informe escrito para él?

---

[3] James W. Souther, «Lo que la dirección desea que aparezca en los informes técnicos», *Journal of Education,* 52(8), 498-503 (1962).

Lo que él desea saber es cómo puede usarse un nuevo proceso o unas nuevas instalaciones. ¿Qué mercados nuevos podrán abrirse con ellas? ¿Cuánto costarán y por qué está justificado el coste? ¿Cuáles son las alternativas?

¿Por qué se decidió usted por su elección definitiva, con preferencia sobre las otras alternativas? Aporte también algo de información relativa a las alternativas que fueron descartadas. Convenza al ejecutivo de que ha explorado usted todo el universo del problema. Incluya comentarios sobre costes, dimensiones del proyecto, tiempo de ejecución, futuros costes de mantenimiento y reposición, y los efectos sobre productividad, eficiencia y beneficios, para todas las alternativas. Tenga en cuenta aspectos tales como las necesidades de nuevo personal, la competencia, los resultados experimentales, y los problemas que puedan y deban preverse. ¿Qué riesgos entraña el proyecto?

Sea honrado. Recuerde que en caso de aceptarse sus ideas, son sus ideas, *las de usted,* las que van a pasar por la prueba de fuego del mundo real. Su prestigio se reafirmará o se derrumbará dependiendo del éxito que sus ideas tengan en la práctica. Por lo tanto, no exagere ningún aspecto de su exposición. Demuestre la validez de sus aseveraciones siempre que sea necesario.

Exponga sus conclusiones y recomendaciones claramente. A la hora de escribir cualquier informe para el ejecutivo, recuerde que tiene usted que interpretar su propio material y presentar sus implicaciones, que no limitarse a la simple presentación de los hechos. Souther apunta que «el directivo rara vez usa el detalle, por más frecuentemente que desee disponer de ellos. Es el *juicio profesional* del escritor lo que el directivo quiere extraer de la lectura»[4]...

El experto

Para muchos profanos, la escritura destinada a los expertos es increíblemente farragosa y oscura. Pero para el experto nada puede ser más estimulante. En el informe bien escrito dentro de su especialidad, tiene hechos que digerir y esto le encanta, pues el experto es un hombre enamorado de los hechos. También tiene inferencias que han sido extraídas de aquellos hechos y a las que dar la bienvenida como nuevas y auténticas o a las que poner en tela de juicio como ejemplos de razonamiento deficiente. Es como el director de orquesta que puede leer una partitura y *oírla* y juzgar su potencial. El profano, como la audiencia musical, debe esperar a que se produzca la interpretación del director y toda su orquesta antes de que pueda apreciar la misma partitura.

¿Quién es el experto? Por lo que a nosotros se refiere, le definiré como un científico o ingeniero, que cuenta con un doctorado en su especialidad o con una licenciatura en ella y unos cuantos años de experiencia práctica. Puede ser un profesor de facultad, un investigador industrial, o un ingeniero que diseña y construye. Pero, sea lo que sea, conoce a fondo el terreno que pisa y su especialidad. Cuando lee, rara vez busca información básica. Antes al contrario, lo que busca es un nuevo bloque de información, nuevas conclusiones, o quizás nuevas y mejores técnicas que le ayuden en su trabajo...

---

[4]   *Ibid.*

El técnico

El técnico es el hombre que está en el centro de cualquier operación. Es el hombre que, en última instancia, hace cobrar vida a la imaginativa investigación del científico y a los cálculos y planos del ingeniero. Construye maquinaria e instalaciones y, después de haberlas construido, las mantiene. Es un hombre radicalmente práctico, probablemente con un buen bagaje de experiencias. Es la persona que puede decir: «Verá usted, si utilizamos aquí tuercas de palomilla en lugar de hexagonales, el operario podrá desmontar y montar esta placa con mucha mayor facilidad», y tendrá razón al decirlo. Es un hombre al que merece la pena escuchar y para el que debe usted escribir bien.

El nivel educacional de los técnicos varía bastante. En la mayoría de los casos estará comprendido entre un bachiller superior y un ingeniero técnico. El bachiller superior es probable que cuente con una dilatada formación y experiencia práctica en las tareas que desempeñe. El ingeniero técnico puede que tenga una formación teórica superior, pero menos experiencia. El técnico tiene limitaciones. Es más que probable que no pueda seguir el hilo de complicados planteamientos matemáticos y que le irrite una proliferación de teorías. Hará usted bien en tener cuidado con la longitud de las frases que use en sus escritos destinados a técnicos. La investigación citada por Rudolf Flesch indica que las frases cuya longitud excede de las 17 palabras pueden clasificarse como difíciles[5]. Otras investigaciones indican que los alumnos de los últimos cursos de los institutos escriben frases comprendidas entre las 17 y las 19 palabras de longitud[6]. A menos de que tenga la plena certeza de que sus técnicos tienen una formación superior a la media, facilíteles la comprensión de sus escritos utilizando frases cortas y claras.

El operario

En muchos aspectos el operario es un cruce de profano y técnico. Al igual que el técnico, trabaja con equipo técnico, manejándolo y, en ocasiones, realizando en él sencillas tareas de mantenimiento. Al igual que el profano puede tener pocos conocimientos realmente técnicos y científicos. Y también como en el caso de los profanos, los operarios pueden tener niveles educacionales muy diversos. Por ejemplo, algunos de los submarinistas que realizan exploraciones subacuáticas, son suboficiales de la marina con una buena formación académica. Otros son oceanógrafos con su correspondiente licenciatura. Es lógico que estos grupos sólo necesitan unas instrucciones sencillas en lo que atañe al manejo del equipo de buceo.

Debido a las similitudes entre operarios, técnicos y profanos, mucho de lo que se ha dicho hasta ahora para los últimos es igualmente aplicable a los primeros. Por lo tanto, me limitaré a apuntar aquí algunas cosas que se aplican fundamentalmente a los escritos destinados a operarios.

---

[5] Rudolf Flesch, *The Art of Plain Talk*, Nueva York: Harper and Brothers, 1946, pág. 38.
[6] Porter G. Perrin y George H. Smith, *Handbook of Current English*. Nueva York: Scott, Foresman and Company, 1955, pág. 211.

Principios básicos

Normalmente deberá usted asumir que el operario no conoce los principios básicos del tema que vaya a exponerse en el manual que preparará para él. Y, por lo tanto, es usted quien debe facilitárselos. Considerando que el operario es esencialmente un profano, deberá hacer de la manera más sencilla posible la exposición de los principios básicos. Recurra a las analogías y defina todos o casi todos los términos técnicos. Evite totalmente el uso de fórmulas y planteamientos matemáticos. Normalmente, evite el remitir al operario a otros manuales en busca de información adicional. El manual del operario debe ser suficiente por sí mismo para el fin a que vaya destinado.

Algunos manuales de operario son meras listas de instrucciones que no contienen exposición alguna de los principios básicos. En estos casos, el autor considera que dichos principios básicos no son esenciales para la realización del trabajo. En otros casos, quizás cuando el operario típico es una persona de un nivel educacional más bien alto o cuando la tarea es más compleja de lo usual, se facilita una buena cantidad de información respecto a los principios básicos.

Reproducido de *Audience Analysis for Technical Writing*, Glencoe, 1969, págs. IX-XXI.

Preguntas de comprensión del texto de Pearsall

1. Cuando una persona ha dejado atrás sus ejercicios de escritura en las aulas, ¿qué debe tomar en consideración al escribir para los demás?
2. Diga cuatro de las cinco categorías de lectores que identifica Pearsall.
3. Para el profano es necesario facilitar: (diga dos cosas).
4. El ejecutivo tiene una preocupación que le diferencia del profano. ¿Cuál es?
5. De acuerdo con Pearsall, una simple exposición de los hechos no es suficiente para el ejecutivo. ¿Qué más ha de estar usted preparado para ofrecerle?
6. El experto rara vez la busca cuando lee. ¿A qué nos referimos?

Una última palabra

Tal vez considere usted que esta última prueba ha marcado el punto final de estas lecciones de lectura. O puede que este último control sea el principio de toda una vida de lectura más gratificante en el mundo de su trabajo. La posibilidad de que se materialice este cambio es cosa de usted y de lo que usted desee.

Con objeto de asegurar la continuidad de sus intentos de mejora de sus aptitudes de lectura, puede que encuentre útiles las siguientes sugerencias y prácticas.

Sesión de prácticas del capítulo 7 para el futuro

Sugerencia A. Si usted completó solamente el 25 por ciento o menos de los ejercicios prácticos, deberá completar la siguiente práctica con una relativa regularidad (de 3 a 5 veces por semana).

Práctica:

1. Haga un simulacro de lectura durante 5 minutos usando su Paso Básico. Calcule su velocidad y señale el punto donde se detuvo.
2. Haga un simulacro de lectura de la misma sección durante tres minutos o menos, usando el movimiento en «S». Inicie su rememoración.
3. Lea la sección a un ritmo de 500 a 750 ppm y complete su rememoración. Repita esta práctica en sesiones de una hora hasta que se sienta cómodo a una velocidad de 750 ppm.

Sugerencia B. Si usted completó del 50 al 75 % de los ejercicios prácticos, deberá completar la siguiente práctica en sesiones de una hora, de 2 a 3 veces por semana.

Práctica:

1. Haga un examen previo de una sección de 5.000 palabras, en dos minutos o menos; empiece una PVI.
2. Lea la misma sección en cinco minutos o menos y continúe su rememoración. Repita esta práctica en sesiones de una hora hasta que se sienta confortable a una velocidad de 1.000 ppm.

Sugerencia C. Si usted completó el 75 % o más del trabajo, deberá practicar con diversos tipos de materiales a velocidades de 1.000 ppm o más. Con objeto de incrementar su velocidad de lectura, todo lo que es necesario para usted es incrementar su ritmo en unas 250 ppm durante unas cinco horas efectivas de lectura. Una vez que alcance un ritmo de unas 1.500 ppm con una relativa comodidad, deberá intentar leer el material usando el método de la «S». Es bastante probable que, inicialmente, parezca como si estuviera usted empezando de nuevo, pero recuerde hasta dónde ha llegado ya.

Sugerencia D. Lea todo con una finalidad bien definida. Determine, antes de empezar la lectura, lo que desea o necesita sacar en limpio del material, así como la velocidad a la que desea leerlo.

Sugerencia E. Lea todo usando la mano. Acaso compruebe que es capaz de mantener su actual velocidad sin recurrir a la mano, pero ese mantenimiento no duraría mucho. No pasaría mucho tiempo antes de que se viera leyendo a la misma velocidad con que inició este curso.

Sugerencia F. Finalmente, la consolidación de una habilidad física requiere tiempo y el uso de la habilidad en cuestión. Si pretende mantener su velocidad, o incluso seguir progresando en el futuro, es esencial que utilice sus nuevas aptitudes de una u otra manera (en el trabajo o en las lecturas de simple diversión), sobre una base periódica.

Aprender a leer eficientemente es adquirir una capacitación muy interesante. Leer bien conecta al profesional de formas sutiles y dinámicas a la red de trabajo, increíblemente compleja y elegantemente sencilla, que representa el puesto que ocupa. Alcance el nivel de perfección que desee dentro de su especialidad, leyendo bien.

Respuestas: *Artículo de Pearsall*

1. El grupo potencial de lectores y los principios básicos que conoce. ¿Por qué desean esas personas leer el escrito que va a preparar usted para ellas?
2. Las cinco categorías son: profano, ejecutivo, experto, técnico, operario.
3. Sencilla, interesante, práctica, algo espectacular.
4. Debe tomar decisiones basándose en lo que lee.
5. Interpretaciones e implicaciones.
6. Información sobre principios básicos.

APÉNDICES

Apéndice A. Cómo calcular las palabras por minuto

Para determinar el número de palabras por página (PPP).

Cuente el número total de palabras de cinco líneas completas y divídalo por 5. Esto le dará el número medio de palabras por línea. Luego cuente el número de líneas de una página completa, incluyendo las que no estén completas, y multiplíquelo por el número medio de palabras por línea. Esto determina el número de palabras por página.

Para determinar la velocidad de lectura (palabras por minuto, PPM)

Las palabras por minuto (velocidad) se calculan multiplicando las palabras por página por el número de páginas, y dividiendo el resultado por el tiempo empleado en la lectura.

$$PPM = \frac{PPP \times N}{N.^{\circ} \text{ de min. (T)}}$$

Ejemplo: Si su libro tiene 250 PPP y ha leído usted 10 páginas en 2 minutos, ha leído usted 1.250 palabras por minuto.

$$1.250 \text{ (PPM)} = \frac{250 \text{ (PPP)} \times 10 \text{ (N)}}{2 \text{ (T)}}$$

Para calcular el número de páginas que debe leer usted en un tiempo dado para alcanzar su objetivo, multiplique las PPM por el tiempo y divida luego el resultado por el número de palabras de cada página.

$$N = \frac{PPM \times T}{PPP}$$

Ejemplo: Si desea leer 1.000 palabras por minuto, durante 5 minutos, multiplicará 1.000 por 5, lo que es igual a 5.000. Luego dividirá esta cifra por 250 PPP, y la respuesta es 20. Luego, para alcanzar su objetivo, deberá usted leer 20 páginas en 5 minutos.

$$20 = \frac{1.000 \text{ (PPM)} \times 5 \text{ (T)}}{250 \text{ (PPP)}}$$

Apéndice B. Gráfico de progresos del curso

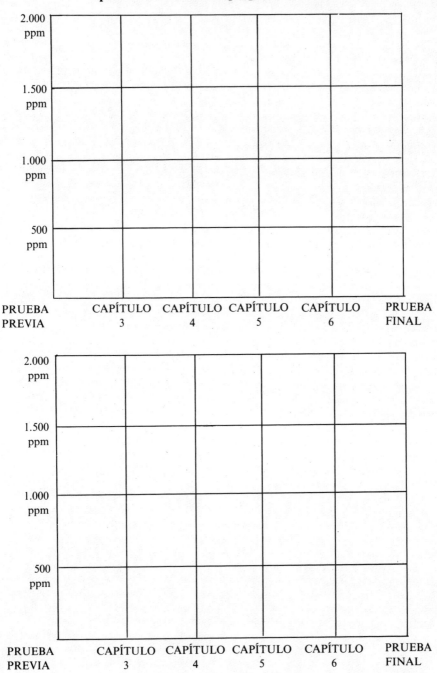

ÍNDICE ALFABÉTICO